KB236063

유럽 음악축제 순례기

일러두기

1. 인명, 지명은 한글맞춤법과 외래어표기법에 의해 표기하는 것을 원칙으로 했으나, 일부는 통용되는 방식에 따랐다.
2. 각 페스티벌의 원어 명칭은 페스티벌 당국에서 공식적으로 쓰는 표기에 따랐다.

개정증보판

유럽 음악축제 순례기

박종호

시공사

여름이면 방랑자가 되었다

언젠가부터 여름은 나에게 특별해졌다. 나는 여름날의 대부분을 유럽의 태양 아래에서 보낸다. 그것은 페스티벌 때문이다. 유럽은 여름마다 페스티벌로 뜨겁다.

나는 1993년 처음으로 이탈리아의 베로나에서 열리는 아레나 디 베로나 페스티벌에 참가했다. 그리고 그곳에서 진정한 여행의 가치를 깨달았다. 그 후 단 한 해만을 거르고 매년 여름이면 그들의 페스티벌과 함께했다.

유럽에서는 여름마다 수많은 페스티벌들이 열린다. 페스티벌을 찾아다니는 것은 다만 콘서트나 오페라를 보는 것만이 아니다. 먼저 스케줄을 짜는 것부터 시작해서, 티켓을 구하고, 여정을 구상하고, 호텔을 정하고, 교통편을 궁리한다. 그리고 그곳에 가면 그때부터 식당, 카페 등에 이르기까지 수없이 많은 결정을 내려야 한다. 이 얼마나 즐거운가. 또한 공연이 없는 낮에는 그 주변의 아름다운 도시들을 방문하거나, 아니면 박물관과 미술관, 갤러리들을 순례한다.

그러면서 나는 유럽인들의 문화 속까지 깊이 들어가게 되었다. 페스티벌을 찾아다니는 것은 단순한 여행이 아니었다. 수백 가지의 공연들을 이해하기 위해서 끊임없이 독서하고 공부하고 생각해야 했다. 그러면서 나는 성장했다고 생각한다.

이제 페스티벌은 나에게 다만 구경이 아니라, 순례라는 말을 붙일 지경이 되었다. 그런 경험들을 바탕으로 2005년에 『유럽음악축제 순례기』를 출간했다.

그 책은 제법 사람들의 사랑을 받았으며, 그 책 덕분에 감사의 말도 많이 들었다. 그 후로는 유럽의 페스티벌에서 그 책을 들고 다니는 분을 마주치는 일도 있었다. 베네치아에 출장을 왔다가 일행을 따돌리고 내 책 한 권을 든 채 베로나의 아레나 앞에서 나와 마주친 직장인, 바젤에서 휴가를 내어 브레겐츠까지 왔다는 외교관, 취리히의 극장에서 내 책의 팬이라고 말하던 노신사, 그리고 잘츠부르크에서 만난 많은 분들이 모두 반가운 추억을 남겨 주었다.

책이 나온 지 어언 7년이 흘렀다. 초판은 사정이 있어서 절판시켰고, 2년의 공백을 거쳐서 이번에 새롭게 개정판을 써서 내놓는다. 그간에 유럽 페스티벌의 사정도 많이 변했다.

바덴바덴 페스티벌이나 베르비에 페스티벌이 그동안 비약적으로 발전했다. 또한 바트 이슐, 슈베르티아데, 아이젠슈타트, 슈베칭겐, 오랑주, 마르티나 프란카 페스티벌을 추가했다. 그리고 이전에는 함께 거론했던 장크트 마르가레텐 페스티벌과 뫼르비슈 페스티벌을 분리하여 각각의 장으로 나누었다. 그리하여 첫 책의 18개 페스티벌이 개정판에서는 27개로 늘어나게 되었다.

그동안 몇몇 페스티벌은 체제나 성격도 바뀌었다. 또한 내가 다시 여러 차례 방문한 곳들도 있다. 그래서 어떤 내용은 수정했으며, 상당 부분이 첨가되거나 반대로 삭제되기도 했다. 하지만 초판의 내용이 그 자체로도 의미가 있다고 판단되거나 당시의 묘미를 살리기 위해서 그대로 둔 부분도 있다.

　어찌 되었거나 내가 유럽의 페스티벌들을 방랑하기 시작한 지 20년이 되는 여름을 앞두고 이 책이 새롭게 빛을 보게 된 것은 개인적으로도 감회가 깊다. 그러고 보니 내 젊은 시절의 많은 부분이 페스티벌과 함께했던 셈이다. 이 책은 지난 20년간 나의 족적이다.
　책을 쓰면서 지난 노트들을 다시 살펴보니, 그간 해외에서 본 공연이 1천여 편을 헤아린다. 세계의 모든 극장은 나에게 학교였고, 모든 도시는 나의 또 다른 고향이었다. 예술은 나에게 존재 이유였고, 예술이 나를 자유롭게 했다. 나는 관객일 때 가장 자유로웠고 가장 풍요로웠다. 물론 늘 즐겁기만 한 것은 아니었다. 유럽의 구석구석을 다니면서 서울을 그리워하며 힘들어 하기도 했다. 하지만 지금 돌이켜 보니 도리어 그곳들이 손짓하면서 나의 향수를 불러일으킨다. 이제는 어쩔 수 없는 방랑자가 된 모양이다.

　그동안 나의 무수한 여정에 동참했던 지기들, 그리고 풍월당을 통해 함께 페스티벌 여행에 참여했던 분들에게 이 자리를 빌려 고마웠다는 말씀을 수줍게 전한다. 아직도 그대들의 마음속에는 페스티벌의 추억이 마르지 않고 남아 있는지요? 그럴 것이라고 믿고 싶다.
　그 많은 순례 중에서 가장 잊을 수 없었던 것은 이탈리아의 페사로와 마체라타 부근의 산속을 순회하던 열차에서 받은 전화, 어머니께서 위중하다는 한국의 소식이었다. 당시 여정이 혼자가 아니고 많은 분들과 함께하는 것이었기에, 그 일정을 다 감당하느라 매일 기도하고 마음 졸이면서 다녔던 기억이 난다. 내가 한국에 돌아올 때까지 어머니는 거의 의식이 없는 와중에도 나를 기다리고 계셨고, 그해 여름이 끝날 때 내 손을 잡아 보고서야 하늘나라로 떠나셨다.

이 책이 나오기까지 많은 수고를 해 준 시공사의 강혜진 씨에게 특별히 감사의 말을 전하고 싶다. 지금까지 세상에 나온 내 12권의 책 중에서 5권을 함께 작업한 편집자다. 또한 디자인 작업에 애써 준 한명선 씨에게도 고맙다는 말을 전한다.

살아 계셨다면 오늘로 88세가 되셨을 어머님의 영전에 이 책을 바친다. 후회스럽게도 나는 어머니와 한 번도 페스티벌에 가지 못했다. 그러나 이 속의 모든 여행은 늘 어머니와 함께했던 것이다. 당신이 없었다면 이 모든 결과물은 세상에 없었을 것입니다.

2012년 3월 1일
풍월당에서 박종호

축제가 있어 그 여름은 아름다웠다

매년 휴가철이면 세계의 관광지에서 우리나라 사람들을 많이 보게 된다. 그들은 그곳에서 많은 것을 보고 듣고, 그리고 맛보았을 것이다. 그러나 같은 곳이라도 그곳을 다녀온 사람들이 마음속에 담아 온 느낌과 머릿속에 담아 온 기억들은 천차만별이다. 시칠리아를 다녀온 누구는 새벽잠에서 깬 아직 어두운 시간에 호텔의 창문만 열어도 지중해의 공기가 자신의 영혼을 감싸는 것 같았다고 말하고, 누구는 그곳에 10번을 다녀왔다지만 더럽고 지저분한 곳이라는 이미지만을 가지고 있다. 그것은 그들이 묵은 호텔의 차이도 아니고 그들이 먹은 음식의 차이도 아니다. 그들이 무엇을 보았는가의 차이, 아니 무엇을 보려고 했던가의 차이일 것이다. 바이로이트에 갔을 때 그곳에서 몇 달 동안 어학연수를 하던 한국 여학생들을 만났는데, 그들은 그곳이 얼마나 중요한 페스티벌의 고장이며 얼마나 많은 세계의 음악 팬들이 죽기 전에 꼭 한 번 가 보기를 소망하는 곳인지 전혀 알지 못했다.

우리가 유럽에 가서 유럽인들의 높은 문화유산과 지적인 유희 환경을 가장 쉽게, 그리고 가장 정확하게 접하는 길은 바로 페스티벌에 참여하는 것이다. 유럽의 클래식 음악이나 오페라 같은 고급 문화계의 분위기는 어찌 보면 폐쇄적이기까지 하지만, 그들이 이방인에게 쉽게 문을 열어 주고 우리를 편안하게 받아들이는 기간이 페스티벌 때다.

음악을 비롯한 유럽의 공연계는 시즌제를 채택하고 있는데, 대부분의 시즌은 가을에 시작해서 이듬해 봄에 막을 내린다. 그러므로 여름 휴가철에 유럽을 가면 대부분의 콘서트 홀이나 오페라 하우스들은 시즌을 마감하고 모두 휴가를 떠나 버린 뒤라서 굳게 걸어 잠긴 문만 바라보다 돌아오는 경우가 허다하다. 그러나 이 기간에 그들이 휴가를 보내는 휴양지에서 특별한 음악제가 열리는 경우가 많은데, 그것을 페스티벌이라고 부르는 것이다.

대부분의 유명 페스티벌은 풍광이 수려하거나 고적이 많은 유서 깊은 관광지에서 열린다. 라벤나와 베로나는 오랜 유적의 고도古都이며, 루체른과 인스브루크는 천혜의 절경을 자랑한다. 그뿐 아니라 잘츠부르크는 모차르트와 관계가 깊고, 바이로이트는 바그너, 페사로는 로시니, 이런 식이다. 그곳에 휴가 온 관객들을 상대로 페스티벌이 열린다. 음악가들 입장에서도 낮에는 휴가를 즐기고 저녁에는 공연을 한다. 그러니 시즌 중에 베를린에서 자주 마주쳤던 연주가와 애호가들이 휴가철에는 잘츠부르크에서 다시 만나 새로운 환경에서 좀 더 자유로운 기분으로 공연을 즐기는 것이다.

페스티벌은 우리에게 유럽의 고급문화를 입체적으로 한꺼번에 접할 수 있는 절호의 기회일 수밖에 없다. 게다가 시즌 중에는 보기 힘들거나 드문드문 있던 프로그램도 페스티벌 기간에는 단기간에 많은 공연을 진행할 수 있고 여러 예술가들이 한꺼번에 모이기 때문에, 우리 같은 이방인들에게는 더할 나위 없는 기회다.

여름이면 온 유럽이 페스티벌로 들끓는다. 페스티벌은 이제 최전성기에 접어들고 있다는 느낌이 들 정도로 융성하고 있다. 몇몇 권위 있는 페스티벌의 주요 공연은 이제 시즌 때의 공연 수준을 능가하는 영향력을 발휘하고 있으며, 인기 있는 페스티벌은 티켓을 구하기가 무척 어렵다. 또한 신설 페스티벌의 수도 엄청나게 늘어나서 군소 페스티벌까지 합하면 그 수가 무려 100여 개에 이른다.

처음 페스티벌에 참여해 그 맛을 알게 된 이후로 나는 10년 이상 구도자가 성지를 순례하듯 수많은 페스티벌을 찾아다녔다. 그리고 그곳에서 필설로 다할 수 없는 많은 경험과 감동을 맛보았다. 어떤 곳은 거의 매년 방문했지만 그 느낌은 항상 신선했고 매번 인생에 지친 나의 감성을 다시 일깨워 주었다. 한때 매년 방문하는 것이 습관적이라는 생각이 들어 페스티벌 방문을 거른 적도 있다. 그러고는 1년 내내 페스티벌을 그리워하는 마음의 병을 앓아야 했다. 그 후로 나는 여름이면 무조건 짐을 싼다. 페스티벌이 있는 그곳에는 인류가 남긴 최고의 문화와 예술이 있고, 최고의 풍광과 유적이 있으며, 예술을 이해하고 사랑하는 친구들이 우리를 기다리고 있다. 그곳에서 진정한 유럽 문화의 진수와 그 위력을 맛보는 것이다.

혼자서 페스티벌을 순례하던 나는 몇 해 전부터 함께 음악을 듣고 문화를 사랑하는 주위의 친구들이나 동호인들과 동행하고는 한다. 그러다가 더 많은 분들이 유럽 문화의 진수를 즐기기를 바라며 책을 쓰게 되었다. 여기에서는 가장 대표적인 음악 페스티벌 18개를 소개하는데, 물론 일일이 내 발로 쓴 것들이다. 지면 관계로 더 많은 페스티벌을 소개하지 못한 점이 아쉽지만, 이를 계기로 우리나라에도 새로운 테마 여행 문화가 자리 잡기를 기대한다.

이 책이 나오기까지 수고해 주신 한길사의 모든 분들과 나의 순례에 동참했던 나의 음악 친구들, 그리고 유럽 각지에서 만났던 분들에게 감사의 말을 전한다. 그들의 격려와 친절로 이 책이 나올 수 있었다.

여름 페스티벌의 마지막 날 마지막 공연의 막이 내리면, 비로소 나의 여름도 막을 내린다. 그때마다 나는 벅찬 감동과 시린 아쉬움을 함께 느낀다. 이제 남은 인생에 이런 아름다운 여름이 몇 번이나 더 찾아올까?

또 하나의 여름 추억을 가슴에 안고 서울로 돌아온다. 가을이 날 기다리고 있는…….

2005년의 여름 문턱에서
박종호

차례

이탈리아

유럽 페스티벌 지도
페스티벌이 열리는 도시
주요 도시
파리
제네바
리옹
프랑스
오랑주
몽펠리에
엑상프로방스
마르세유
0
200km
N

베를린
독일
프랑크푸르트
바이로이트
프라하
체코
슬로바키아
튀베칭겐
도나우 강
장크트 마르가레텐
바덴바덴
빈
민르비슈
헝가리
뮌헨
잘츠부르크
아이젠슈타트
브레겐츠
인스브루크
바트 이슐
취리히
오스트리아
스위스
슈바르첸베르크
비에
루체른
베네치아
밀라노
부세토
베로나
파르마
라벤나
제노바
토레 델 라고
페사로
피렌체
마체라타
이탈리아
로마
바리
마르티나 프란카
니폴리

오스트리아
HOTEL PENSION
ANKER
Anker Cafe
Bistro Bar

Restaurant s'Herzl
STASSNY
SALAMANDER
BOSS

세 젊은이의 꿈으로
이루어진 예술의 메카

내 쉴 곳 없을지라도

뮌헨에서 빌린 소형차 '폴로'가 아우토반을 달린다. 오스트리아의 국경을 넘어서면, 얼마 가지 않아 '잘츠부르크'라고 쓴 표지판이 나타난다. 오스트리아 A1 고속도로에서 폴로는 웨스트 잘츠부르크 인터체인지로 바로 진입한다. 인터체인지를 나서자마자 반갑게 나타나는 커다란 소문자 'i', 즉 안내소의 간판이 낯선 방문객들을 맞이한다. 그런데 가는 빗줄기에도 불구하고 안내소 문 밖까지 사람들의 줄이 길게 늘어서 있다. 그들은 모두 이 엄청난 시즌의 잘츠부르크에서 하룻밤 묵을 방을 배정받기 위해서(안내라기보다는 거의 배정에 가깝다) 기다리는 것이다. 이곳을 찾는 관광객이라면 모두들 즐거워야 하는 것이 당연할 텐데, 줄 서서 기다리는 그들 대부분의 표정은 긴장되어 있다.

세계 각지에서 산속의 이 작은 도시까지 찾아온, 나를 비롯한 사람들 모두는 처음부터 잘츠부르크의 거대한 위력을 실감하고 있다. 부푼 꿈을 안고 여기까지 왔건만, 오늘 내 몸 하나 누일 방을 구하는 일조차 녹록하지 않잘차흐 강가에서 바라보는 잘츠부르크 시내의 아침은 기대로 늘 설렌다.

나스 카우프만이 호세 역을 맡는다. 푸치니의 《라 보엠》은 대중적인 오페라이지만 잘츠부르크 페스티벌에서는 도리어 잘 상연되지 않는 작품이다. 하지만 오랜만에 《라 보엠》이 올라가는데, 최고 캐스팅으로 화제가 되고 있다. 즉 이 작품에 나오는 두 소프라노의 역할을 현재 최고 인기를 누리는 두 소프라노가 나누어 맡으니, 안나 네트렙코가 미미를, 니노 마차이제가 무제타를 부르는 것이다.

리카르도 샤이는 리하르트 슈트라우스의 《낙소스 섬의 아리아드네》를 지휘하는데, 에밀리 마지, 엘레나 모수크가 나온다. 헨델의 바로크 오페라 《줄리오 체사레》에는 안드레아스 숄, 체칠리아 바르톨리, 안네소피 폰 오터 등 초호화 멤버가 출연한다. 마크 민코프스키는 이미 잘츠부르크 페스티벌의 인기 지휘자인데, 그는 플라시도 도밍고, 주빈 메타 등과 헨델의 《타메를라노》를 공연한다. 그 외에도 윌리엄 크리스티가 지휘하는 모차르트의 《양치기 임금님》에는 롤란도 비야손과 에바 메이 등이 나온다.

13개의 오케스트라가 산속에 모이는 이유

이렇듯 화려한 오페라 외에도, 잘츠부르크 페스티벌에서는 호스트 오케스트라인 빈 필의 연주가 늘 관심의 대상이 된다. 빈 필은 보통 5개의 프로그램을 운영하는데, 5명의 지휘자가 각각 자신만의 개성 있는 프로그램으로 꾸린다. 이번에는 마리스 얀손스가 브람스 교향곡 제1번 등을, 발레리 게르기예프는 프로코피예프 교향곡 제5번을, 리카르도 무티는 베를리오즈의 《장엄 미사》를, 하인츠 홀리거는 모차르트의 작품 등을, 베르나르드 하이팅크는 브루크너 교향곡 제9번을 지휘한다.

빈 필의 5개 시리즈 외에도 많은 게스트 오케스트라들이 잘츠부르크를 방문하여, 한 달 남짓 동안에는 이 작은 도시가 음악가들로 들끓게 된다. 마리스 얀손스가 지휘하는 암스테르담 콘세르트헤보 오케스트라, 사이먼 래

틀의 베를린 필, 발레리 게르기예프의 런던 심포니, 프란츠 벨저뫼스트의 클리블랜드 오케스트라, 다니엘 바렌보임의 밀라노 라 스칼라 극장 오케스트라, 리카르도 샤이의 라이프치히 게반트하우스 오케스트라, 다니엘레 가티의 구스타프 말러 유스 오케스트라 등의 정상급 오케스트라들이 이 작은 도시에 모인다. 그 외에도 슐레스비히 홀슈타인 뮤직 페스티벌 오케스트라, 이스라엘 필하모닉 오케스트라, 모차르트 오케스트라, 서동시집西東詩集 오케스트라 등 모두 12개의 게스트 오케스트라가 저마다의 연주를 들려준다.

또한 잘츠부르크에서는 많은 리사이틀도 동시다발로 열리는데, 피아니스트 마우리치오 폴리니, 크리스티안 치머만, 머레이 페라이어, 안드라스 시프, 바이올리니스트 핀커스 주커만 등이 리사이틀을 열고 성악가로서는 엘리나 가랑차, 마그달레나 코제나, 토마스 크바스토프, 크리스티안 게르하허, 마티아스 괴르네, 후안 디에고 플로레스, 호세 카레라스 등이 독창회를 한다.

그 외에도 클라우디오 아바도, 주빈 메타, 대니얼 하딩 등이 각각 지휘하는 '오버추어' 음악회 11편, 낮에 열리는 '모차르트 마티네' 콘서트, 현대 음악 시리즈 11편, 실내악 시리즈 6편 등이 있다. 연극도 많이 공연되며, 젊은 연출가들의 워크숍과 그들의 실제 공연이 무대에 오르기도 한다.

이렇듯 열거하기에도 숨이 가쁠 정도이며, 이들의 이름만으로도 잘츠부르크 페스티벌의 수준과 규모를 짐작할 수 있다. 같은 날 같은 시간에 여기저기서 공연이 열리니 일정표를 들고 쫓아다녀야 할 지경이다. 식당이나 호텔마다 입구에 페스티벌의 전체 일정이 포스터로 붙어 있어, 호텔 매니저나 도어맨, 식당 셰프, 웨이터, 심지어 택시 기사들까지 모두 이것을 확인하면서 손님을 모셔야 한다.

공연 예술의 메카, 축제극장

잘츠부르크 페스티벌은 이 작은 도시의 전역에서 이루어진다. 하지만 그중

에서도 가장 중요한 장소는 역시 구도시 북쪽의 산 아래에 위치한 축제극장
이다. 이 축제극장은 1960년대에 카라얀에 의해 세워진 것으로, 이 안에 대
축제극장, 모차르트 하우스, 펠젠라이트슐레 등 세 공연장이 들어 있고, 그
외에 전시장, 리셉션 룸, 기념품 가게, 페스티벌 본부, 몇 개의 로비까지 갖춰
져 있는 잘츠부르크 페스티벌의 심장부다. 이 축제극장은 개관 당시 유럽에
서도 손꼽히는 현대 건축물이었다.

그중 가장 중요한 대축제극장Großes Festspielhaus은 당시 유럽 최고 건축가
의 한 사람이었던 오스트리아 출신인 클레멘스 홀츠마이스터의 디자인이다.
대축제극장은 좌석이 2,200석 안팎으로 그 무대 규모는 어마어마하다. 무대
의 좌우 길이가 거의 50미터에 달해 개관 이후부터 한동안 세계에서 가장
넓은 무대로 유명했다. 그리하여 아주 규모가 큰 오페라 공연이나 빈 필 등
의 대형 콘서트가 주로 이곳에서 공연된다.

좁은 땅에 극장을 만들다 보니 대지가 부족하여 무대 뒤편은 바위산을
뚫고 그 안으로 들어가 있다. 이런 이유 때문에 사람들은 대축제극장을 흔히
'동굴 극장'이라고 부르지만, 이름처럼 완전히 동굴 안에 있는 것은 아니다. 이
처럼 규모와 건축적 가치에서 세계적인 수준인 이 극장은 개관 첫 작품으로
카라얀이 지휘하는 리하르트 슈트라우스의 《장미의 기사》를 공연했다.

이곳은 지금도 세계에서 가장 큰 극장 중 하나이지만, 음향은 대단히
뛰어나다. 뒷자리에 앉아도 작은 소리까지 섬세하게 잘 들리며, 앞에 앉아도
전체 균형이 깨지지 않는 훌륭한 곳이다. 황금색 금판金版 모양의 막이 이 극
장의 상징이다.

대축제극장이 개관하기 전에 사용하던 곳은 소축제극장Kleines
Festspielhaus이었다. 이곳은 1,300여 석 규모로서, 너무 좁고 열악해서 카라얀
이 대축제극장을 건립하게 된 것이다. 한동안 대축제극장과 함께 이용되던
소축제극장은 무대 크기에 비해서 무대에서 객석 맨 뒤까지의 길이가 너무
길고 시야도 좋지 않았다. 그리하여 이곳을 부수고 새로운 극장을 건축했으

Salzbu
Salzb
Salzb
SALZBURGER
FESTSPIELE
www.feichtin
FEICHT

공연이 시작되기 직전의 축제극장 앞은
관객과 구경꾼들 때문에 축제 분위기가 넘친다.

니, 그것이 모차르트 탄생 250주년을 기념하여 2006년에 개관한 모차르트 하우스Haus für Mozart다. 이곳은 비록 객석 규모는 작지만 최신 시설에 뛰어난 음향을 구현할 수 있어서, 모차르트나 몬테베르디의 작품같이 상대적으로 음향이 작은 오페라 공연이나 리사이틀 등의 용도로 사용된다. 이곳 로비에서는 세계적인 크리스털 브랜드인 슈바르츠코프 사에서 제공한 수만 개의 크리스털로 만든 모차르트의 얼굴을 볼 수 있다.

모차르트 하우스가 개관한 직후에 나는 이곳에서 모차르트의 《피가로의 결혼》을 보았다. 아르농쿠르가 지휘한 이 공연은 현재 DVD로도 나와 있다. 안나 네트렙코, 도로테아 뢰슈만, 크리스티네 셰퍼, 일데브란도 다르칸젤로, 보 스코브후스 등 세계적인 실력파 성악가들이 함께 노래를 했는데, 부끄러운 말이지만 나는 그때야 비로소 '앙상블 오페라'의 매력을 진정으로 깨달았다. 그것은 세상에서 가장 정교한 실내악이었으며, 그들의 음절 하나 숨소리 하나가 모두 모차르트 하우스를 정갈하게 울려서 모든 관객이 숨도 쉬지 못하고 넋을 잃었다. 내 옆자리에는 70대 오스트리아 비평가가 앉아 있었는데, 쉬는 시간에 나를 보고는 "이런 《피가로의 결혼》은 다시는 만날 수 없을 겁니다"라면서 눈물을 글썽거렸다.

잘츠부르크 페스티벌에 참가한 관객들이 가장 궁금해 하는 장소는 '펠젠라이트슐레Felsenreitschule'다. 바위산을 뚫고 만들어진 이곳은 영화 〈사운드 오브 뮤직〉에서 노래 경연 장소로 쓰였던 바로 그곳이다. 펠젠라이트슐레는 원래 잘츠부르크 대주교의 여름 승마학교로 만들어진 곳으로, 암벽을 파고 만든 60여 개의 아치로 둘러싸여 있으며 말을 타던 가운데 바닥은 노천이다. 1926년 라인하르트가 이곳에서 처음 연극을 올린 뒤부터 잘츠부르크 페스티벌의 정례적인 공연장으로 이용되기 시작했다. 약 1,500석의 객석이 있는 이곳은 매년 페스티벌 때는 임시로 플라스틱 지붕을 설치하여 공연을 열었다가, 폭설이 내리는 겨울에는 지붕을 철거한다.

펠젠라이트슐레의 무대 뒤편은 모두 암벽으로 되어 있는데, 이곳의 음

초현대식 시설로 신축한 모차르트 음악원.

향 효과는 뛰어나다. 하지만 일반 극장처럼 잦은 무대 변경이나 다양한 무대 장치를 하기 어렵기 때문에, 여기에 올리는 무대는 단순한 연출을 할 수밖에 없다는 단점이 있다. 또한 같은 이유로 무대 장치를 자주 변경할 수 없어서, 이곳에서는 한 시즌에 보통 두 개 정도의 공연만 소화한다. 그럼에도 불구하고 이곳은 그 독특함 때문에 가장 인기 있는 장소다.

지금까지 소개한 세 개의 축제극장들은 모두 같은 건물에 있어 로비를 통해서 이어진다. 특히 펠젠라이트슐레 옆의 직사각형 로비는 명지휘자 이름을 빌려 '카를 뵘 잘Karl Böhm Saal'이라고 불리며, 대주교의 겨울 승마학교로 쓰였던 유서 깊은 장소다. 뒤쪽에 그대로 드러난 암벽과 천장화, 오래된 인테리어 등은 역사적 가치가 높다. 페스티벌 기간에는 세 축제극장들에서

잘츠부르크 페스티벌

극장 가이드 투어가 매일 실시되어 극장의 모습과 세트의 뒷모습을 볼 수 있다. 미리 예약하면 된다.

그 외에도 잘츠부르크 주립극장Landestheater, 대성당Dom, 모차르트 음악원 강당, 성 페터 성당, 대주교의 궁전이었던 레지덴츠Residenz 등에서도 페스티벌 때 공연이 열린다. 또한 앞서 말했듯이 대성당 앞 광장인 돔플라츠에서는 야외 연극이 공연되는데, 이때 나무로 만든 임시 객석이 설치된다.

잘츠부르크에서는 사냥꾼이 된다

잘츠부르크는 여러 가지 면에서 유명하지만, 그중에서도 티켓 구하기가 쉽지 않은 곳으로 널리 알려져 있다. 그리고 유명한 공연의 좋은 자리는 대부분 아주 비싸다. 하지만 최근에는 저렴한 자리도 생겼고, 게다가 뜻이 있는 곳에 길이 있는 법 아닌가? 호텔에서 첫날을 보내고 다음날 잠에서 깨어나면 결연한 마음으로 시내로 나간다.

"잘츠부르크 페스티벌도 홈페이지를 운영하고, 온라인 판매도 하지 않느냐"고 반문할 수도 있다. 그렇다. 하지만 그것은 사실 형식적일 뿐이다. 부킹 사이트의 주요 공연은 페스티벌이 열리기 몇 달 전에 이미 '매진'으로 나오거나 아예 접속이 되지 않는다. 아주 인기 없는 공연이 아니라면 봄 이후에는 홈페이지에 들어갔다 하더라도 원하는 티켓이 보이지 않거나 보이더라도 클릭이 되지 않는 것이 일반적이다.

온라인 판매는 보통 전해의 11월부터 시작된다. 그러므로 꼭 원하는 공연의 티켓을 구해 페스티벌에 참가하고자 하는 사람이라면, 11월부터 거의 매일, 적어도 3~4일에 한 번은 홈페이지에 들어가 봐야 한다. 인기 있는 공연은 12~1월 정도에 매진되는 경우가 많으며, 어지간한 공연도 3~4월이면 거의 다 팔린다.

이런 현상은 바로 잘츠부르크 페스티벌이 가진, 아니 오스트리아가 가진

매년 이곳 돔플라츠에서 야외 연극 〈예더만〉이 공연되면서 페스티벌의 막이 오른다.

하나의 문화를 보여 준다. 그들은 마지못해 홈페이지를 운영하고 있지만, 결국 좋은 자리는 그들 그룹끼리 나누어 갖는 폐쇄성을 갖고 있다. 그래서 그들 내부의 주요 회원이나 후원자가 아니라면 좋은 공연의 좋은 자리에는 접근조차 쉽지 않다. 그러나 그것을 두고 비판만 할 수는 없다. 그들이 90여 년간 잘츠부르크 페스티벌을 이끌어 왔다는 것도 엄연한 사실이기 때문이다.

잘츠부르크의 사정이 이러하므로, 온라인 예매를 하지 않았을 경우에 현지에서 티켓을 구하는 방법을 재미로 알아보자.

일단 헤르베르트 폰 카라얀 플라츠에 있는 매표소를 찾아간다. 거기서는 티켓 판매 상황을 친절하게 안내받을 수 있다. 물론 대부분은 매진이라고 말하겠지만, 꼭 그런 것만은 아니다. 인터넷에서는 구할 수 없었던 많은

잘츠부르크 페스티벌

티켓들을 의외로 그곳에서 구할 수 있어 놀라게 될지도 모른다. 그동안에 반환된 표들이 적지 않은 것이다. 공식 매표소에서 전체 스케줄을 보고 원하는 티켓 리스트를 정리하고 나면, 다음에는 거리로 나선다. 이때부터 진정한 마니아의 준엄한 사냥 행로가 시작되는 것이다. 사냥개와 같은 촉각을 세우고 일단 길 건너 축제극장으로 간다.

거기로 가면 전 세계에서 몰려온 우리의 선배들이 이미 '티켓 구함Suche Karte'이라고 독일어로 쓴 팻말을 들고 서 있을 것이다. 심지어 어떤 미국 부인은 아침부터 드레스를 입고 나와 있는데(언제 표가 생길지 모르니), '티켓 구함'이라는 글자를 아예 드레스 앞뒤에 꿰매 붙이고 있다. 일단 그들과 눈인사를 나누고 그날의 티켓 상황과 분위기를 파악한다. 그들과 안면을 트는 것은 누가 나의 편이 되거나 방해꾼이 될지 모르기 때문이다. 그날이 요나스 카우프만이나 안나 네트렙코가 나오기라도 하는 날이면 분위기가 좀 험악하다.

극장 앞에서는 공연 직전에 티켓을 구할 확률이 높다. 하지만 하루 중 언제 티켓이 나올지 모르므로, 시내 관광 같은 것은 애당초 포기한 채 종일 그곳을 어슬렁거리는 사람이 적지 않다. 공연을 보지 못하는 잘츠부르크란 그들에게 의미가 없기 때문이다. "노 티켓, 노 투어!" 여기는 잘츠부르크다.

그다음 방법은 시내의 거리로 가는 것이다. 잘 관찰하면서 다녀 보면 생각보다 많은 곳에 '티켓 있음'이라는 글자가 붙어 있다. 이런 곳들은 소위 허가를 낸 암표상들이 있는 곳이다. 만일 가격에 구애받지 않고 특정 공연을 꼭 원한다면 이런 곳에서 승전가를 부를 가능성이 가장 높다. 이런 가게들에서는 지난해 11월부터 미리 인기 공연의 티켓을 사 두거나, 반환된 티켓을 모아 웃돈을 붙이고 판다. 웃돈은 가게와 공연에 따라 다른데, 15퍼센트, 20퍼센트, 또는 30퍼센트 등 다양하다. 이런 가게들은 한때 논란이 되기도 했지만, 이제는 잘츠부르크 시에 정식으로 세금까지 내는 등 암묵적으로 합법화되었다.

이 점은 세계 어디에서도 볼 수 없는 잘츠부르크만의 큰 특징이라고 할 수 있다. 이런 가게들은 백발머리 할머니가 혼자서 40년 넘게 운영해 온 작은 곳부터, '폴처'처럼 전국적인 체인망을 갖추고 컴퓨터 시스템으로 빈은 물론 이탈리아의 베로나 페스티벌 표까지 구해 주는 기업형까지 다양하다. 원하는 티켓이 없다고 포기해서는 안 된다. 반환된 티켓이 언제 어느 가게에 나올지 모르므로, 공연 당일까지 매일, 심지어 내 경우처럼 주치의가 병동 회진을 돌듯이 두 시간마다 가게들을 순례해야 하는 것이다.

다음 방법은, 암표상들이 양성화된 뒤로는 드물어졌지만 일류 호텔들을 순회하는 것이다. 호텔에서 티켓을 구할 수 있다고? 그렇다. 호텔에서 보유하고 있는 티켓은 보통 도어맨들이 가지고 있는데 그 경로는 세 가지다.

첫째, 자허 호텔 같은 유명 호텔에서는 세계적인 오케스트라들이나 음악가들이 묵고 있는데, 그 음악가들에게서 티켓이 나오는 것이다. 둘째, 이런 고급 호텔에서 묵는 관광객들은 대부분 연로한 경우가 많다. 그들은 오래 전부터 준비해 여기까지 왔지만 긴 여행이나 더운 여름 날씨 때문에 갑자기 건강이 나빠져서 콘서트를 포기하는 일이 생긴다. 이때 도어맨들에게 티켓을 처분해 달라고 맡기는 것이다. 셋째는 도어맨들이 부수입을 위해 아르바이트로 미리 티켓을 구해 놓는 것이다. 그러니 꼭 티켓을 원하는 사람이라면 안내원이나 도어맨에게 미리 부탁을 해 놓거나 자신의 명함이나 연락처를 주는 것도 한 방법이다.

자, 이렇게 해서도 아직 티켓을 구하지 못했다면, 일단 숙소로 돌아가자. 아직 낙담하기는 이르다. 좀 쉬었다가 비장한 마음으로 정장을 갈아입고 개막 1시간 전까지 축제극장으로 향한다. 형편과 체력이 허락한다면 더 일찍 가도 좋다. 그리고 역시 '티켓 구함'이라는 팻말을 들고 서 있는 것이다. 끝까지 희망을 버리지 않고 최선을 다하면서…… 지난 10년간 나의 잘츠부르크 전적은 백전무패百戰無敗였다.

더 전위적으로, 더 근본적으로

잘츠부르크 페스티벌에서 가장 비중이 큰 장르는 오페라다. 물론 빈 필을 중심으로 하는 콘서트나 세계적인 솔리스트들의 리사이틀도 훌륭하다. 하지만 오페라가 페스티벌의 중심에 있는 것은 잘츠부르크 초기부터의 전통이었으며, 그것은 카라얀 시대를 거치면서 더욱 확고해졌다. 카라얀은 잘츠부르크 무대에서 세계적인 오페라 스타들을 모아서 항상 최선의 드림팀을 구성했으며, 그중 수많은 실황 녹음들이 지금도 명반의 반열에 자리하고 있다. 지금도 그 전통이 이어지고 있는 것이다.

그뿐 아니라 잘츠부르크의 오페라 무대는 세계 각지의 젊은 성악가들이 세계무대에 선을 보이는 회심의 무대이기도 하다. 그동안 아그네스 발차, 안나 토모바 신토브, 체칠리아 바르톨리, 안나 네트렙코, 니노 마차이제 등

모차르트 하우스에서 《코지 판 투테》 공연이 끝나고 나서 지휘자와 출연자들이 인사를 하고 있다. 맨 왼쪽이 소프라노 미아 페르손, 맨 오른쪽이 보 스코브후스다.

많은 신인들이 이 무대를 통해 세계의 팬들에게 자신들의 이름을 알렸다. 그래서 지금도 해마다 세계 음반사들의 스카우터들이 모두 이곳에 몰려들어 신진 음악가들에게 눈과 귀를 집중하고 있다.

2002년에 공연된 모차르트의 《돈 조반니》는 지금도 회자된다. 잘츠부르크에서는 거의 매년 《돈 조반니》를 주 공연으로 올리고 있는데, 근년에 새뮤얼 래미, 브린 터펠, 드미트리 흐보로스톱스키 등이 연이어 주인공을 맡아 관심이 고조되었다. 2002년에는 그중에서도 최고의 관심을 끌었던 토머스 햄슨이 돈 조반니 역을 맡았다.

그해의 《돈 조반니》는 유명 란제리 회사인 팔머스의 협찬을 받아 미리부터 이목을 집중시켰다. 아니나 다를까 연출가 마르틴 쿠세이는 의상을 맡은 하이데 카스틀러와 함께 오페라 내내 거의 모든 여성 출연자들이 팔머스 스타킹, 특히 팬티 스타킹만 입고 연기하게끔 했다. 그야말로 란제리 쇼를 방불케 해서, 찬반 논란을 불러일으켰다. 어쨌든 마르틴 체헤드그루버의 미니멀리즘적인 무대는 완전히 새롭고 뛰어났다. 그는 대축제극장의 거대한 무대를 커다란 회전목마 장치와 흡사한 원형 무대로 만들었다. 주인공 돈 조반니는 원통이 회전하는 것에 맞춰서 여러 방을 옮겨 다니면서 다양한 엽색 행각을 펼치는 것이다. 그중에서도 충격적인 장면은 돈 조반니가 버렸던 과거의 많은 여성들이 등장하는 부분이었다. 나이 든 여성 합창 단원들이 모두 스타킹만 신은 반라 상태로 돈 조반니를 둘러싸는 장면인데, 야하다기보다는 숙연할 정도였다. 햄슨의 열창에 관객들은 열광했으며, 다음 공연에서는 돈 조반니 역을 예약했지만 여기서는 레포렐로를 맡은 일데브란도 다르칸젤로 역시 햄슨에 못지않은 멋진 노래를 들려주었다. 그 외에도 돈나 안나 역에 연약하고 귀여운 새 캐릭터를 부여한 러시아의 신진 소프라노인 안나 네트렙코(이것이 그녀의 잘츠부르크 데뷔 무대였다), 체를리나 역을 맡은 체코의 메조소프라노 마그달레나 코제나 등이 큰 박수를 받았다.

음악적으로 더욱 관심이 높았던 공연은 푸치니의 《투란도트》였다. 사실 푸치니는《투란도트》를 완성시키지 못하고 사망했고, 나머지 부분을 그의 후배인 프랑코 알파노가 완성시킨 것은 잘 알려진 사실이다. 그런데 우리는 그동안 아무런 이의 없이 푸치니의 작품이라며 이 오페라를 들어 왔던 것이다. 그런데 최근에 이탈리아의 현대 음악 작곡가인 루치아노 베리오가 새로운《투란도트》를 완성했다. 푸치니가 미완성한 부분을 완전히 새롭게 작곡한 것인데, 암스테르담 등 몇 곳에서 이미 시연한 바 있었다. 그런데 2002년에 잘츠부르크는 과감하게 이 새 악보를 선택했던 것이다. 언론들은 이 악보를 "피아니시모로 끝나는《투란도트》"라며 대서특필했다.

새 무대의 지휘는 마린스키 극장의 감독인 발레리 게르기예프, 연출은 현대적인 해석을 대표하는 연출가 데이비드 파운트니가 맡았다. 파운트니의 연출은 베리오의 악보와 완벽한 조화를 이루었다. 1막부터 작동하는 기계들이 난무하는 무대는 인간성을 상실하고 기계화된 현대 사회를 반영했다. 천상에서 군림하는 투란도트 공주는 사랑과 연민과는 거리가 먼 냉혈인이다. 하지만 류가 연인 칼라프를 지키기 위해 자신의 가슴을 가위로 찌르자, 공주는 하늘에서 땅으로 내려오고 그녀의 두꺼운 비단옷이 벗겨진다. 공주는 류가 서 있는 맨땅 위에서 류와 같은 평상복을 입고 선다. 류의 죽음으로 사랑의 위대함을 체험한 공주는 종로나 명동 같은 거리에서 필부필부匹夫匹婦들 사이에 섞여 칼라프를 찾는다. 공주와 칼라프뿐 아니라 무대 위 백여 명의 출연자들이 모두 자신들의 짝을 찾고 다함께 조용히 포옹한다. 알파노가 썼던 작위적인 2중창이나 거대한 피날레 같은 것은 없다. 모두들 자신의 사랑을 찾고 고요한 안식을 얻을 뿐이다. 모든 이들이 '피아니시모'로 사랑의 품에서 인간성을 찾을 때, 역사적인 새 오페라의 막은 조용히 내려왔다.

모차르트를 기념했던 특별한 그해 여름

잘츠부르크가 대중적으로 더 유명해진 시기는 2006년 시즌을 거치면서다.

2006년은 이 도시 출신의 위대한 음악가로, 흔히 잘츠부르크와 동격으로 생각되는 모차르트의 탄생 250주년이었기 때문이다.

잘츠부르크에서는 다시는 볼 수 없는 최고이자 최대 프로그램이 공연되었다. 즉, 모차르트가 무대를 위해 작곡한 음악 22곡을 모두 한 시즌에 상연하는 대대적인 프로젝트가 거행된 것이다.

게다가 여기에는 세계 정상급의 모차르트 지휘자들이 대거 참여했다. 그리하여 주요 오페라의 경우에는 지휘자가 각각 달라져서 마치 모차르트 오페라 올림픽을 방불케 했다. 연출 역시 유럽에서 가장 각광받는 전위적인 연출가들이 각각의 작품들을 맡아서, 잘츠부르크를 찾는 전 세계 모차르트 팬들을 새로운 감흥에 휩싸이게 했다.

그 결과는 대성공이었으며, 22개의 작품 모두가 DVD로 만들어져서 기록으로 남았다. 그 후로 모차르트 오페라 전곡을 'M22'라고 부르게 되었는데, 이것은 잘츠부르크 페스티벌에서 그렇게 정리했기 때문이다. 5주 동안 잘츠부르크의 도시 전역, 10여 개의 장소에서 모차르트 오페라들이 동시에 공연되었으며, 이 공연을 위해 전 세계에서 모여든 주역급 가수들만 무려 170명에 이르는 축제 중의 축제가 펼쳐졌다. 좀 과장해서 말하자면, 길을 가다가 부딪치는 사람이 다 성악가들이었다. 그중에서도 《피가로의 결혼》, 《마술 피리》, 《폰토 왕 미트리다테》, 《후궁 탈출》 등은 그해 잘츠부르크가 탄생시킨 역사적인 명연으로 남아 있다.

카페의 도시 잘츠부르크

잘츠부르크도 오스트리아의 도시인 만큼, 카페의 도시 빈처럼 좋은 카페들이 많다. 그곳에서는 공연과 공연 사이의 한낮에 편히 앉아서 휴식을 취할 수도 있고, 향기로운 커피와 빈풍의 케이크를 즐기면서 한때를 보낼 수도 있다.

잘츠부르크의 카페를 순방하는 것도 좋은 여행이 될 것이다. 이곳에서

카라얀이 자주 들렀던 카페 토마젤리는 여전히 사람들로 넘쳐 난다.

만날 수 있는 유서 깊은 카페 네 곳을 소개한다. 잘츠부르크의 즐거움을 배가시킬 수 있는 여러분만의 시간을 가져 보기를…….

가장 유명한 카페는 '토마젤리'다. 카라얀도 자주 들러서 페스티벌 관계자들과 의논을 하곤 했던 곳인데, 지금도 운이 좋으면 무대에서나 볼 수 있는 세계적인 음악가들을 바로 옆에서 만날 수 있다. 토마젤리는 크리스털로 된 샹들리에와 대리석 테이블, 가죽 소파, 나무 봉으로 철한 신문 등 빈 카페의 전형적인 모습을 보여 준다. 건너편 정원에 있는 야외 테이블들도 이곳 토마젤리에서 함께 운영하고 있다. 흰색에 초록색 줄무늬의 차양이 토마젤리의 상징이다.

다음으로는 토마젤리 맞은편에 있는 카페 '퓌르스트'가 유명하다. 잘츠부르크에 오면 많은 사람들이 흔히 '모차르트 초콜릿'이라고 불리는 빨갛고 노란 포장지에 싼 과자를 마구 산다. 이것은 관광객을 겨냥한 관광용 상품으로, '모차르트 초콜릿'이라는 이름도 사실은 정체불명이다. 진짜 잘츠부르크 초콜릿은 바로 파란색과 은색 포장지의 것인데, 이름은 '모차르트쿠겔'이다. 퓌르스트는 모차르트쿠겔을 처음 만들어 낸 곳이다. 그러나 이곳은 당시 특허를 내는 일을 미처 하지 못해, 모차르트쿠겔의 유사품이 판을 치게 된 것이다. 하지만 진짜 잘츠부르크 시민들은 퓌르스트를 찾아와서 한 잔의 커피와 과자의 여유를 즐긴다.

강 건너편에 있는 커다랗고 흰 건물이 유명한 자허 호텔이다. 이 호텔 1층에 있는 카페가 카페 자허로, 빈에 있는 동명 카페의 지점인 셈이다. 커피와 더불어 '자허 토르테'란 케이크가 널리 알려져 있다. 조용하고 우아한 장소다.

잘츠부르크 시내 한가운데를 흐르는 잘차흐 강가에는 자허 호텔 옆으로 신고전주의와 비잔틴 양식이 혼합된 인상적인 건물이 서 있는데, 바로 카페 '바자르'다. 바자르는 잘츠부르크 최고의 카페로서, 그들의 고집과 우아함이 느껴지는 곳이기도 하다. 강 건너의 토마젤리가 관광객들에게 점령당했다면, 바자르는 잘츠부르크 시민들의 휴식처다. 나는 다른 사람들에게는 토마젤리를 가라고 권해 놓고는 혼자서 바자르로 향하기도 한다. 바자르에서 커피를 시켜 놓고 책을 읽는 것이 잘츠부르크에서 누릴 수 있는 최고의 호사라고 생각한다. 아, 비밀을 말해 버렸다.

매일 아침 스타가 탄생하는 곳

해마다 거의 거르지 않고 잘츠부르크에 간 지 어언 10년, 이제 나는 비행기를 타고 바로 잘츠부르크로 들어가곤 한다. 프랑크푸르트 공항에서 갈아탄 오스트리아 항공 비행기는 저녁 늦게야 이름도 멋진 볼프강 아마데우스 모차르트 공항에 안착한다. 짐을 찾고 밖으로 나오니, 나를 기다리던 자동차가 보인다.

차에 오르니 기사가 인사를 한다. 잘츠부르크 페스티벌의 중요한 후원 사인 한 자동차 회사에서는 시즌마다 자사의 최신형 자동차로 주요 손님들을 실어 나른다. 그리고 그 차들의 운전기사로는 오스트리아 전역에서 뽑은 대학생들을 채용하는데, 학생들에게 아주 인기 있는 아르바이트 자리다. 그런데 이번에 나에게 배정된 기사는 인스브루크 대학에서 경영학을 공부한다는 여학생이다. 그녀는 공항에서 나를 기다리는 동안 FM 방송을 청취하고 있었다. 라디오에서는 바로 그날 공연되던 구노의 오페라 《로메오와 줄리에트》의 프레미어(각 작품의 시즌 첫날 공연)를 중계하고 있었던 것이다.

그것은 당시 인기 높았던 소프라노 안나 네트렙코와 테너 롤란도 비야손이 함께 출연한다고 해서 일찌감치 매진되었던 공연이다. 그런데 공연을 준비하던 도중 네트렙코가 임신을 해서, 공연 직전에 줄리에트 역의 가수가 바뀌고 말았다. 그녀를 보기 위해 이미 반년 전부터 티켓을 구입한 전 세계 팬들에게는 난감한 일이 아닐 수 없었다. 그러나 주최 측은 네트렙코를 판 것이 아니라 《로메오와 줄리에트》의 티켓을 판 것이니, 출연자가 바뀐다고 해서 책임을 지지는 않는다. 이럴 경우 유럽 명문 극장에서는 대타를 내보내더라도 최소한 대등한 수준의 가수를 투입하는 것이 전통이다.

급히 투입된 소프라노는 당시 25세였던 조지아 출신의 신성新星 니노 마차이제였다. 나는 그녀가 얼마나 잘 부를 수 있을지, 네트렙코의 대역으로 어느 정도 성과를 올릴지 무척 궁금했다.

내가 차에 오르자 라디오를 듣던 여학생은 "비야손, 너무 잘 불렀어요!"라고 말한다. 비야손이야 잘 부르겠지. 하지만 나의 관심은 줄리에트다. 나는 "마차이제는 어땠어요?"라고 묻는다. 그러자 오직 비야손의 팬인 듯한 소녀 기사는 우물쭈물하다 "잘 모르겠어요"라고 대답한다. 호텔로 가는 자동차 안에는 공연이 끝나고 나서 이어지는 박수 소리만 가득하다.

롤란도 비야손과 니노 마차이제가 출연한 2008년의 《로메오와 줄리에트》.
마차이제는 이 공연으로 일약 스타가 되었다. ⓒ Getty Images

다음날은 어제에 이어 두 번째로 공연되는 《로메오와 줄리에트》를 보기로 계획한 날이다. 식당으로 내려온 나는 엊저녁에 있었던 《로메오와 줄리에트》 프레미어에 대한 비평을 읽기 위해 조간신문을 펼쳐 든다. 굳이 공연난을 펼칠 것도 없다. 1면에 커다랗게 실린 니노 마차이제의 얼굴, 그리고 그 위에 크게 적힌 기사 제목.

"오페라계의 안젤리나 졸리 탄생!"

잘츠부르크 페스티벌은 이렇게 지금도 매일 아침 새로운 스타를 탄생시킨다.

브레겐츠 페스티벌

어스름 저녁의 호수에서
펼쳐지는 꿈의 향연

별과 호수, 그리고 오페라와의 만남

여름밤에 호수 위에서 펼쳐지는 오페라를 상상해 본 적이 있는가? 언젠가 누군가가 "밤하늘의 별 밑에서 오페라를 보는 것이 작은 소원"이라고 말하는 것을 들은 적이 있다. 게다가 그 무대가 깊은 산속의 호수라면, 과연 그날은 인생에서 가장 아름다운 밤의 하나가 될 것이다.

유럽에서 여름에 열리는 페스티벌 중에는 야외 오페라 공연이 꽤 많으며, 그중에는 호수에서 벌어지는 공연들도 꽤 된다. 그러나 그 모든 조건을 다 갖춘 것들 중에도 단연 최고이자 가장 아름다운 분위기를 갖추었고, 한 번쯤 가 보라고 권하고 싶은 곳은 역시 브레겐츠 페스티벌이다.

독일 알프스 산자락에는 빙하가 녹았던 자리에 큰 호수들이 군데군데 있다. 그 호수들은 고산 지대에 위치해 물이 맑지만, 예부터 사람들의 접근이 쉽지 않았다. 그중에서도 빼어난 경관을 자랑하는 곳이 중부 유럽의 산속에 숨어 있는 보덴 호Bodensee인데, 나라에 따라서는 콘스탄츠 호라고 부르

보덴 호 가운데에 있는 린다우는 섬 하나가 도시를 이루고 있다.

께 이곳의 예술적 안목이 만만치 않음을 느끼게 해 준다. 이 축제극장은 오페라, 콘서트, 전시, 회의 등이 열리는 상설 공연장이자 페스티벌 본부가 있는 곳으로서, 현대식 복합 문화 공간이다. 이 건물의 뒤쪽인 호숫가에 호수를 바라보는 큰 계단식 좌석을 만들어서, 여기서 오페라 공연을 관람할 수 있게 한 것이다.

무대는 듣던 대로 호수 가운데에 떠 있다. 주최 측에서 '떠 있는 무대floating stage'라고 홍보하는 초대형 무대는 객석과 약간 떨어져서 호수 위에 있는데, 왼편의 긴 다리를 통해서 제작진이나 출연자들이 통행한다. 이 무대는 사실 떠 있는 것이 아니고, 물속에 단단한 지지대를 두고 있다.

브레겐츠 페스티벌의 호상湖上 무대는 다른 페스티벌처럼 무대를 매일 바꾸거나 이동하는 조립식이 아니고, 시즌이 끝날 때까지 부술 수 없는 콘크리트와 철골로 된 견고한 고정 무대다. 그러므로 호상 무대에서는 매년 한 작품의 오페라만 공연한다. 그리고 한 작품은 보통 2년의 수명을 가진다. 즉 두 시즌 동안 같은 작품을 공연하고 2년 후에 다른 작품으로 바꾼다. 그래서 시즌이 아닐 때도 호숫가에 서 있는 거대한 세트들은 멀리서 보면 장관이다. 이 무대는 특히 석양에 두드러지는, 보덴 호의 랜드 마크인 것이다.

공연은 저녁에 이루어진다. 어스름 황혼이 깔리면 사람들은 정장 차림에 담요를 하나씩 들고 스탠드에 앉는다. 비록 야외이기는 하지만 스탠드는 현대식 공법이어서, 4,400석에 달하는 좌석이 모두 편안하고 어느 자리에서나 시야가 아주 좋다.

좌석이 거의 차면 공연의 첫 행사로, 큰 배가 무대 왼편의 선착장으로 들어온다. 그것은 호수 건너편의 독일에서 오는 여객선으로, 독일 사람들이 오페라를 보러 배를 타고 오는 것이다. 서쪽으로 떨어지는 햇빛을 받으며 기항寄港하는 배를 보는 것도 참으로 멋지다. 배에서 내린 사람들이 마지막으로 자리를 잡으면, 조명들이 꺼지고 오페라가 시작된다.

그때가 보통 저녁 9시에서 9시 30분이다. 1막이 진행될 때까지는 하늘이 다 어두워지지 않는다. 음악을 들으면서 석양을 감상하는 것도 브레겐츠의 잊을 수 없는 추억인데, 호수의 풍광을 잘 즐기려면 앞자리가 아니라 맨 뒤의 높은 자리가 더 좋다.

무대 세트의 놀라운 크기와 합창단, 무용단, 엑스트라의 엄청난 규모는 처음부터 관객들을 압도하기에 충분하다. 앞자리에 앉으면 목이 아파서 올려다보기도 힘들 정도로 거대한 세트에서 작은 창문들이 열리면, 각 창문마다 조명들이 튀어나와 관객들로 하여금 입을 다물지 못하게 한다.

그러나 브레겐츠 페스티벌의 가장 큰 특징은 엄청난 세트에 있는 것이 아니라 숨은 곳에 있으니, 이곳의 공연은 마이크를 사용한다는 점이다. 가수들은 저마다 귀밑에 마이크를 붙이고 나온다. 관객에게는 지휘자도, 오케스트라도, 심지어 오케스트라 박스도 보이지 않는다. 이들은 모두 축제극장

비 때문에 호상 무대에서 공연이 어려우면 실내인 이곳 축제극장으로
무대를 옮겨 공연할 수 있도록 준비되어 있다.

의 건물 속에 숨어서 모니터와 마이크를 통해 서로 사인을 주고받는다. 이 모든 것은 전자 장치에 의해 조절된다.

스탠드의 맨 뒷자리 뒤에는 축제극장의 꼭대기 층이 보이는데, 그곳은 전면이 유리로 되어 있어서 마치 대형 유조선의 조타실이나 국제공항의 관제탑처럼 무대와 호수와 객석을 전부 조망할 수 있다. 그곳에서 모든 조명과 음향 등을 지시하고 그에 따라 무대는 일사불란하게 움직이는 것이다. 그곳에는 실내 라운지로 된 호사스러운 특별석도 있지만, 처음에는 노천에 앉아서 경험해 보기를 권한다. 어찌 되었거나 이곳에 처음 와 본 사람이라면 감동과 흥분을 넘어서 거의 충격적인 경험을 하게 될 것이 분명하다.

하지만 진지한 클래식 팬이라면 가장 중요하게 생각할 음향 부분에서 거부감을 느끼는 것도 당연하다. 그러나 마이크를 쓰는 다른 지역의 공연들(사실 그리 많지는 않다)과는 비교할 수 없을 정도의 정교한 기술로, 음향은 예상보다 좋은 편이었고 독창자와 합창단, 오케스트라 사이의 음량 분배도 상당히 잘 조절되고 있었다.

막간이 없는 오페라, 그 충돌의 충격

1999년에는 베르디의 오페라 《가면무도회》가 올라갔다. 호수 안에 몸 절반을 담근 채 서 있는 거대한 해골 모형 덕분에 잊을 수 없는 무대였다.

《가면무도회》는 실제로 있었던 스웨덴 왕 구스타프 3세의 암살 사건을 다룬 역사적인 드라마다. 구스타프는 가장 친한 친구이자 심복인 요한 앙카스트룀 백작의 부인인 아멜리아를 남몰래 사랑하고 있다. 그러나 친구의 아내를 사랑한다는 죄책감으로 괴로워한다. 앙카스트룀은 왕의 이런 심정을 모르는 채 왕과 자신의 부인의 관계를 의심하고, 결국 가면무도회 도중에 왕을 저격한다는 내용이다.

무대 옆에 서 있는 해골은 커다란 책을 펼치고 보고 있는데, 이 책이 바로 무대가 된다. 그러니 가수들은 바로 그 책 위에서 오페라를 공연하게 되는 것이다. 그런데 그 책은 춤 교본 같은 것으로, 그 위에는 춤출 때 밟은 스텝의 움직임이 그려져 있다. 즉 모든 출연자들은 책 위에서 춤을 추고, 왕은 해골, 즉 죽음의 그림자가 드리워진 자신의 운명에서 도망 갈 수 없다는 것을 호수 위의 거대한 무대가 웅변하고 있는 것이다. 깜짝 놀랄 만한 이 무대를 만든 연출가는 리처드 존스와 앤서니 맥도널드로서, 이들은 이 무대를 통해 그 이름을 전 세계에 드날렸다.

2001년 여름에는 푸치니의 《라 보엠》이 호수를 장식했다. 연출은 역시 리처드 존스와 앤서니 맥도널드로서 또 한 번 브레겐츠에서 깜짝 놀랄 만한 아이디어를 선보였다.

파리의 카페를 연상시키는 테이블형 무대 위에서 출연자들은 대인국大人國에 온 소인들처럼 보였다. 소인들은 현란한 색상의 재떨이나 볼펜 위를 뛰어다녔다. 무대 뒤의 엽서 판매대에는 각 막마다 파리의 다른 풍경들을 보여 주는 엽서들이 나타나, 각 장면의 분위기를 연출했다. 정교한 무대 위에서 가수들이 노래할 때, 관객들은 빈 심포니 오케스트라(이하 '빈 심포니')가 연주하는 푸치니 음악과 함께 『걸리버 여행기』의 먼 나라 속으로 빠져들어 갔다. 무대 앞의 호수에 등장하는 보트 위에서도 연기가 벌어지는데, 이것은 매년 보여 주는 장치다.

브레겐츠 페스티벌 공연의 또 다른 특징은 막간에 휴식이 전혀 없다는 것이다. 호상 무대이므로 1막이 끝나도 막을 내릴 수 없다. 그러나 브레겐츠 공연들은 이런 점을 도리어 살려서, 1막이 끝나면 놀라운 장면 전환을 보여 주면서 바로 2막으로 들어간다. 이렇게 3막, 4막으로 이어진다. 곡을 직접 작곡한 베르디나 푸치니가 보면 놀랄 일이겠지만, 실제로 극이 끊이지 않고 계속 이어질 때의 효과는 신선하고 대단하다.

2007년 무대는 로버트 카슨이 맡아서 큰 화제를 불러일으켰다. 그는 호상 무대 전체를 정유공장으로 만들었다. 이것은 베르디의 《일 트로바토레》

의 무대인데, 이 작품은 중세 스페인의 왕위 계승 전쟁을 둘러싸고 일어나는 헤어진 형제간의 사랑과 전쟁 이야기다. 그런데 현대에 왕위 계승 전쟁이라는 것이 설득력이 있을 리 없다. 그래서 카슨은 무대를 정유공장으로 옮기고, 여기서 일어나는 경영권 다툼의 이야기로, 즉 현재 사장과 퇴출당한 노조 위원장 사이의 싸움으로 그리고 있다.

노조의 돌격대가 공장으로 침입하는 장면은 마치 눈앞에서 영화가 펼쳐지는 것 같다. 공장 꼭대기에서 유격대처럼 로프를 타고 일순간에 무대로 들어서는가 하면, 연인을 납치하여 보트에 태워서 보덴 호수 저편으로 사라지기도 하고, 객석 사이의 출입구를 통해 등장한 합창단들은 호수 위의 무대로 기어 올라가면서 〈대장간의 합창〉을 부른다. 이 모든 것들이 브레겐츠라는 독특한 환경을 잘 살린 연출인 것이다. 여기서 우리의 상상력도 호수 저편으로 나래를 편다.

최근에는 비제의 《카르멘》, 베토벤의 《피델리오》, 베르디의 《나부코》 등이 2년 간격으로 공연되었고, 모두들 참신한 연출로 브레겐츠 페스티벌의 이름을 드높였다. 이어서 베르디의 《가면무도회》, 푸치니의 《라 보엠》, 번스타인의 《웨스트 사이드 스토리》, 베르디의 《일 트로바토레》, 푸치니의 《토스카》, 베르디의 《아이다》가 공연되었고, 2011~2012년에는 조르다노의 《안드레아 셰니에》가 공연되고 있다.

현재, 가장 전위적이고 참신한 연출가의 한 명인 영국의 데이비드 파운트니가 브레겐츠 페스티벌의 예술 감독을 맡고 있는데, 그의 취임 이후 브레겐츠는 더욱 화려한 무대와 친절한 서비스, 그리고 공격적인 마케팅을 보여주고 있다.

선상 공연이 하이테크놀로지 공연으로 일어서다

세계 최초의 호상 오페라 축제인 브레겐츠 페스티벌이 시작된 것은 1945년

이었다. 처음에는 호수에 큰 배를 띄우고 그 위에서 공연을 했는데, 관객들은 호숫가에서 공연을 감상했다. 그런데 그 행사가 브레겐츠와 보덴 호숫가의 여러 도시들을 찾는 휴양객들에게 큰 호응을 얻었다. 그리하여 주최 측은 1948년부터 호수 위에다 아예 무대를 만들기 시작했다. 초창기의 레퍼토리는 주로 요한 슈트라우스 2세나 프란츠 레하르 같은 이들의 빈 오페레타

가 주를 이루었는데, 시설도 제대로 되지 않은 야외에서 본격적인 오페라를
한다는 것은 당시로서는 무리였을 것이다.

그러던 것이 지금과 같은 현대식 시설을 갖추게 된 것은 1979년이었다.
그때부터 호상 무대에 기계식 이동 장치와 첨단 음향 시설이 생기고, 이어서
1980년에는 축제극장이 만들어졌다. 그리하여 제대로 된 오페라 하우스보

브레겐츠 페스티벌

다 더욱 웅장한 무대와 더욱 엄청난 음향을 들려주게 된 것이다.

그때부터 초기 무대를 장식하던 오페레타 레퍼토리들이 사라지게 된다. 그 대신에 무대의 작품성에 역점을 둔 본격적인 오페라들이 올라가게 되어, 베르디, 바그너, 푸치니 등의 정극正劇 오페라들이 이곳의 주 레퍼토리가 되었다.

그리고 브레겐츠 무대에 오르던 수상水上 오페레타들은 멀리 오스트리아 동부의 뫼르비슈 호숫가로 옮겨지게 된다. 브레겐츠 공연은 비록 마이크 등의 전자 장치를 쓰기는 하지만 그 음향이 참으로 대단해서 무려 300미터 밖의 호반에 앉아서도 음악을 감상할 수 있다고 한다. 이처럼 브레겐츠는 세계 야외 오페라 무대의 음향 발전에 늘 선구적인 역할을 했으며, 지금도 가장 발달한 음향 테크놀로지를 보여 주는 곳이다. 베이징 쯔진청紫禁城의 《투란도트》, 나일 강 테베의《아이다》등 세계의 주요 야외 오페라들은 모두 이곳 브레겐츠의 기술에 의존한 것들이었다.

그동안 브레겐츠에서 상연되었던 프로덕션들 중에서 높은 평가를 받았던 공연으로는 1985년 푸치니의 《투란도트》, 1991년 비제의 《카르멘》 등을 꼽을 수 있다. 특히 지금은 브레겐츠 페스티벌의 예술 감독이 된 연출가 데이비드 파운트니가 연출했던 1994년의 《나부코》는 이스라엘과 바빌로니아(지금의 이라크)의 전쟁을 현대의 중동 사태를 연상하게끔 만들었고, 이스라엘 사람들이 끌려가서 〈노예들의 합창〉을 부르는 대목 등은 나치에 의한 홀로코스트처럼 묘사했으며, 기관총의 총격전이 난무하고 화염이 자욱한 전투 장면을 연출하는 등 브레겐츠가 세계적인 명성을 얻는 데 결정적인 기여를 했다.

호상 무대가 유명하긴 하지만, 브레겐츠 페스티벌에 호상 오페라만 있는 것은 아니다. 1980년에 개장한 축제극장에서는 야외와는 별도로 예술적 가치가 높은 작품이나 현대 오페라들을 매년 올리고 있다. 그러므로 두 장소의 오페라를 번갈아 보는 묘미도 있다. 2001년에는 마르티누의 오페라《줄

꼬마 팬에게 사인을 해 주고 있는 브레겐츠 페스티벌의 예술 감독 데이비드 파운트니.

리에트》가 축제극장에서 공연되어 호상 무대의 《라 보엠》보다 더 높은 격찬을 받았던 것이다.

축제극장은 2006년에 확장되어 좌석을 1,600여 석으로 늘리는 등, 유럽에서도 가장 현대적이고 훌륭한 공연장의 하나로 탈바꿈했다. 이곳에서는 야외 오페라와는 별도로 빈 심포니의 콘서트 등이 열린다.

브레겐츠 페스티벌에서는 1948년부터 해마다 빈 심포니가 참여하여, 모든 오페라 공연을 연주한다. 잘츠부르크 페스티벌의 빈 필과 같은 역할을 하는 셈이다. 이렇게 오랫동안 이어진 기여를 기리기 위해 축제극장 앞 광장의 이름이 '빈 심포니 플라츠'로 명명되었다. 빈 심포니는 오페라가 쉬는 날에는 콘서트를 열어 7월 중순부터 8월 중순까지 한 달 정도 열리는 페스티

브레겐츠 페스티벌

《웨스트 사이드 스토리》의 무대 장치와 호상 무대의 객석.

벌 기간에 단 하루도 쉬지 않는다. 최근에는 블라디미르 아시케나지, 블라디미르 페도세예프, 대니얼 나자렛 등의 지휘자들을 초대하여 이 페스티벌에서 빈 심포니를 지휘하게 하는 등 다양한 관현악을 선사했다.

2001년의 경우 빈 심포니 외에도 포라를베르크 오케스트라와 유럽 연합 유스 오케스트라가 참여했고, 다수의 실내악단들이 크고 작은 콘서트를 열었다. 그뿐 아니라 연극, 무용 공연과 세미나가 열렸고, 빈 심포니는 워크숍도 가졌다.

골목에서 마주치는 작은 풍경들

브레겐츠는 걷기에 딱 좋은 곳이다. 그것은 시내나 호반이나 다 그러하다. 특히 아침에 인적이 드문 시가지를 걸으면, 좁은 골목을 돌 때마다 앙증맞은 풍경이 이방인을 맞는다. 조용하고 예쁜 도시 구석구석에 작은 갤러리, 서점, 카페들이 있고, 전통 식당들도 많다.

시내 곳곳에는 이탈리아 오페라와 관련된 상호들이 많아서, 마주칠 때마다 "아, 여긴 페스티벌의 고장이지" 하는 생각을 하게 만든다. 빈 심포니 플라츠 앞의 식당은 이름이 '심포니'이며, 카지노의 식당은 트라토리아 '팔스타프'다. 시내에서 가장 유명한 카페는 '로시니'이며, 호반의 한 식당에서 파는 이곳 특유의 파스타 이름은 '스파게티 카루소'다. 브레겐츠의 정적과 이탈리아 오페라는 별로 어울리지 않는 것 같지만, 그래도 알 수 없는 일이다. 이 산속의 조용한 오스트리아 사람들도 그들 나름대로의 삶을 살아가다 보면 가끔은 뜨거운 이탈리아 오페라와 카루소가 필요할지도 모른다.

브레겐츠를 방문할 때 절대로 빼놓지 말아야 할 곳이 현대 미술관인 '브레겐츠 쿤스트하우스(KUB)Kunsthaus Bregenz'다. 호수가 바라보이는 시내에 자리 잡은 초현대식 건물인 브레겐츠 쿤스트하우스는 스위스의 세계적인 건축가 페터 춤토르가 설계한 건물로서 1997년 개관 때부터 지금까지 세계적인 건축물들 가운데서도 늘 주목을 받고 있다. 이곳에서는 전위적인 현대 미술전《세상을 넘어World Beyond》가 열리는 등, 페스티벌 기간에 항상 오스트리아를 비롯한 유럽 전위 작가들의 특별전이 준비되어 있다.

린다우에서 마시는 한 잔의 적요

브레겐츠의 주위에도 아름다운 곳들이 많은데, 보덴 호 주변의 여러 명소들 중에서도 린다우는 가장 두드러지는 도시다. 서울의 교외선 같은 시골 열차를 타고 브레겐츠에서 출발하면, 열차는 불과 15분 만에 마치 베네치아로 들어갈 때처럼, 보덴 호 가운데에 난 둑 위를 달려 작은 섬에 도착한다. 동화나 장난감처럼 아름다운 이 섬이 독일령 린다우다. 열차가 섬에서 나갈 때는 앞뒤를 바꿔서 움직인다.

비록 15분 거리이지만, 브레겐츠는 엄연히 오스트리아이고 린다우는 독일이므로 열차를 탈 때 여권을 소지해야 하는 것이 원칙이다. 그러나 매일 이웃 마을처럼 왔다 갔다 하므로 여권을 항상 가지고 다니는 것은 사실 어려운 일이다. 한번은 열차 안에서 경찰이 내게 여권 제시를 요구한 적이 있었다. 하는 수 없이 "호텔은 오스트리아에 있는데, 독일에 차를 마시러 가게 되었습니다"라고 난감한 표정으로 사정했다. 경찰은 씩 웃으면서 "잘 다녀오세요"라고 말했다.

섬 위의 도시 린다우는 13세기경부터 호수 위에 그림처럼 서 있다. 역에 내리면 바로 앞 항구에 정박한 수많은 돛단배들과 여름 태양을 반사하는 은빛 수면의 호수가 나그네를 맞이한다.

아름다운 건물들로 둘러싸인 린다우 항의 벤치에 앉아 있으면, 너무나 조용하여 들리는 것이라고는 돛대에 부딪치는 바람 소리와 물새들의 울음 소리뿐이다. 미안하지만 이곳에 있는 동안만은 베토벤도, 말러도 생각나지 않는다. 린다우의 방파제와 예쁜 뒷골목을 천천히 걸어 보라. 세상의 번잡한

스위스의 세계적인 건축가 페터 춤토르가 설계한 브레겐츠 쿤스트하우스는 또 하나의 명물이다.

일들이 다 기억나지 않게 된다. 나는 브레겐츠 페스티벌에 참석할 때면 오전에는 어김없이 이곳 린다우에 와서 방파제에 앉아 사색이나 독서로 반나절을 보낸다. 그리고 배가 출출해지면 점심을 먹으러 오스트리아령 브레겐츠로 돌아간다.

잊을 수 없는 호수, 잊을 수 없는 음악

내가 본 브레겐츠 페스티벌 공연 중에서 가장 인상 깊었던 것은 오페라가 아니라 오케스트라 콘서트였다. 축제극장에서 열렸던 빈 심포니의 말러 교향곡 제5번 연주로 대니얼 나자렛이 지휘를 맡았다.

독일령 린다우의 적요한 풍경은 진정한 휴식을 준다.

이전부터 그의 명성은 익히 들었지만 만날 기회가 없었는데, 우연히 브레겐츠에서 처음 그를 보게 된 것이다. 인도 태생인 그를 독일어권에서는 주빈 메타를 계승한다는 뜻으로 "리틀 주빈"이라고 부른다. 검은 얼굴에 인도식 검은 옷을 입고 지휘대에 오른 그는 날카로운 눈빛이 예사롭지 않았다. 그의 지휘봉이 움직이기 시작하자 빈 심포니가 토해 내는 연주는 한마디로 충격이었다.

나자렛의 말러가 끝난 저녁, 나는 떨리는 가슴을 다스릴 수 없었다. 아무도 없는 호텔 방에 가 봤자 잠이 올 리 만무했다. 나의 발걸음은 자연스럽게 보덴 호숫가로 향했다. 10시가 넘어도 유럽의 여름밤은 완전히 어두워지지 않는다. 호수의 수면은 짙은 군청색이었고, 알프스의 빙하가 녹아서 된 신선한 물 냄새가 코끝에 스쳤다.

　　호수 저편의 독일 땅 기슭에 점점이 박힌 레몬색 불빛들 사이로 음악이 들려오는 듯했다. 몇 시간 전에 들었던 말러의 아다지에토였다. 콘서트에서 물결처럼 밀려오던 현의 풍부한 음향이 호수에서 다시 울려 퍼지고 있었다. 그것은 내 머릿속에 호수를 만들었다. 그리고 그 호수 위에 성城을 만들고, 성 위에 또 성을 지었다. 브레겐츠, 영원히 잊을 수 없는 곳이다.

식이지 국적 불명의 맛없는 음식을 파는 관광 식당들은 수학여행 때 실망했던 1970년대의 설악동을 떠올리게 했다.

8월의 관광철에 만난 인스브루크는 이렇게 싸구려 화장품으로 치장한 시골 작부 같은 모습으로 나에게 다가왔다. 하지만 찌는 듯한 사막에도 오아시스는 있는 법. 현명한 여행자라면 패키지 관광객들이 몰려다니는 큰길을 피해서, 현지 주민들이 즐기는 뒷골목의 작은 식당과 카페를 찾을 일이다.

관광객이 보이지 않는 곳을 찾아 테이블이 두어 개밖에 되지 않는 작은 카페에서 오스트리아 맥주로 타는 목을 축이자, 정신이 돌아왔다. 그리고 그곳에서 밥을 먹고 대화를 나누는 현지 주민들과, 그들을 위한 진짜 찬거리를 파는 식품점들을 보면서 여기도 사람이 사는 곳이라는 사실을 확인했다. 그곳에서는 외국인들과는 아무런 관계가 없이 자신의 삶을 사는 할머니들, 작업실 안에서 진지하게 자신의 물건에만 열중하는 장인, 대낮부터 바에서 맥주를 마시며 자신들이 태어난 고리타분한 이 도시를 푸념하는 것 같은 표정의 동네 젊은이들을 만날 수 있었다. 뒷골목의 가게들은 작지만 더 세련되고 우아했다. 작은 꽃 가게, 어린이 옷 가게, 생활 집기를 파는 집들 사이를 거닐면서 나그네는 조금씩 안정을 찾아갔다.

인스브루크의 새로운 발견

인스브루크에도 이방인들을 위한 제대로 된 볼거리가 있는데, 그것이 바로 이곳의 최고급 문화를 보여 주는 '인스브루크 고음악古音樂 페스티벌'이다.

그렇다. 인스브루크에도 이제 페스티벌이 생겨서, 음악과 공연을 좋아하는 사람들이 여름 한때를 즐겁게 보낼 수 있게 된 것이다. 길을 지나다 보니 10대 아르바이트 학생들이 작은 용돈을 벌기 위해 땀이 송송 맺힌 얼굴로 관광객들에게 열심히 전단을 나누어 준다. 한국과 중국에서 온 단체 관광객들은 거의 거들떠보지도 않는, 아니 독일어로만 되어 있어 애당초 외국인의 관심을 끌 수도 없을 그 예쁜 색종이들이 바로 이제 조금씩 세계적인 주목을 받기 시작하는 인스브루크 페스티벌의 프로그램인 것이다.

인스브루크 페스티벌의 공연들은 7~8월의 아침부터, 늦게는 밤 11시부터 시작하는 공연까지 거의 하루 종일 이어진다. 이곳에는 특별한 축제극장이 따로 있는 것은 아니다. 시내 전역의 다양한 장소에서 공연이 이루어지는데, 이 기간에는 티롤 주립극장Tiroler Landestheater(티롤러 란데스테아터)을 비롯하여 암브라스 궁, 성 야곱 사원, ORF(오스트리아 국영방송) 스튜디오, 여러 교회 등이 모두 공연장으로 변한다. 그 외에 시청의 큰 홀과 주 의회 의사당, 심지어 맥주 홀까지 연주장이 되는데, 굳이 거창한 축제극장을 짓지 않아도 페스티벌을 치를 수 있다는 모범적인 사례가 되고 있다.

그뿐 아니라 공연장들은 작은 옛 시가지에 밀집되어 있다. 공연이 많은 해에는 열 군데 이상의 공연장을 찾아다니게 되는데, 그동안 방문객들은 자연스럽게 도시 구석구석과 여러 명소들을 다 보게 되는 효과도 생기게 된다. 아침에 공연을 보고 나서 다음 공연을 기다리는 관객들은 너나없이 골목의 카페에 앉아서 맥주를 마시고 식사를 하고 또 가게들을 기웃거리게 되는 것이다. 그리고 그들은 오후나 저녁에 다시 공연장을 찾는다. 이렇게 하루 종일 고음악과 만나게 되니, 고음악을 사랑하는 사람이라면 이보다 더 좋은 곳이 어디 있으랴. 음악에 취하다 보면 천박한 시가지에도 점점 더 정이 들 것이다.

과거의 휴양지 기능이 점점 쇠락하고, 산을 찾는 알피니스트들과 눈을 찾는 스키어들에게 베이스 캠프 구실밖에 못하던 인스브루크는 이제 페스티벌로 새로운 활력을 찾게 된 것이다.

그것은 각 공연장에 배치된 귀여운 아르바이트 학생들의 즐거운 미소에서 확인할 수 있었다. 그들은 자신들의 페스티벌과 고향이 자랑스러운 듯이 새 일자리에 충실하고 있었다.

시내 어디서나 마주치게 되는 골목의 카페.

고음악의 도시로 서기까지

인스브루크 페스티벌은 1970년대에 발족했다. 겨우 한 세대가 지난 젊은 음악축제이지만, 오로지 고음악만 다루는 페스티벌로 특화하여 자신들의 개성을 분명히 하고 있다.

처음에 이 페스티벌의 존재는 미미했다. 사실 동쪽으로는 잘츠부르크, 남쪽으로는 베로나, 서쪽으로는 브레겐츠, 북쪽으로는 뮌헨 등 유럽 최고 페스티벌의 도시들로 둘러싸인 틈바구니에서, 그것도 그곳들보다 작은 도시에서 후발 주자로 뛰어들어 자신들만의 페스티벌을 키운다는 것은 쉬운 일이 아니다. 그러나 1980년대에 들어와서 고음악을 중심으로 한 페스티벌로 정체성을 분명히 하기 시작하면서부터 인스브루크 페스티벌은 점차 자리를 잡아 갔다.

그도 그럴 것이 인스브루크는 과거부터 자신들의 정체성을 확립하기 위해 몸부림쳐 왔다. 과거에 인스브루크 오페라 하우스는 리하르트 슈트라우스의 모든 작품을 무대에 올리는 프로그램을 공연하여 주위를 놀라게 했으며, 그 후로도 다른 곳에서는 감히 생각하지 못한 자신들만의 프로그램을 올리곤 했다. 즉, 베르크의 《보체크》, 드뷔시의 《펠레아스와 멜리장드》, 슈미트의 《노트르담》, 그리고 쇼스타코비치, 에크, 브레스겐, 우르바너의 작품 등 큰 도시의 유명 오페라 하우스들도 감히 상연하기 어려운 작품들을 과감히 상연하곤 했던 곳이 인스브루크였다. 그것은 어쩌면 도시가 작고 극장이 작기 때문에 가능한 일이었을지도 모른다.

또한, 인스브루크 오페라 하우스는 하이든의 거의 알려지지 않은 오페라들을 연작으로 올렸는데, 이것은 큰 성공을 불러왔다. 그 후 그들은 바로크 이전의 초기 음악들만으로도 페스티벌을 열 수 있다는 힌트를 얻었다.

그리하여 인스브루크 페스티벌에서는 헨델, 몬테베르디, 하이든을 중심으로 그 시대의 오페라들을 집중적으로 제작했다. 그 외에도 바로크 시대의 많은 오라토리오와 칸타타 그리고 고음악의 원전 기악 연주회 등을 열어 왔다. 그렇게 하여 인스브루크 페스티벌은 바로크 오페라 상연을 포함한 고음악 페스티벌로 확고하게 자리 잡아 갔다.

인스브루크 페스티벌의 주요 공연이 열리는 가장 중요한 극장은 티롤 주립극장이다. 이곳은 한마디로 말하자면 오페라 하우스인데, 1846년에 건립되어 150년 이상의 전통을 가진 고전주의 양식의 극장이다. 1945년에 그 이름을 오늘의 티롤 주립극장으로 바꾸어 지금에 이르고 있다.

이 극장은 확장과 대보수 공사를 거쳤다고 하지만, 지금도 객석이 800석에도 미치지 못하는 소규모다. 하지만 그들은 극장을 굳이 확장하는 대신에 이 작은 극장에 어울리는 바로크나 하이든의 오페라 등을 레퍼토리로 선정했는데, 이런 지혜에 고개가 숙여진다. 페스티벌의 방향을 고음악으로 결정한 것은 현명한 선택이었던 것이다.

인스브루크는 최근에 크게 도약하고 있다. 특히 독일 출신의 세계적인 메조소프라노이자 연출가인 브리기테 파스벤더를 상임 연출가이자 고문으로 영입하여, 페스티벌의 국제화에 박차를 가하고 있다. 또한 요즘은 고음악 전문가인 르네 야코프스가 페스티벌의 프로그램 선정과 오페라 제작에 깊이 관여하고 있다.

최근에는 르네 야코프스가 직접 기획과 지휘를 맡은 헨델의 《리날도》가 새롭게 제작되어 큰 반향을 불러일으켰다. 리날도 역에 비비카 주노, 알미레나 역에 미아 페르손 등이 출연한 이 작품은 인스브루크, 프랑스의 몽펠리에, 독일의 베를린 슈타츠오퍼의 세 극장이 공동 제작하여 만들어졌다. 이 작품에서는 나이절 로워리가 의상, 무대 미술, 연출을 모두 맡아서 전위적인 연출을 선보였다. 이 작품의 성공으로 유럽 일대에 《리날도》 공연의 열풍이 불었다.

그 외에도 르네 야코프스는 헨델의 《예프타》와 하이든의 《사계》 등도 연주했다. 또한 취리히 오페라 하우스와 손잡고 공동으로 제작한 헨델의 《시간과 환멸의 승리》가 공연되기도 했다. 고음악 지휘의 선봉에 서 있는 르네 야코프스의 지휘와 위르겐 플림의 연출로 이루어진 이 공연은 그 제작비를 대부분 취리히 같은 큰 극장에서 부담하고 고음악의 전문적인 영역을 맡은 인스브루크에서 미리 시연하는 방식으로 진행되어, 소규모 페스티벌의 새로운 제작 형태를 제시하기도 했다.

점점 잡혀 가는 체계

인스브루크 페스티벌은 최근에 체제를 크게 개편했다. 원래 암브라스 궁에서 열리던 페스티벌과 바로크 오페라를 중심으로 한 고음악 페스티벌을 합쳐서 완전한 더블 페스티벌 체제를 확립했다. 즉 큰 의미로는 양쪽 다 인스브루크 페스티벌이라고 부르지만, 암브라스 궁의 콘서트가 먼저 열리고 이어서 작은 의미의 고음악 페스티벌이 열린다.

2004년부터는 가장 중요한 프로그램과 오페라 단 한 편을 따로 분류하고, 이 공연을 유명한 레스토랑 빌라 블랑카에서 올리는 콘서트를 추가했다. 그리하여 첫째 암브라스 궁 콘서트(여기서는 흔히 캐슬 콘서트라고 부른다), 둘째 고음악 콘서트(여기서는 페스티벌 콘서트라고 부른다), 셋째 레스토랑 콘서트(여기서는 구르메 콘서트라고 부른다), 넷째 오페라, 이렇게 네 가지로 분류한 것이다.

먼저 공연 시작의 팡파르를 터뜨리는 것은 암브라스 궁의 캐슬 콘서트다. 7월에 시작되는데, 각 음악회는 보통 '사랑에 빠진 플루트', '파르나스의 기쁨', '바흐의 비올라 다 감바'와 같이 재미있는 제목으로 산속 고성古城의 저녁을 장식한다. 두 번째는 구르메 콘서트로서 레스토랑 빌라 블랑카에서 식사와 함께 펼쳐진다. 레퍼토리는 고음악을 중심으로 한 실내악이다. 세 코스의 저녁 식사가 준비되는데, 당연히 예약을 해야 한다. 세 번째는 8월에 벌어지는 주 페스티벌인 '인스브루크 고음악 페스티벌'인데, 다양한 고음악 콘서트가 시내의 여러 장소에서 펼쳐진다. 결국 이것이 인스브루크 페스티벌의 핵심인 것이다. 그러므로 이 시기에 맞춰 이곳을 방문해야만, 인스브루크가 준비한 식탁 중에서 최고 진미를 음미할 수 있다.

그중에서 가장 중요하고도 국제적인 관심을 끄는 거의 유일한 프로그램이 매년 단 한 편만 올리는 고古오페라다. 여기서 내가 본 작품들은 18세기 초에 빈 궁정에서 봉직했지만 지금은 거의 잊힌 궁정 음악가 프란체스코 콘티의 작품《시에나 모레나의 돈 크리스초테》와 하이든의 거의 사라진 앙상블 오페라《무인도》 등이다.

르네 야코프스가 지휘를 맡은《무인도》는 티롤 주립극장에서 올라갔는데, 무인도에서 만나는 남자 2명과 여자 2명의 작은 앙상블이 돋보이는 작품이다. 특히 두 여성은 아주 젊고, 두 남성은 일부러 나이가 지긋한 가수들을 캐스팅했는가 하면, 무대에 낡은 경비행기나 낙하산 등 재미있는 소품들

암브라스 궁의 안뜰에 마련된 무대.

인스브루크 페스티벌의 주요 공연이 열리는 티롤 주립극장.

THEATER
DAS FESTWOCHEN
RAHMEN
PROGRAMM
09
14./22.8.
MITTAGS IN DER KAPELLE
15.8.
SCHLOSSFEST AMBRAS
15./16./23.8.
GOTTESDIENSTE MIT ALTER MUSIK
17.8.
KOLLOQUIUM MIT RENÉ JACOBS
20.8.
PROBENBESUCH FÜR KINDER
23.8.
HELDENBRUNCH
24.-29.8.
LUNCHKONZERTE IM HOFGARTEN
25.8.
DER RASENDE ROLAND
28.8.
SYMPOSIUM

을 동원하여, 자칫 멀게 느껴질 수 있는 고오페라를 친근하게 느낄 수 있도록 배려한 게 느껴졌다. 역시 고음악을 사랑하는 인스브루크였다.

특히 2010년부터는 세계 최초로, 아니 지금도 유일하게 바로크 오페라 노래 경연대회를 개최하여, 세계적인 주목을 받고 있다. 요즘 세계 오페라계의 추세가 각 시대나 장르에 대한 전문화 쪽으로 나아가고 있다. 그래서 바로크 오페라만 전문적으로 부르는 가수들이 많이 등장하고 있는데, 바로 인스브루크에서 바로크 오페라 전문 가수들을 개발하고 있는 것이다.

지난 2011년 대회에서는 27개국에서 71명의 성악가들이 참가했는데, 대상은 25세의 헝가리 소프라노 에뫼케 보라트흐가 차지했다. 우리나라 성악가들이 유럽 콩쿠르들을 휩쓸고 있는 실정이지만, 정작 고음악에는 관심이 없어 출전자가 거의 없는 실정이다. 입상자들은 다음 해의 인스브루크 페스티벌과 빈 등에서 중용된다.

티롤을 만끽하면서

인스브루크 시내를 구경하는 데는 반나절이면 충분하다. 많은 여행 안내서에 나와 있는 명소들은 굳이 여기서 언급하고 싶지 않고 가야 할 이유도 없다. 사실 관광객으로 넘쳐 나는 시내 한복판에서 티롤의 분위기를 맛보려는 것은 무리다. 그 대신 공연장들을 찾아다니면, 관광객의 발길이 닿지 않는 진정한 티롤을 느낄 수 있을 것이다.

시간과 체력이 된다면 당연히 등산을 권한다. 페스티벌 기간에는 여름이라 등산의 제철이다. 안내를 받아서 주위의 산에 하루 정도만 트레킹을 다녀와도 잊을 수 없는 추억이 될 것이다. 힘든 분은 케이블카를 이용해도 된다. 이 지역은 겨울 스포츠로 유명하지만 사실 트레킹 등 여름 스포츠의 천국이기도 하다. 등산화 같은 것은 눈 딱 감고 하나 사 버리면 그만이다. 스포츠에 관한 모든 것은 관광 안내소에서 자세히 상담해 준다.

호텔이 많다고 이미 말했듯이, 페스티벌 기간에도 굳이 예약을 하지 않아도 방을 구할 수 있는 곳이 인스브루크다. 그러나 시내에서 티롤의 분위기를 느끼려는 것은 무리다. 알프스의 풍경과 티롤의 공기를 즐기려면 인스브루크의 근교, 특히 훙거부르크 같은 지역의 가스트호프(여관)나 펜션을 찾는 것이 좋다.

등산을 못 하더라도 그런 곳에서의 한나절이나 1박은 당신에게 알프스의 풍경과 티롤의 공기를 만끽하게 해 줄 것이다. 당신은 지금 티롤에 와 있지 않은가.

천장에서 들은 〈울게 하소서〉

정보가 부족한 탓에 뒤늦게야 《시간과 환멸의 승리》의 공연 소식을 들었다. 지금까지 본 적이 없는 이 오페라를 보기 위해 정신없이 극장으로 달려갔지만, 이미 시작한 뒤였다. 극장 로비는 조용했고, 안에서는 음악이 연주되고 있었다.

실망한 나는 극장 직원들에게 세상에서 가장 불쌍한 표정을 해 보였다. 왜냐하면 그날 공연에는 다른 사람도 아닌 체칠리아 바르톨리가 피아체레 역으로 나오고 있었다. 물러설 수 없다는 결연한 의지로 말이 통하지 않는 그들에게 눈빛으로 호소했다. 그러자 그중 잘생긴 젊은이 하나가 나를 보고 저쪽 계단으로 올라가라는 것이 아닌가!

나는 그가 시키는 대로 극장 꼭대기 층까지 올라갔다. 거기에는 메릴린 먼로를 닮은 눈부신 금발 여성이 혼자서 책을 보고 있었다. 내가 다시 사정을 설명하자 그녀는 나를 보고 "이제 내가 문을 열어 줄 거예요. 그러면 조용히 들어가세요. 제일 앞쪽에 빈 공간이 있을 테니, 거기로 가세요"라고 말했다. 그리고 나서 그녀는 그 층 로비의 불을 전부 껐다. 내가 들어갈 때 작은 불빛이라도 극장 안으로 들어가는 것을 막기 위해서였다. 그녀의 배려가 고맙고 또한 놀라웠다. 내가 들어가려고 하자 그녀는 내가 들고 있던 우산과 카메라를 달라고 했다. 그리고 공연 동안에 자신이 그것들을 보관하고 있겠다고 말했다. 나는 그 시골에서 받는 친절에 다시 한 번 감탄했다.

그녀가 불을 끈 틈을 타서 나는 안으로 들어갔다. 꼭대기 층도 발 디딜 틈이 없이 사람들로 꽉 차 있었다. 그러나 그녀의 말대로 제일 앞쪽에 작은 공간이 있었다. 다만 그곳에는 의자가 없어 서서 보는 수밖에 없었다. 게다가 무대를 거의 수직으로 내려다보는 위치였다. 나는 한 손으로는 극장 천장의 파이프를 잡고 다른 한 손으로는 난간을 잡고 서서 오페라를 내려다보아야 했다.

《시간과 환멸의 승리》는 단 네 사람의 가수들만이 나오는 오페라다. 주인공인 '벨레차(미인)'는 자신의 아름다움을 과신하며 살고 있다. 거기에 '시간'과 '환멸'이 나타나서 그녀에게 아무리 아름다운 것이라도 시간이 지나면

공연이 끝나고 돌아가는 사람들.

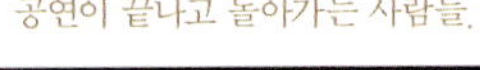

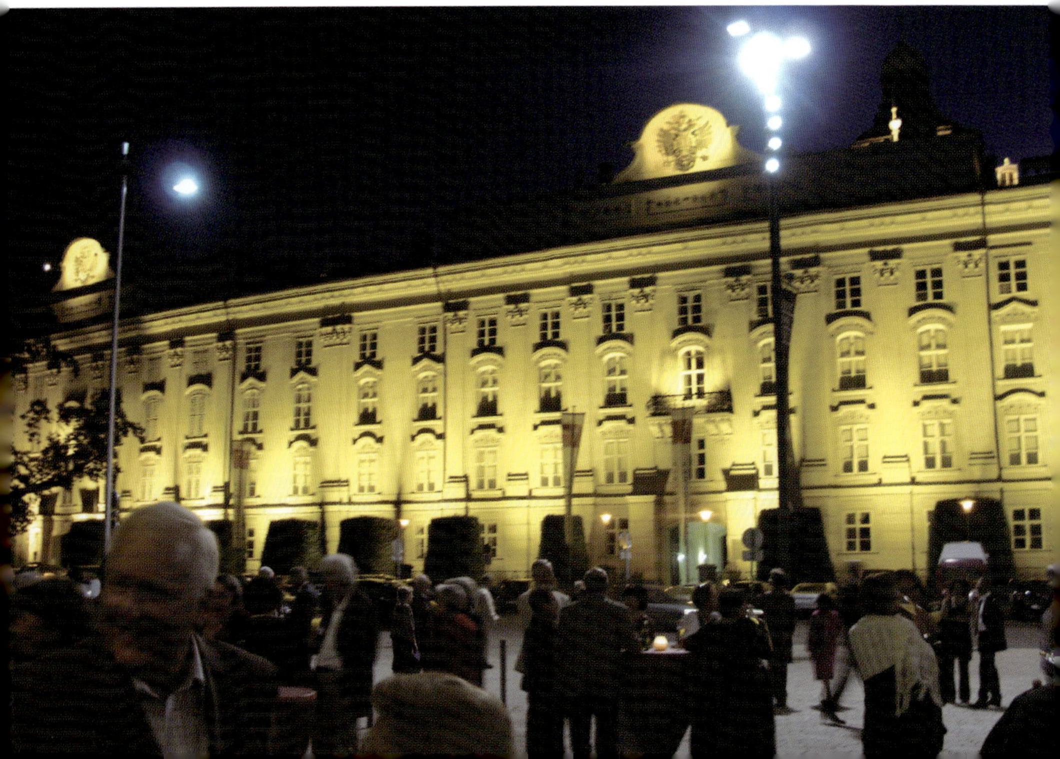

없어지는 것이고 마지막에 남는 것은 환멸뿐이라는 것을 가르쳐 준다는 내용이다. 이 작품이 이탈리아에서 초연되었을 때, 흥행을 위해서 당시 오르간의 명수로 유명했던 헨델이 직접 무대 위에 올라가 오르간을 연주하여 관객들의 박수를 받았다는 기록이 있다. 거기에 근거하여 이번 공연에서도 오르간 연주 부분에 오르간 연주자가 무대에 올라왔다. 그는 라면 면발을 연상시키는 '헨델 가발'과 당시 의상을 입고 무대에 나가 헨델을 흉내 내며 오르간을 연주했다. 정말 헨델이 내 앞에서 연주하는 것 같았다.

그런데 더 놀라운 일이 벌어졌다. 저 밑의 무대에서 공연을 하던 바르톨리가 별안간 바닥에 드러눕는 것이 아닌가? 그리고 그녀는 노래를 시작했다. 나는 내 귀를 의심하지 않을 수 없었다. 그녀가 부르는 것은 바로 《리날도》의 〈울게 하소서〉였던 것이다. 이 공연은 《시간과 환멸의 승리》가 아니던가.

나중에 확인해 본 뒤에야 안 사실이지만, 《시간과 환멸의 승리》는 《리날도》와 거의 같은 악보를 사용하고 있었다. 입신양명을 위해 런던으로 건너간 젊은 헨델이 처음으로 무대에 올린 성공작이 《리날도》였다. 헨델의 빠른 작곡 속도로 화제가 되었던 이 오페라는 사실 그가 이탈리아에 있을 때 《시간과 환멸의 승리》라는 제목으로 이미 공연한 적이 있었던 작품을 영국의 새 대본에 맞춰 편집만 했던 것이다. 즉 자기 표절이었던 셈이다. 그 원작이 고음악 페스티벌이라는 명성에 걸맞게 인스브루크에서 부활해 고음악의 거장 마크 민코프스키의 지휘로 무대에 올라간 것이다.

바르톨리가 부르는 〈울게 하소서〉는 참으로 놀라웠다. 누워서 아리아를 부르는 그녀는 마치 천장에 매달리다시피 한 나를 보고 있는 것 같았다. 천장에서 그녀를 수직으로 내려다보면서 들은 〈울게 하소서〉, 그것은 잊을 수 없는 감동의 순간이었다. 그 많은 페스티벌과 공연들을 따라다니다가 얻은 수확이었다. 작은 극장 전체를 울리는 그녀의 정교한 비브라토는 호흡과 떨림 하나하나가 모두 눈물로 만들어진 노래처럼 들렸다. 이렇게 인스브루크의 밤은 저물어 갔다.

　　　　　　　　　　　　　　　　　　　　　　　인스브루크 고음악 페스티벌

SCHAUER
SCHÖPS
Pfandl
Teeja

바트 이슐 레하르 페스티벌

온천장 계곡을
수놓는 멜로디

그림엽서 속으로 들어가다

잘츠부르크 페스티벌의 매력에 빠져 잘츠부르크 구석구석을 정신없이 다닌 적이 있었다. 나중에는 골목과 가게들을 다 외울 지경이었다. 하지만 잘츠부르크의 아름다움과 매력에서 잠시 벗어나서, 인근에 있는 잘츠카머구트 지방을 잠시 들러 보는 것도 좋겠다. 세계적으로 아름답기로 유명한 잘츠카머구트의 산과 호수는 잊을 수 없는 추억을 안겨 줄 것이다.

잘츠카머구트는 볼프강 호, 아터 호, 할슈테터 호, 트라운 호 등 대여섯 개의 큰 호수들을 중심으로 잘츠부르크 외곽에 발달한 천혜의 풍광 지구다. 알프스의 빙하가 녹아서 그림 같은 호수를 이루었고 그 주위로 산과 계곡 경치가 그야말로 달력이나 엽서에서 본 것들이다. 흔히 잘츠카머구트라고 하면 영화 〈사운드 오브 뮤직〉을 찍은 장소 정도로 생각하지만, 의외로 중요한 역사적 장소들이 적지 않다.

아터 호는 화가 구스타프 클림트가 매년 여름휴가를 보내면서 풍경화

바트 이슐의 강물은 늘 넘칠 듯이 콸콸거리는 것이 무척 인상적이다.

들을 남겼던 곳이며, 볼프강 호의 장크트 길겐은 모차르트의 어머니인 안나 마리아가 태어난 곳, 즉 모차르트의 외가 동네다. 장크트 볼프강에서는 호수를 내려다보는 곳에 그림같이 자리한 순례 교회가 유명하다. 또한 할슈테터 호는 소금 채굴로 유명하여, 유네스코에서 세계문화유산으로 지정한 소금 광산과 석기 시대의 유적을 지금도 구경할 수 있다.

영험하다는 온천장으로

하지만 나의 목적지는 바트 이슐이다. 바트 이슐은 볼프강 호, 트라운 호, 할슈테터 호의 세 호수를 잇는 삼각형의 한가운데에 위치하는 곳으로 잘츠카머구트의 중심 도시다.

나는 아침부터 잘츠부르크의 중앙역으로 간다. 그리고 창구에 가서 바트 이슐까지 가는 기차표를 달라고 한다. 그런데 기차역 직원이 주는 표는 놀랍게도 기차표가 아니라 버스표다. 이것이 바로 '포스트버스postbus' 즉 과거의 '우편 마차'에 해당하는 '우편 버스'인 것이다. 어렸을 때 친구들과 함께 피아노를 치면서 부르던 노래 〈크시코스의 우편 마차〉가 생각나지 않나? 그 우편 마차를 이어 받은 포스트버스를 기차역에서 함께 운행하고 있는 것이다.

기차와 버스, 그리고 호수를 지나는 배편까지 모든 탈것들이 완벽하게 연계된 그들의 대중교통 시스템에 감탄하면서 중앙역 앞으로 나오니 포스트버스가 나를 기다리고 있다. 이렇게 오스트리아의 시골을 다닐 때는 포스트버스가 제격이다. 중앙역에서 1시간 간격으로 있는 포스트버스를 타면 1시간 반 만에 바트 이슐에 도착한다. 만일 기차를 탄다면 중간에서 한 번 갈아타야 하고, 시간도 3시간 반 가량이나 걸릴 것이다.

고즈넉한 온천 마을

바트 이슐 역 앞에서 내리면, 도시의 고즈넉한 분위기가 가슴에 쏘옥 들어온다. 2개의 철교 가운데에 위치해 있는 아름다운 바트 이슐 역에서 잠시 한가함을 즐긴다. 역에서부터 조금만 걸으면 이 도시를 다 돌아볼 수 있다.

바트 이슐은 잘츠카머구트 지역에서 가장 큰 도시라지만, 인구가 겨우 1만3천 명 정도의 작은 마을이다. '바트Bad'는 온천이라는 뜻으로, 이 지역은 이름처럼 유럽 유수의 온천장이 발달한 곳이다. 16세기에 이곳에서 염분 농도가 27퍼센트나 되는 온천이 발견되었지만, 그 명성이 유럽 전체에 퍼진 것은 19세기에 들어와서다.

오스트리아 제국의 조피 공주는 아이를 갖지 못해 고민하고 있었는데, 궁정 의사가 이 온천에서 목욕하기를 권했다. 이곳에 머물면서 온천을 하던 공주가 1828년 임신을 하면서 이곳은 온 유럽에 유명해졌다. 그녀는 무려 3명의 왕자를 연이어 낳았고, 사람들이 그 왕자들을 이곳의 짠 온천물에서 얻었다고 해서 '소금 왕자'라고 부르면서 이곳은 더욱 유명해졌다. 그때부터 오스트리아 황실을 비롯한 유럽 왕실들이 이곳을 휴양지로 삼았다.

또한 이곳은 오스트리아 황실의 러브 스토리로도 유명하다. 오스트리아 황실 가족이 이곳에서 휴양할 때 당시 황태자였던 프란츠 요제프 1세가 역시 이곳에 휴양 온 약혼녀인 바이에른의 공주를 만났는데, 황태자는 그만 약혼녀의 여동생인 엘리자베트(애칭은 시시)에게 반해 그녀와 결혼하게 되었다. 카이저빌라에는 프란츠 요제프 1세와 그의 황후 시시에 대한 많은 자료들이 남아 있어서 둘러볼 가치가 있다. 이곳에서 황제는 세르비아와의 전쟁을 선포하는 서류에 서명을 했고, 이로써 제1차 세계대전이 시작되었다.

황후 시시가 애용하던 시시의 티하우스는 지금 사진 박물관이 되어 시시와 관련된 많은 점을 엿보게 해 준다. 시시가 언니를 따라 여기에 왔다가 언니의 약혼자와 결혼해서 황후가 되는 동화 같은 이야기가 일어난 것은 그

레하르, 요한 슈트라우스, 브람스 등 많은 음악가들이 즐겨 찾던 에스플라나데 산책로.

녀의 나이 15세 때였는데, 당시 그녀의 모습을 사진으로 볼 수 있다. 이와 더불어 그녀가 제네바에서 암살당하기 한 달 전에 여기를 다시 방문했을 때 쓰던 방도 그대로 재현되어 있다.

여름철에는 잘츠부르크는 관광객으로 넘쳐 나지만, 이곳은 참으로 평화롭다. 조금 걷다 보면 작은 개울을 만날 수 있다. 사실 이곳에서는 어느 쪽으로 가든지 물이 콸콸 넘치는 개울을 만나게 되는데, 이 물이 바트 이슐의 시내를 뱀처럼 감싸며 돌아 나가서, 이 도시의 아름다운 경치를 완성하는 것이다.

음악가들이 사랑한 휴양지

시내를 걷다 보면 어디에나 플래카드가 걸려 있는데, 거기에는 '바트 이슐

레하르 페스티벌'이라고 적혀 있다. 나는 예전에 이곳에 놀러 왔다가 우연히 여기에서 페스티벌이 열린다는 것을 알게 되었다. 그와 관련한 정보도 얻기 어렵고 인터넷도 없던 시절이었다. 지금은 누구나 알 수 있는 정보이지만, 당시 오스트리아의 산속에서 이 아름다운 도시와 페스티벌을 내 발로 직접 찾아낸 것이 얼마나 대견스러웠던지.

개울 양쪽으로는 너무나 아름다운 산책로가 펼쳐져 있다. 한쪽으로는 물이 콸콸 흘러 내려가고 다른 쪽으로는 멋진 집들이 늘어서 있다. 온천 여관이나 식당들도 있지만 역시 별장이 대부분이다.

한쪽 길은 '에스플라나데'라고 부르는 산책로다. 산책로 입구에는 이곳을 사랑한 황후와 공주들의 이름이 적혀 있다. 과거 귀부인들이 드레스에 모자를 쓰고 호호호, 하고 웃으면서 이곳을 걸었을 장면을 상상해 본다.

길 끝에 아름다운 카페가 있다. '카페 차우너'다. 시골 카페치고는 규모가 상당한 이곳은 내가 바트 이슐에서 가장 사랑하는 곳이다. 실내는 우아하고 야외 테라스는 낭만적이다. 이곳은 식당도 되고 카페도 되는데, 음식도 맛있고 케이크도 잘 만든다. 여기서 커피 한 잔과 달콤한 케이크 한 조각을 먹지 않는다면, 주변 풍경이 이렇게 아름답게 보이지는 않을 것이다.

이곳을 사랑했던 사람은 누구였을까? 에스플라나데와 강 건너편 길인 '프란츠 레하르 카이'는 많은 음악가들이 사랑한 산책로였다. 특히 프란츠 레하르, 요한 슈트라우스 2세, 요하네스 브람스, 안톤 브루크너 등이 이곳을 너무나 사랑해서, 휴가 때면 자주 머물렀다고 한다. 바트 이슐의 골목을 걷다 보면 요한 슈트라우스 2세가 좋아했다는 카페나 브람스가 자주 찾았다는 식당의 간판을 쉽게 볼 수 있다. 그들뿐 아니라 다른 음악가들도 에스플라나데를 산책하고 차우너에서 커피를 마시면서 악상을 떠올렸다. 그야말로 걷기만 해도 음악이 절로 나올 그런 곳이다.

강 건너편의 프란츠 레하르 카이에 있는 한 빌라에는 '레하르 빌라'라고 적혀 있다. 이름 그대로 레하르가 살던 여름 집이다. 바트 이슐을 사랑하던

프란츠 레하르 카이에 있는 레하르 빌라. 레하르가 여름에 지내던 곳으로, 현재는 박물관이다.

레하르는 아예 여기에 집을 구해서 이곳에 올 때마다 살았던 것이다. 현재는 레하르 박물관이 되어서 그에 관한 자료들을 전시하고 있다.

레하르를 기리며 페스티벌이 시작되다

그리하여 바트 이슐 시 당국은 레하르를 기념하기 위해 레하르의 오페레타를 전문적으로 공연하는 페스티벌을 이곳에 만든 것이다. 이 페스티벌은 벌써 50년에 이르는 역사를 가지고 있는데, 레하르뿐 아니라 '빈 오페레타'들을 전문적으로 올리는 축제로서 아주 중요한 위상을 가지고 있다.

바트 이슐의 페스티벌 당국은 축제의 모토를 "눈과 귀와 입의 축제"라고 표방한다. 기막힌 표현이 아닌가. 오페레타라는 것은 가볍고 즐거운 오페라로서 비가극이 가진 심오하고 비장한 것과는 완전히 대비된다. 게다가 오페레타는 귀로 듣는 음악도 중요하지만, 눈으로 보는 연기와 발레와 연출과 여흥같은 것이 아주 중요하다. 그리고 이곳까지 오는 관광객들은 당연히 맛있는 것을 사 먹어야 하지 않을까? 그러니 눈과 귀와 입의 축제라는 표어는 오페레타와 바트 이슐이 추구하는 것을 참으로 적확하게 나타내는 것이 아닌가.

공연은 보통 7월 중순에 시작해서 9월 초에 끝나는데, 이 기간은 사실 이웃의 거대한 축제인 잘츠부르크 여름 페스티벌의 기간과 거의 일치한다. 즉 잘츠부르크에 왔던 사람들이 잠깐 짬을 내서 한 번 들러 주시기를 노골적으로 바라고 있는 것이다. 사실 이 페스티벌은 잘츠부르크라는 큰 집에 기대서 사는 작은 집의 정신이 투철한데, 그런 태도가 또한 귀여우면서도 구차하지 않으며 잘츠부르크 못지않게 당당해 보인다.

레하르 페스티벌의 오페레타 공연은 보통 한 시즌에 두 작품이 공연된다. 2개의 오페레타를 교대로 공연하는 것이다. 그런데 여기에는 무척 세심한 배려가 숨어 있다. 바로 공연을 저녁에만 하지 않는 것이다. 공연은 보통 저녁 8시에 하지만, 절반 정도는 낮 3시 30분에 한다. 바로 잘츠부르크에서 오는 사람들을 위한 배려인 것이다. 저녁에만 공연을 했다가는 그 시간에 모든 사람이 잘츠부르크의 공연으로 가 버리고 바트 이슐에는 아무도 남지 않을 수도 있다. 그러므로 그들이 세운 잘츠부르크의 공연 스케줄에 지장이 없도록 낮 공연을 만든 것이다.

또한 8월 16일은, 오페레타의 전성시대를 이끌고 또 바트 이슐의 온천과 밀접한 관련이 있는 프란츠 요제프 2세의 생일이다. 그래서 보통 이날에는 '카이저 갈라'라고 하는 소박한 갈라 콘서트를 연다. 물론 프로그램은 모두 오페레타의 한 대목들이다.

2010년에는 레오 팔의 《유쾌한 농부》와 에메리히 칼만의 《집시 공주》가 공연되었으며, 2011년에는 랄프 베나츠키의 《백마 여관》과 레하르의 《파가니니》가 교대로 공연되었다. 2012년에는 레하르의 《집시의 사랑》과 카를 첼러

페스티벌 공연이 열리는 콩그레스 테아터하우스.

의 《새 장수》의 두 작품이 공연된다.

페스티벌 하우스가 따로 있지는 않아서 공연은 '콩그레스 테아터하우스Kongress und Theaterhaus' 즉 회의 공연장에서 이루어지는데, 이곳은 과거 무도장으로 사용되던 곳을 개보수한 곳이다.

귀와 눈을 채우며

내가 보았던 것은 레하르의 오페레타 가운데서도 가장 널리 알려진 《즐거운 미망인》이었다. 그야말로 이름 그대로 즐거웠다. 하지만 아무래도 뮌헨이나 빈, 또는 일류 극장의 공연들과는 차이가 많이 났다.

성악가들은 대부분 오페레타를 전문으로 하는 가수들이라서 오페라를

개울의 물소리를 들으며 케이크와 커피 한 잔을 즐기다 보면 이곳에서 살고 싶어질지도 모른다.

듣던 귀로 듣기에는 만족도가 떨어졌다. 한나 역 정도는 한때 오페라 무대에서 프리마 돈나였다가 은퇴한 가수가 맡는데, 카리스마와 노련함은 넘치지만 음악적 완성도는 많이 부족했다. 레하르 페스티벌 오케스트라나 합창단, 그리고 연출이나 무대 디자인 역시 특기할 만한 수준이 아니었다. 도리어 촌스럽다고 표현하는 편이 맞을 것이다.

하지만 레하르가 좋아하던 아름다운 곳에서 즐거운 오페레타를 듣는 것은 정말 행복한 경험이었다. 비록 그들의 연주가 내 귀를 채워 주지는 못했지만, 강의 물소리가 나머지를 채워 주었다. 그들의 연출과 미술은 내 눈을 만족시키지 못했지만, 바트 이슐의 아름다운 풍경은 내 눈을 다 채우고도 남았다.

브루크너와 베르디의 심각한 무대가 기다리는 잘츠부르크로 돌아가기 싫었다. 여기 숲 속에서 케이크나 먹고 물소리나 들으며 살까?

슈바르첸베르크 & 호에넴스, 슈베르티아데

다시 모이는
슈베르트의 친구들

하이디 소녀의 집을 찾아서

가는 길이 결코 쉽지 않다. 자동차는 둔덕을 넘고 또 고개를 넘는다. 산들은 모두 푸른 잔디로 덮여 있고 고개를 돌 때마다 짙은 침엽수 사이로 그림 같은 집들이 나타난다. 그야말로 나타나는 풍경이 모두 달력 사진이요, 시선을 두는 곳이 전부 그림엽서다.

하지만 나무로 만들어진 검은 집들은 살림이 그리 넉넉해 보이지도 않고, 스위스의 집들처럼 관광객들을 위해 일부러 붉은 제라늄을 가꾸어 놓지도 못했다. 다만 이곳은 소와 말과 염소를 치는 시골 농부들과 노인들, 그리고 아직도 코를 흘리는 아이들이 사는 곳이다. 하이디가 코를 흘리며 나타날 것 같은 그런 곳이다. 저기 풀밭 위에 소들이 보인다. 한가롭게 풀을 뜯거나 간혹은 마치 사람처럼 앉아서 이쪽을 바라보기도 한다.

구불구불한 길은 점점 위로 올라가고, 또 조금씩 위태로워진다. 그러다가 이제 다 왔나 싶으면 다시 길이 나타나고, 이제 더 갈 데가 없을 텐데 싶

슈바르첸베르크는 페스티벌이 열리는 곳 같지 않게 작고 조용한 산 위의 마을이다.

으면 또 길이 이어진다. 이제는 꽤 멀리 온 것만 같다. 주변의 숲은 울창해지고 자동차는 높고 검은 침엽수 사이로 지나간다. 그러다가 가끔씩 물건을 가득 실은 트럭이나 우체국 차량이 스치고 지나가면, 이 꼭대기 산속까지 사람이 사나 보다 싶다.

그렇게 하여 차는 겨우 어떤 마을에 도착한다. 마을 이름은 슈바르첸베르크……. 여기가 맞나? 너무나 작고 너무나 조용하다.

이런 곳에서 페스티벌이 열린다는 것이 의외다. 물론 어느 정도 예상은 했지만, 이렇게 오지이고 이렇게 한적하고 이렇게 사람이 적을 줄은 몰랐다. 슈바르첸베르크란 이름을 가진 동네가 유럽에 몇 개나 있지만, 이곳은 최근에 갑자기 신문과 잡지에 오르내리는 작은 두메 마을이다. 위치는 오스트리아 브레겐츠에서 스위스 국경 쪽으로 가까운 산속이다.

이곳으로 올라오는 도중에 보았던 작은 마을은 클림트가 화가로 명성을 날리기 전에 금속 공예가로 잠시 활약했던 곳이며, 또 그 부근에는 작지만 컬렉션이 좋은 자동차 박물관도 있다. 사람들은 그곳들을 다 둘러보고는 이 산속까지는 올라올 생각을 하지 않는다.

그런 장소에 페스티벌이 생겼고, 나는 이곳을 내가 와야 할 하나의 봉우리로 한동안 마음속에 간직하고 있었다. 아마 히말라야의 산봉우리들을 하나씩 정복하고 싶어 하는 등반가의 마음이 이런 것이었을까? 그분들이 이 글을 읽으면 비웃을지 모르지만, 적어도 내게는 교통이 불편한 미답^{未踏}의 동네를 찾는 일에 이런 마음이 들었던 것이다.

산 위에서 만난 작은 천국

너무 일찍 도착한 것일까? 아침 10시도 되기 전이다. 동네에는 그야말로 고양이밖에 보이지 않는다. 아침 산의 공기가 차갑지만 기분은 아주 좋다. 멀리서 안개가 걷히면서 산 위의 풀밭들이 점점 밝고 환하게 피어나기 시작한다.

<알프스 소녀 하이디>를 연상시키는 그림이 그려진 우유병으로 슈바르첸베르크의 아침은 시작된다.

카페를 겨우 하나 찾았지만, 10시에 문을 연다고 적혀 있다. 그래서 마을을 돌아다닌다. 작은 교회당도 보고 그 옆의 아담한 교회 묘지도 찾아본다. 누가 새벽에 나와서 온 마을의 작은 길들을 다 비질을 한 듯이 깨끗한 거리를 걸어 다닌다. 길옆의 작은 들꽃들, 여름인데도 집 앞마다 쌓여 있는 장작들, 아직 문을 열지 않은 가게들의 예쁜 간판, 집집의 창문 안으로 보이는 촌스럽고 귀여운 레이스 커튼들……. 작은 곳임에도 집마다 소를 키우는 마을답게 커다란 집유장集乳場이 있고, 그 앞에는 우유를 담은 커다란 탱크들이 서 있다. 이런 데서 방목하는 소들에게서 얻는 우유는 얼마나 맛있을까 하는 생각을 한다.

참을 수 없을 정도로 배가 고파 10시가 되자마자 아까 그 카페를 다시 찾는다. 문을 두드려서 주인을 부르려고 하는 찰나, 안에서 인기척이 느껴진다. 젊은 부인이 나와서 문을 연다. 겉은 너무 작고 앙증맞은 카페이지만, 안은 이 마을 분위기와는 달리 현대적인 인테리어로 멋을 냈다. 테이블마다 놓인 오렌지색 냅킨들이 분위기를 밝게 살리고 있다. 앉아 있으니 몇몇 사람들이 아침을 먹으러 나타나기 시작한다. 여주인은 예닐곱 살쯤 되어 보이는 귀여운 딸의 도움을 받아서 손님들의 소박한 아침상을 차려 낸다. 소녀가 가져온 밥상은 크루아상 하나, 요구르트 하나, 오렌지 주스 하나로 단출하다.

밥상을 받아서 밖으로 나온다. 사방이 풀밭으로 탁 트인 둔덕에 두 개의 테이블이 놓여 있다. 그곳에 앉아서 바람을 쐰다. 그리고 이 지역에서 생산해서 〈알프스 소녀 하이디〉의 그림이 그려진, 아니 실은 하이디 같은 그림이 그려진 우유 갑에 담긴 귀여운 '하이디 우유'를 마신다. 정말 고소하다……

그렇게 하루를 보낸다. 그 테이블에 앉아서 우유를 마시면서 책을 보기도 하고, 커피를 사서 마시기도 하고, 교회와 교회 묘지를 구경하기도 하고, 목장을 둘러보기도 한다.

여전히 슈베르트를 잊지 않는 그의 친구들

그러다 저녁이 되어 해가 서편 산기슭으로 넘어가기 시작하면, 차들이 하나둘씩 이 마을에 모여들고 사람들이 나타나기 시작한다. 슈바르첸베르크 페스티벌은 이렇게 소박하게 시작된다.

이 페스티벌의 정식 명칭은 '슈베르트아데Schubertiade'다. 세상에 많은 페스티벌들이 있다. 그중에는 모차르트나 베토벤, 아니면 로시니나 바그너, 푸치니의 음악만 공연하는 페스티벌이 있다. 하지만 슈베르트의 음악만 연주하는 페스티벌은 아무도 감히 생각하지 않았다. 어떤 사람들은 "슈베르트

마을에 붙어 있는 표지판. 안젤리카 카우프만 홀의 이름도 보인다.

음악만 연주하다니 그게 가당하기나 한 거야?"라고 생각할 것이며, 또 다른 누군가는 "아니, 여태 슈베르트 음악만 연주하는 페스티벌이 없었다는 거야?"라고 물을 것이다.

두 부류의 입장을 다 이해한다. 슈베르트는 그런 사람인 것이다. 바흐나 모차르트나 바그너처럼 특징이 뚜렷하지도 않지만, 적어도 코다이나 레온카발로나 생 상스처럼 특징을 빨리 떠올리기 어려운 사람도 아니다. 장담하건대 코다이, 레온카발로, 생 상스의 페스티벌은 만들어지기 어려울 것이다.

이렇게 오직 슈베르트만 연주하는 페스티벌을 만들자는, 어떻게 보면 기발하고 어떻게 보면 위험하고 또 다르게 보면 당연한 아이디어를 낸 이는 바리톤 가수 헤르만 프라이였다. 자기 자신이 이미 저명한 슈베르트 전문 성

　　　　　　　　　　　　　슈바르첸베르크 & 호에넴스, 슈베르티아데

악가였던 프라이는 1976년에 슈베르트의 음악만으로 이루어진 페스티벌을 주도했다. 그리고 이름은 슈베르트 생전에 그를 중심으로 친구들이 모였던 동호 모임인 '슈베르티아데'에서 땄다. "슈베르트의 친구들"이라는 뜻이다. 슈베르트가 31세의 젊은 나이로 세상을 떠난 지 150년 만의 일이었다.

1976년에 처음 공연이 시작된 곳은 슈바르첸베르크가 아니라, 오스트리아 서부의 작은 도시 호에넴스였다. 이 작은 도시는 오스트리아와 스위스가 만나는 지역으로서 오스트리아의 거의 서쪽 끝에 해당한다. 해발 400미터가 넘는 고산 지대에 위치하는 이 도시는 독일로 흘러 들어가는 라인 강의 상류에 해당하는 작은 강이 지나간다.

공연은 이 지역의 가장 중요한 궁전 건물인 호에넴스 궁전에서 열렸다. 처음에는 물론 규모가 작았다. 그럼에도 불구하고 슈베르트에 애정이 많은 전문 연주자들과 슈베르트의 팬들이 모여들어서 작지만 알찬 페스티벌을 이어 왔다. 여기서는 슈베르트의 가곡뿐 아니라, 그의 수많은 실내악곡, 피아노곡이 연주되었다.

그러다가 슈베르티아데는 불과 15년 후에 일대 위기에 직면하게 되었다. 즉 그동안 페스티벌을 열던 호에넴스 궁전의 대대적인 공사가 시작되어, 여기서 기존의 프로그램을 진행하는 것이 어렵게 되었다.

그때부터 슈베르티아데는 호에넴스 지역을 벗어나서 이웃 마을들로 분산하여 공연을 진행하는 계획을 추진했다. 그리하여 주변 지역의 장크트 게롤트, 발제르탈의 레지덴츠 궁전, 아히베르크 성, 심지어는 독일의 린다우까지 곳곳에서 프로그램을 분산시켜 공연했다.

산꼭대기에 홀을 만들다

그러다가 지금의 슈바르첸베르크가 주요 공연 장소의 하나로 추가된 것은

2001년에 이르러서였다. 산 위에서 소젖이나 짜는 작은 마을 슈바르첸베르크에다 작고 검소하지만 현대적인 목재 홀을 지은 것이다. 이곳은 '안젤리카 카우프만 홀'로 명명되었는데, 현재 슈베르티아데에서 가장 중요한 홀이다.

이 홀은 앞서 말한 슈바르첸베르크의 아름다운 산 위에 위치해 있는데, 주변에 목가적인 풍경을 끼고 저 아래 세상을 내려다보고 있다. 이곳에서 저녁마다 연주되는 슈베르트의 음악은 색다른 느낌을 주며, 슈베르트라는 불행했던 천재 예술가에 대해 새롭고 특징적인 면모를 부여한다.

이 홀은 주변의 풍광뿐 아니라 의외의 좋은 음향으로 단번에 명성을 얻었다. 그리하여 그들의 표현대로 이곳은 관객은 물론이고 연주자, 비평가가 모두 칭찬하고 사랑하는 페스티벌 장소가 되었다. 이것은 페스티벌의 성공에 굳이 좋은 입지와 크고 화려한 건물이 필요한 것은 아니라는 사실을 보

슈베르티아데가 열리는 슈바르첸베르크의 안젤리카 카우프만 홀은 소박하기 그지없다.

호에넴스 시내 풍경.

아이젠슈타트 하이든 페스티벌

30년 봉직에 바치는 감사의 인사

아이젠슈타트를 발견하다

오스트리아는 9개의 주로 이루어져 있는데, 그중에서도 가장 작고 문화적으로 독특한 지방이 부르겐란트 주다. 부르겐란트는 오스트리아 땅의 동쪽 끝 구석에 자리 잡고 있으며, 면적 또한 다른 주들과는 비교가 되지 않을 정도로 작다. 이렇게 작은데 어떻게 하나의 주를 이루었을까? 다른 지역과는 확연히 다른 부르겐란트만의 개성적인 문화가 있기 때문이다.

부르겐란트 주의 동쪽 지역은 헝가리와 접해 있다. 이곳에 오면 식당의 간판도, 메뉴도 헝가리어와 혼용되어 있는 것을 발견하게 된다. 음식도 헝가리 음식과 흡사한 것이 많다. 한마디로 헝가리와 오스트리아의 문화가 혼재되어 있는 이국적이고 독특한 지방이다. 게다가 이곳의 기후는 너무나 좋아서 도무지 오스트리아라고 여겨지지 않을 정도다. 마치 이탈리아 같다. 기후는 따뜻하고, 언덕에는 꽃이 즐비하며, 구릉에는 포도나무가 줄지어 늘어서 있고, 언덕에는 과실과 채소가 풍족하다. 그래서 흔히 이곳을 '오스트리아의

에스테르하지 궁전 안에 있는 공연장인 하이든 홀

토스카나'라고 부른다.

부르겐란트 주의 주도는 아이젠슈타트다. 하지만 주도라고 해도 인구가 1만3천 명밖에 되지 않는 거의 마을 수준의 도시다. 내가 이곳을 처음 찾게 된 것은 참으로 우연이었다. 장크트 마르가레텐 페스티벌을 찾아가기 위해서 부근까지 왔다가, 국도변의 식당에서 밥을 먹는 동안 식당의 포스터를 보고는 이곳에서 페스티벌이 열린다는 사실을 알게 되었던 것이다. 벽에 붙은 포스터는 하이든의 오페라《필레몬과 바우키스》가 아담 피셔의 지휘로 아이젠슈타트에서 공연된다는 소식을 알리고 있었다. 하지만 공연 날짜가 9월이니 여행 일정과 맞지 않았다. 그리하여 나는 다음 기회에 다시 시간을 내서 그곳을 찾았다.

에스테르하지 가문, 헝가리 명가의 자존심

그러나 엄밀히 말하자면 페스티벌이 열리는 곳은 아이젠슈타트라기보다는 단 하나의 건물, 즉 에스테르하지 궁전이다. 내 목표는 바로 그 궁전이다.

에스테르하지 궁전에서 가까운 곳에 주차를 하고 궁전을 향해 걸어간다. 좌우의 웅장한 부속 건물들이 이미 이 궁전이 범상치 않은 곳임을 알려 준다. 붉은 지붕에 밝고 따뜻한 노란색 궁전의 모습은 빈에서 보는 웅장한 건물들과는 달리, 부르겐란트 지역의 느낌 그대로 따뜻하고 다정하게 다가온다.

설레는 가슴을 가라앉히면서 그 앞에 서니 커다란 포스터가 나를 맞는다. '아이젠슈타트 하이든 페스티벌.' 이 에스테르하지 궁전은 오스트리아와 헝가리의 역사가 담겨 있는 곳이며, 음악사적으로도 가치 있는 고전 음악들이 탄생한 중요한 장소다.

지난 몇백 년 동안 오스트리아 제국의 위세는 대단했고, 대부분의 중동부 유럽을 점령한 대제국을 형성했다. 오스트리아는 보헤미아, 모라비아, 슬로바키아, 슬로베니아, 세르비아, 보스니아, 크로아티아, 북부 이탈리아 등을 모두 식민 통치했다. 그러나 바로 이웃인 헝가리만큼은 합병하는 모양새를 갖춰서, '오스트리아-헝가리 제국'을 만들었다. 그리하여 오스트리아 황제는 헝가리의 국왕을 겸하면서, 헝가리 지배 계급에 대한 우대와 유화 정책을 펼쳤다.

이 시기에 헝가리의 유수한 귀족들 가운데 적지 않은 사람들이 오스트리아 제국을 위해 큰일을 했다. 전쟁에 나가서 공을 세우거나 외교에서 수완을 발휘한 사람들도 많았다. 그런 가문들 중에서 대표적인 가문이 에스테르하지 가문이다.

에스테르하지 후작 가문은 엄청난 영지와 많은 궁전을 가진 거부巨富였는데, 오스트리아 최상류층과 교류하면서도 헝가리인이라는 정체성을 지켰다. 그들을 우대하며 가까이 지내고 싶어 하는 오스트리아 황제의 친절에도, 그들은 조국 헝가리와의 인연을 완전히 끊으려 하지 않았다. 그리하여

아이젠슈타트의 시내 풍경은 평화롭기 그지없다.

그들은 수도 빈에서도 가깝고 고향 헝가리도 지척인 이곳 아이젠슈타트에 기거하게 되었다.

조국을 잃은 에스테르하지 후작에게 큰 기쁨을 준 것의 하나가 음악이었다. 물론 그들은 회화, 조각, 공예, 도자기 등 다양한 예술 방면에 조예가 깊었지만, 특히 음악을 사랑하고 음악에 대해 물심양면의 후원을 했다. 그중에서도 니콜라우스 에스테르하지 후작은 고전주의 음악의 거장이자 우리가 흔히 '교향곡의 아버지'라고 부르는 요제프 하이든과 밀접한 관계를 맺었다.

에스테르하지 가문의 하이든

요제프 하이든Franz Joseph Haydn, 1732~1809은 원래 이 궁전의 주인이었던 안톤 에스테르하지 후작에게 전속 음악가로 고용되어 궁에 들어갔다. 그러나 후작이 1년 만에 세상을 떠나자, 하이든은 그의 동생 니콜라우스 에스테르하지 후작과 주종 관계를 이루게 된다. 둘의 관계는 고용인과 피고용인, 음악 후원자와 생산자의 관계를 넘어서 우정과 예술을 통한 경지에 이르렀다.

하이든은 처음에는 이 궁전의 부악장으로 5년을 보내다가, 악장이었던 그레고르 베르너가 죽자 그 뒤를 이어 25년간 악장으로 근무했다. 그 30년의 세월 동안 하이든은 이 가문의 모든 음악적 업무를 관장했다. 즉 가문의 세속적인 행사나 종교적인 행사의 준비, 그 행사들을 위한 음악의 작곡, 오케스트라와 합창단과 성악가들의 훈련과 지휘, 악기와 악보의 관리, 각종 연회, 축제, 심지어는 루미나리에luminarie나 불꽃놀이 같은 행사까지 모든 것을 책임져야 했다. 요즘으로 치면 예술 총감독쯤인 것이다.

이렇게 하이든은 이 궁전에서 29세 때부터 60세까지 30년의 청춘을 모두 불살랐으니, 그의 대부분의 작품들은 이 궁전에서 작곡된 것들이다. 고용된 사람이라는 신분은 얼핏 그 처지가 답답해 보이지만, 창작 환경에 있어서는 빈의 다른 음악가들에 비해서 좋은 편이었다. 음악을 좋아하는 후

하이든이 30년 동안 근무했던 에스테르하지 궁전의 전경.

작은 매일 그에게 작품의 작업 상태를 물어보았다지만, 그것은 하이든 자신의 존재감을 고무시켜 주는 좋은 자극이었다. 의식주가 해결되었으며, 적당한 일과 적당한 지위와 존경은 그가 음악에 몰두할 수 있게 해 주었다. 특히 도시의 다른 작곡가들이 흔히 가지게 되는 성공에 대한 집착이나 사회적인 책무도 없었으며, 세상의 번잡함에서 한 발 물러나 있을 수 있었다. 그의 가장 큰 의무는 자신이 좋아하는 음악을 생산하는 일이었다.

당시에 에스테르하지 후작은 거대한 정원을 건설하고, 궁전을 수리하고, 오페라 극장을 짓고, 많은 행사를 하는 등 일이 적지 않았지만, 음악가는 음악만 하면 되니 다른 사람에 비하면 행복한 노동이라고 볼 수도 있었다.

이런 환경에서 하이든은 30년 동안 100곡이 넘는 교향곡을 포함하여,

80곡이 넘는 현악 4중주곡, 50곡이 넘는 피아노 소나타, 미사곡, 오라토리오, 오페라 등을 작곡했던 것이다. 특히 그의 오페라들은 지금 거의 잊히다시피 했지만, 하이든이 이 궁전에 있는 동안 후작의 명령으로 무대에 올린 오페라는 무려 70편에 달했다.

하이든의 창작성을 상상하며

에스테르하지 궁전에는 하이든이 입었던 여러 벌의 유니폼들이 전시되어 있어, 피고용인이라는 그의 신분을 보여 준다. 예술가라기보다는 집사 같은 느낌이다. 이곳에서 하이든의 삶을 생각해 본다.

여기 와 보면 하이든이 왜 그렇게 많은 곡을 쓸 수 있었는지 이해할 수 있다. 에스테르하지 궁전에 가기 전까지 나는 하이든이나 다른 궁정 작곡가들은 모두 고용인, 즉 그를 고용한 귀족이나 대주교들의 요청에 의해 많은 작품들을 마치 노예처럼 양산해 내었을 것이라고 상상했다. 물론 맞는 말이다.

그러나 하이든 같은 경우는 환경도 참으로 좋았던 것이다. 에스테르하지 궁전의 2~3층에 올라가면, 뒤쪽의 북쪽 창밖으로는 숲이 그림처럼 우거져 있고 그 앞으로는 융단같이 푸른 잔디밭이 펼쳐져 있다. 남쪽 창으로 내다보면 아이젠슈타트 마을의 풍경이 다 내려다보인다. 참으로 아름답고 따뜻하고 또한 조용한 곳이다. 과거 이 궁전에 얼마나 많은 사람들이 있었는지는 알 수 없지만, 짐작하건대 분명 그렇게 번잡하지는 않았을 것이다. 궁전 곳곳에서는 예술을 사랑하고 예의 넘치는 후작의 기품이 느껴진다. 이처럼 하이든의 직장은 안정되어 있었고 그는 고용주의 사랑을 받았다.

언젠가는 궁전에서 하이든 당시의 악기 전시회가 열렸다. 하이든이 사용했거나 궁전에서 관리했던 많은 악기들과 악보들, 그리고 음악과 관련된 물건들에 한참이나 정신을 빼앗겼다. 궁전의 많은 방들은 항상 일반에 개방된다. 하나하나 방을 돌아보라. 가문의 부유함은 물론이고 우아한 취미가 돋

에스테르하지 궁전에서 발견한 하이든 시대의 악기 바리톤. 현재는 연주되지 않는 악기다.

아이젠슈타트 하이든 페스티벌

보인다. 방들은 중국풍을 비롯해 다양한 양식의 그림이나 도자기로 꾸며져 있어 당시 귀족들의 생활상이나 취향을 엿볼 수도 있다.

궁전의 여러 장소들 중에서도 음악 팬이라면 빼놓을 수 없는 곳이 궁전 안의 공연장이다. '하이든 홀'로 명명된 이곳은 아주 훌륭한 인테리어와 음향을 자랑한다. 특히 커다란 창문이 인상적이다. 물론 현재 우리가 볼 수 있는 극장식 형태가 과거 그 시절의 모습은 아니다. 하지만 이곳에 앉아서 하이든 시절을 추억해 볼 수 있다.

하이든 악단의 부활

그러므로 이곳에서 하이든 페스티벌이 거행되는 것은 어쩌면 너무나 당연한 일일지 모른다. 페스티벌이 처음 시작된 것은 1925년이니 아주 오래된 일이다. 아이젠슈타트가 부르겐란트의 주도가 된 것이 이때인데, 주도 지정을 기념하기 위해 하이든 페스티벌이 시작된 것이다. 그러나 당시의 페스티벌은 거의 유명무실했다. 도시의 전반적인 기반이 취약했고 빈에서 오는 교통이 좋지 않았으며 확보할 수 있는 재정 역시 불투명했기 때문이다.

지금과 같은 형태로 페스티벌이 재정비된 것은 1975년이며, 그들도 그때부터 횟수를 세고 있는 실정이다. 35년이 조금 넘었다. '아이젠슈타트 하이든 페스티벌'은 공식적으로 4월부터 10월 사이의 몇 주를 정해서 열린다고 표방되기는 한다. 그러나 진정한 페스티벌은 9월에 올리는 프로그램들이며, 이것이 하이든 페스티벌의 정수다. 보통 9월 초에서 중순까지 약 2주간 열리므로, 일반적인 페스티벌보다는 시기가 늦고 빈의 오페라 시즌보다는 빠르니, 다른 공연 일정과 함께 맞춰 계획을 잡기가 쉽지는 않다.

하이든 페스티벌의 핵심은 '오스트리아-헝가리 하이든 필하모니'다. 이 오케스트라는 107개에 달하는 하이든 교향곡 전곡을 모두 연구하고 해석하고 제대로 연주하기 위해 설립된 악단으로서, 이 오케스트라가 아이젠슈타트 하이든 페스티벌의 근간이자 실질적인 주인공 역할을 한다. 이들은 처음 발족했을 때부터, 하이든 교향곡의 전곡 연주라는 대망의 목표를 천명했으며, 그 과업은 이 하이든 페스티벌에서 하이든 서거 200주기인 2009년에 완성되었다.

이 오케스트라의 지휘자는 음악 감독 아담 피셔로서, 현역 지휘자 중에서는 자타가 공인하는 하이든 해석의 제1인자다. 역시 지휘자인 이반 피셔의 형이기도 한 아담 피셔는 부다페스트에서 태어난 헝가리인이다. 하지만 그는 부다페스트보다는 빈에서 더 많은 활약을 했으며, 오스트리아 음악에 상당히 정통하다. 이런 그의 배경은, 헝가리 땅이었던 로라우에서 태어나서 빈과 아이젠슈타트 등에서 활약한 하이든과 매우 유사하다. 그러므로 아담 피셔가 하이든 페스티벌을 주도하고 있다는 사실은 너무나 자연스럽게 보인다.

에스테르하지 궁전의 전속 음악가였던 하이든의 영묘는 베르크키르헤 성당에 있다.

　　오스트리아-헝가리 하이든 필하모니의 창설도 사실 피셔가 주도하다시피 했는데, 1987년의 오케스트라 창설이 사실상 하이든 페스티벌의 국제화에 날개를 달아 준 셈이었다. 아담 피셔와 오스트리아-헝가리 하이든 필하모니가 함께 완성한 하이든 교향곡의 전곡 사이클은 녹음으로도 진행되어, 방대한 33장의 CD로 이미 발매된 상태다. 그러므로 '브릴리언트' 레이블에서 나온 이 하이든 교향곡 전집이야말로 하이든 페스티벌의 10년 노력이 맺은 열매라고 말할 수 있다. 하이든에 대한 장시간의 심도 깊은 연구가 하이든의 고향에서 이루어 낸 뜻 깊은 연주로서, 하이든을 좋아한다면 꼭 들어봐야 하는 중요한 음반이다.

　　하이든 페스티벌이 점점 관심을 받게 되자, 제2의 오케스트라도 탄생되었다. 바로 1992년 지휘자 안톤 가브마이어에 의해 창설된 하이든 아카데미 오케스트라인데, 이 악단 역시 하이든 페스티벌에서 하이든 교향곡의 전곡 연주라는 대장정을 했다.

　　그 외에도 하이든 페스티벌에서는 하이든 트리오에 의한 하이든 트리오 전곡 연주, 하이든 현악 4중주곡 전곡 연주, 하이든 피아노 소나타 전곡 연주 등 하이든 페스티벌에서만 가능하고 학구적으로나 역사적으로나 가치가 높은 프로젝트들이 계속 진행되는 중이다.

　　하이든 페스티벌이라고 해서 다만 하이든의 음악만 연주하는 것은 아니고 모차르트, 베토벤, 슈베르트의 교향곡을 전곡 연주하는 프로그램도 진행되고 있다. 하이든 페스티벌은 오스트리아의 지방 구석에 있는 작은 마을에서 벌어지는 것이지만, 유럽에서 의미 깊고 중요한 음악제로서 입지를 다져 가는 중이다.

　　오스트리아-헝가리 하이든 필하모니도 하이든만 연주하는 것은 아니다. 그들이 공연하는 레퍼토리는 하이든을 시작으로 모차르트, 베토벤, 슈베르트, 훔멜까지로, 고전 시대에서 초기 낭만 시대에 걸친 오스트리아 대가들의 작품들을 다룬다.

이 페스티벌이 열리는 하이든 홀에서는 그동안 많은 대곡들이 공연되었는데, 특히 하이든의 《천지 창조》, 《사계》, 모차르트의 레퀴엠, 베토벤의 C 단조 미사, 《장엄 미사》 등이 명연으로 기억되고 있으며, 많은 공연이 CD나 DVD로 남겨져 있다. 그 외에도 하이든 페스티벌에는 트레버 피노크, 네빌 마리너 등이 단골 지휘자로 참여했으며, 리사이틀을 한 음악가들로는 체칠리아 바르톨리, 라몬 바르가스, 베셀리나 카사로바 등이 있었다.

하이든 홀을 울린 《천지 창조》

내가 가장 좋아하는 하이든의 작품과, 하이든의 가장 장대하고 위대한 작품을 모두 이곳에서 볼 수 있는 행운이 내게 따랐는데, 전자는 《십자가 위의

에스테르하지 궁전을 견학하러 온 꼬마 친구들.

에스테르하지 궁전의 정원. 이곳에서 음악회나 불꽃놀이 등 여러 행사가 열린다.

일곱 말씀》이고 후자는 《천지 창조》다.

2009년의 하이든 페스티벌은 그의 서거 200주년을 기념하는 공연이었다. 그해는 피셔가 하이든 교향곡 107곡의 전곡 연주를 완성한 해이기도 했다. 내가 본 것은 교향곡이 아니라 하이든의 오라토리오 《천지 창조》였다. 《천지 창조》는 바로 에스테르하지 궁전의 하이든 홀에서 공연되었는데, 무엇보다도 토마스 크바스토프가 나온다는 소식에 달려갔다. 소프라노는 아네트 다슈, 테너는 크리스토프 슈트렐, 베이스 바리톤은 토마스 크바스토프가 독창자로 나왔다. 역시 오스트리아-헝가리 하이든 필하모니가 연주를 맡았으며, 예의 아담 피셔가 지휘대에 올랐다.

천지 창조를 뜻하는 혼돈의 웅장한 음향이 오케스트라의 느린 총주로 하이든 홀의 공간을 갈랐다. 실로 놀라운 음향이었으며, 예상을 뛰어넘는 감동이었다. "음식은 여행을 하지 않는다"는 것이 평소 나의 지론이지만, 여기서 뼈저리게 느낀 것은 "음악도 함부로 여행을 하지 않는다. 음악에는 가장 어울리는 장소가 있다"는 것이었다. 그들이 베를린 필보다 연주를 잘했다거나 다슈가 엠마 커크비보다 잘 불렀다고 생각하지 않으며, 피셔가 번스타인보다 나았다고는 생각하지 않는다. 그러나 하이든의 장소에서 듣는 하이든 음악은 분명 내 가슴에 스머드는 중량감과 흡수력이 남달랐다.

2012년의 하이든 페스티벌은 9월 6일에 시작해서 9월 16일까지 진행될 예정이다. 이번 페스티벌에서는 이탈리아의 원전 연주 단체인 '일 자르디노 아르모니코'가 하이든 교향곡 제6번, 제7번, 제8번, 제31번, 제39번, 제74번 등을 서너 차례의 연주회에서 선보인다.

또한 빈 콘체르트페라인은 하이든의 교향곡 제30번과, 미샤 마이스키의 협연으로 하이든의 첼로 협주곡을 연주하고, 바젤 캄머오케스트라는 파트리샤 코파친스카야와의 협연으로 하이든의 바이올린 협주곡을 연주한다. 고음악 아카데미는 하이든의 교향곡 제24번과 제53번《제국》을, 이 무지치 디 로마는 하이든의 디베르티멘토 등을 공연한다. 그 외에도 하이든 트리오, 아이젠슈타트의 하이든 필하모니, 빈 도나우 오케스트라 등 많은 팀들이 참가해서, 그야말로 하이든 페스티벌로 손색이 없다.

에스테르하지 궁전의 하이든 홀에서는 당연히 매일 저녁 공연이 열리지만, 그 외에도 아이젠슈타트 마을의 여러 궁전, 교회 등 전역에서도 프로그램이 동시에 진행된다. 이번 시즌의 백미는 마지막 날인 9월 16일에 피셔가 지휘하는 오스트리아-헝가리 하이든 필하모니의 피날레 연주로서, 하이든의 교향곡 제101번《시계》등이 대미를 장식한다.

음악적 흔적으로 충만한 마을

아이젠슈타트 하면 에스테르하지 궁전이 거의 모든 것이라고 할 수도 있지

만, 음악 팬이라면 아이젠슈타트에서 의외로 볼 것이 많다는 사실에 놀랄지
도 모른다.

먼저 아이젠슈타트 시내에는 하이든 박물관이 있다. 하이든이 1766년부
터 12년 동안 살았던 곳이다. 만일 하이든의 생가를 방문하려면, 아이젠슈
타트에서 좀 떨어진 로라우까지 가면 된다.

다음으로는 에스테르하지 궁전의 왼편, 즉 서편 언덕으로 올라가는 길에
오른다. 길의 초입에 멋진 프란츠 리스트의 석상이 있는 것을 보고 의아할지
모른다. 하지만 리스트도 에스테르하지 영지 내에서 태어난 음악가다. 언덕을
오르면 맨 위에는 아주 특이한 형태의 교회가 있다. 이것이 베르크키르헤라
는 성당인데, 이 안에는 하이든의 묘가 자리 잡고 있다. 이 교회는 지붕 때문
에 더 유명한데, 둥근 지붕 위를 타고 올라가는 계단이 있다. 이것은 바로 예

에스테르하지 궁전의 왼편에 있는 프란츠 리스트의 석상.

루살렘의 골고다 언덕을 재현한 것으로, 올라가는 동안 예수가 골고다 언덕을 오르면서 있었던 여러 모습들을 조각해 놓은 상들을 볼 수 있다. 올라가면서 언덕을 오르던 예수의 고통과 희생을 다시 생각하자는 뜻이리라.

지붕에 오르면 눈앞에 펼쳐지는 부르겐란트의 넓은 초원……. 9월의 부르겐란트는 이토록 아름답고 또 시원하다. 한 작곡가의 30년 청춘의 모든 것이 이토록 잘 담겨 있는 곳은 유럽에서도 흔치 않을 것이다.

멀리 부르겐란트의 들녘을 바라본다. 어디선가 라파엘 천사의 노래가 들려오는 것만 같다. 그것은 전날 크바스토프의 음성으로 들었던 《천지 창조》의 가사다. "하느님이 지으신 그 모든 것을 보시니, 보시기에 심히 좋았더라……."

장크트 마르가레텐 오페라 페스티벌
핑크빛 채석장을
울리는 오페라

페스티벌의 나라

유럽의 여름은 페스티벌로 들끓는다. 최근에 부쩍 늘어난 페스티벌의 숫자는 하도 많아서, 듣지도 보지도 못한 페스티벌의 이름이 즐비한 실정이다. 대략 이름을 거론할 수 있는 것만 헤아려도 그 수가 거의 100여 개는 족히 될 것이다.

그중에서도 국세國勢를 견주어 볼 때, 오스트리아야말로 페스티벌의 나라다. 오스트리아는 불과 800만 명 정도의 인구에 불과하지만, 합스부르크 왕조의 영광이 고스란히 남아 있는 엄청난 유적들과 수준 높은 예술 공연들, 그리고 최근에 생긴 많은 페스티벌들로 관광객들을 유혹하고 있다. 국민 총생산량 중에서 문화 관광 수입이 차지하는 비율은 오스트리아가 유럽 제1위다.

그러나 우리나라 사람들이 찾는 오스트리아 지역은 아직도 세 군데에 몰려 있는 실정이다. 그곳은 바로 빈과 그 근교, 잘츠부르크와 그 부근의 잘츠카머구트, 인스브루크와 그 주위의 티롤 지역 등이다. 그 외의 지역은 아직

장크트 마르가레텐의 풍경은 언제 봐도 아름답고 정겹다.

도 우리에게는 익숙하지 않은 장소이며, 미지의 지역으로 남아 있는 것이다.

장크트 마르가레텐을 향하여

최근 흥미를 끄는 공연들이 장크트 마르가레텐이라는 곳에서 열린다는 기사들이 해외 신문에 자주 나오곤 했다. 또한 이 생소한 장소의 페스티벌에 대한 긍정적인 기사가 부쩍 내 눈에 많이 보였다.

그래서 직접 보고 싶다는 마음 하나만으로 찾아간 곳이었다. 이곳이 오스트리아의 어느 곳이라는 것 외에는 아무런 사전 정보도 없이 길을 떠났다. 막상 오스트리아에 도착해서 정보를 묻기 시작했다. 그런데 오스트리아인들도 이곳에 대해 잘 아는 이들이 별로 없었다. 어떤 이들은 오스트리아 동쪽 끝이라고 하고, 또 어떤 이들은 반대로 서쪽 끝이라는 것이 아닌가. 결국 내가 묵었던 한 호텔의 지배인이 이런 연유를 나에게 설명해 주었다.

그의 말에 따르면 장크트 마르가레텐이라는 이름을 가진 곳이 오스트리아에는, 아니 엄밀히 말하자면 유럽에는 두 군데가 있는데, 하나는 오스트리아와 스위스의 접경에 있는 국경 도시로서 이곳은 스위스의 영토다. 또 한 군데는 오스트리아의 동쪽 끝, 즉 오스트리아와 헝가리의 국경 부근에 있는 부르겐란트 주의 아주 작은 마을이다. 최근 페스티벌로 유명해진 곳은 바로 두 번째의 그곳이었다. 부르겐란트는 우리에게 잘 알려져 있지 않은 페스티벌들이 많이 열리는 흥미로운 지역이다.

부르겐란트로 가는 길

부르겐란트로 가는 길은 멀었다. 만약 빈에서 출발했다면 멀지 않겠지만, 서부 오스트리아의 페스티벌들을 전전하다가 출발한 나는 지도 하나만 들고 꽤 먼 길을 달려가야 했다. 그래도 자동차를 빌려서 가는 것이 가장 편리한 방법이었다. 아우토반으로 일단 빈 부근까지 간 뒤에, 빈에서 남쪽으로 뻗은 아우토반 A2를 이용하면 가장 쉽다. A2를 타고 끝까지 가면 그라츠로 가게 되지만, 중간에서 A3로 빠진다. A3는 아이젠슈타트에서 끝나게 된다. 아이젠슈타트부터는 국도로 달린다. 그러면 자동차는 부르겐란트의 구릉 사이를 지나게 된다.

부르겐란트 지방은 오스트리아의 가장 동쪽에 위치한 지역으로, 빈의 남동쪽이며 헝가리와 접해 있다. 이 지역은 특히 엄청나게 넓은 호수인 노이지들러 호가 있어, 풍광이 무척 아름답다. 오스트리아의 기후나 자연 환경은 대체로 우리의 북한 지역과 비슷해서 대개는 우리나라보다는 좀 춥고 쓸쓸하다.

그러나 이 부르겐란트 지역만은 노이지들러 호 너머의 발칸 반도 쪽에서 불어오는 훈훈한 바람 때문에, 오스트리아의 다른 지방보다 따뜻하고 기후가 북부 이탈리아와 비슷하다. 지형도 큰 산은 보이지 않고 낮은 산과 완만한 구릉이 많다. 오스트리아라면 우리에게 만년설이 덮인 높은 산들이 먼저 연상되지만, 이 지역은 그렇지 않다. 차도 주위에 늘어선 언덕마다 보이는 해바라기 밭과 포도밭들은 마치 지금 토스카나의 어디쯤을 지나고 있는 듯한 착각에 빠지게 한다. 그렇지 않아도 이 지역을 '오스트리아의 토스카나'라는 별명으로 부른다. 또한, 이 지역의 화이트 와인은 대단히 유명해서, 오스트리아 어느 지역의 식당에서나 이곳의 화이트 와인을 추천받게 될 것이다.

장크트 마르가레텐으로 가는 도중에 트라우스도르프라는 고즈넉한 마을을 만났다. 도로변에 있는 아담한 교회 하나와 큰 식당 하나가 눈에 띄었다. 멀리 달려오느라 허기졌던 배를 제대로 채우기 위해 차를 세웠다.

식당에 들어가서 보니 모든 메뉴가 독일어와 헝가리어로 함께 쓰여 있었다. "과연 오스트리아의 끝까지 왔구나" 하는 기분이 밀려왔다. 부르겐란트의 특징은 식탁에서 더욱 진하게 느껴졌다. 독일의 다른 지방과 달리, 메뉴판에서 와인이 맥주보다 더 위에 표시되어 있었는데, 그 와인들은 이 지역

  장크트 마르가레텐 오페라 페스티벌

에서 재배된 포도로 만든 것들이었다. 오스트리아에서 오랜만에 대하는 와인 향이 코끝에 봄처럼 다가왔다. 한여름인데도 봄이나 가을 날씨 같은 오스트리아에서 모처럼 선선한 기분을 느꼈다. 이곳의 흙냄새가 살아 있는 듯한 맛있는 헝가리풍 굴라시 수프 역시, 이곳이 독일 문화권이라기보다는 과거 오스트리아-헝가리 제국의 중심지였다는 사실을 상기시켜 주었다.

여기서 장크트 마르가레텐까지는 금방이다. 빨리 갈 필요도 없었다. 배도 부르니 오후의 햇살과 차창으로 들어오는 바람을 즐기면서 천천히 차를 몰았다. '알프스 이북의 토스카나'의 공기를 만끽했다.

장크트 마르가레텐에 가까워지자 길가로 페스티벌을 알리는 깃발들이 나부끼기 시작했다. 《오텔로》라고 조악하게 그려진 깃발들은 작다 못해 초라해서, 시골 페스티벌의 소박한 규모와 분위기를 느끼게 해 주었다. 버스가 서면 할머니 한 분이 천천히 내릴 것 같은, 그렇게 작고 조용한 마을이었다.

핑크빛 채석장의 웅대한 변신

페스티벌이 열리는 곳은 마을이 아니라 마을에서 좀 떨어진 산 위였다. 차를 몰고 그곳으로 가니 자원봉사자들이 눈에 띄었다. 마을 사람들이 거의 다 자원봉사자로 나온 것 같았다. 중학생 정도로 보이는 어린 소년들이 달려와서 주차 안내를 해 주었다. 그들은 모두 '장크트 마르가레텐 오페라 페스티벌'이라고 적힌 검정 티셔츠를 자랑스러운 듯이 입은 채, 순박한 표정으로 신기한 듯이 동양인 방문객을 바라보았다.

차에서 내려서 살펴보니, 주변은 나무도 별로 없는 사막 같은 바위산뿐이었다. 그런데 바위들의 색깔에 핑크빛이 돌았다. 세상에 별별 페스티벌이 많지만, 이곳이야말로 세상에서 가장 독특하고 가장 기발한 페스티벌 장소 중 하나일 것이다. 핑크빛의 이 거대한 돌산에서 나오는 돌들은 훌륭한 건축 재료와 조각 재료로 사용되는 등, 이곳은 수백 년간 중부 유럽 최고의 채

점점 발전하는 장크트 마르가레텐

장크트 마르가레텐 페스티벌은 이제 매년의 공연 실황을 DVD로 만들어서
출시하는 등, 갈수록 그 완성도가 높아지고 있다. 그들은 매년 여름 한 시
즌에 단 한 편의 오페라를 올린다. 거의 매일 저녁에 같은 오페라가 공연되
는 것이다. 대략 월요일부터 주초에는 공연이 없고, 주중부터 주말에는 매일
공연이 올라간다. 그동안 《마술 피리》, 《아이다》, 《카르멘》, 《오텔로》, 《투란도
트》, 《돈 조반니》 등이 공연되었다.

공연은 보통 7월 중순에서 시작하여 8월 말까지 계속된다. 공연 기간이
워낙 긴 만큼 3명 내외의 출연자들이 번갈아 가면서 등장한다. 재미있는 점
은 지휘자 역시 3명이 번갈아 지휘봉을 잡는다는 것이다. 역시 같은 오페라
가 매일 올라가는 브레겐츠도 이런 방식을 택하지는 않았다.

2010년에는 모차르트의 《마술 피리》가 올라갔는데, 연출은 오랫동안 이
페스티벌의 연출을 맡았던 만프레트 바바가 맡았다. 2011년에는 모차르트의
《돈 조반니》가 공연되었는데, 틸로 라인하르트가 연출을 맡았다. 2012년에
는 비제의 《카르멘》이 오랜만에 다시 올라갈 예정이다.

점점 그 위상이 높아지고 사람들에게 많이 알려지고 있는 장크트 마르
가레텐 페스티벌은 최근에 오페라 공연 외에 중요한 두 프로젝트를 추가했다.

하나는 '킨더오퍼Kinderoper', 즉 어린이 오페라 시리즈다. 이것은 휴가철
에 어린이들을 겨냥한 새로운 오페라 프로젝트로서, 여름방학을 맞아 주변
의 뫼르비슈나 루스트의 휴양지를 찾은 어린이들에게 오페라를 보여 주고,
또 동행한 부모들도 끌어들이는 일석이조의 효과를 겨냥한 기획이다. 하지
만 이 기획의 가장 중요한 목표는 어린이들에게 자연스럽게 오페라의 세계
를 알려 주어 그들이 성인이 되었을 때 진정한 오페라 애호가가 되기를 바
라는 것이다. 킨더오퍼는 6월부터 7월까지 본 오페라 공연이 올라가기 전에
같은 무대에서 펼쳐진다. 2010년의 킨더오퍼는 모차르트의 《마술 피리》였

고, 2012년에는 훔퍼딩크의 《헨젤과 그레텔》이 예정되어 있다.

다른 하나는 콘서트다. 즉 그들은 조심스럽게 콘서트를 기획했는데, 이것은 단 한 차례만 열리는 것으로 앞으로 그 확대가 기대된다. 이 콘서트에는 세계적으로 유명한 아티스트가 단 한 명 초대되는데, 그 분야는 클래식에서 대중음악을 망라하여 흥미롭다. 지금까지 콘서트에 나온 음악가들은 소프라노 몽세라 카바예, 제시 노먼, 메조소프라노 엘리나 가랑차 등으로 쟁쟁하다. 그 외에 노라 존스, 레너드 코헨 등의 대중음악 스타들도 나왔으며, 2012년에는 오스트리아의 독특한 음악인인 후베르트 폰 고이제른이 나올 예정이다.

아디오, 마에스트로

2002년의 안타까웠던 사건은 지휘를 맡았던 안톤 과다뇨가 페스티벌 도중에 급서한 일이었다. 공연의 시작을 앞두고 기대에 찬 심정으로 좌석에 앉아 있을 때, 페스티벌의 감독이 마이크를 들고 무대에 나왔다. 그는 "어제까지 매일 저녁 여기서 《오텔로》를 지휘하던 마에스트로 안톤 과다뇨가 어젯밤에 숙소에서 서거했습니다"라는 깜짝 놀랄 만한 비보를 전했다.

객석이 술렁거렸다. 감독의 제의에 따라 모든 관객들이 일어나서 고인을 기리는 묵념을 올렸다. 이 노老거장은 비록 화려한 스포트라이트를 받거나 세계적인 명성을 얻은 것은 아니지만, 이탈리아 오페라의 실력자이자 진지한 해석자로서 나는 오랫동안 그의 공연을 보아 왔다. 참으로 아쉬운 순간이었다. 하지만 단 하루도 병원 신세를 지지 않고, 페스티벌에서 지휘를 하다가 하늘로 갔으니, 어떤 점에서는 행복한 음악인이었다. 시노폴리는 《아이다》의 공연 도중에, 카라얀은 《가면무도회》의 공연 기간에 세상을 떠났는데, 이제 과다뇨가 추가된 것이다.

감독은 과다뇨 대신 그의 아들을 소개했다. 그의 아들 스테벤 과다뇨가 상장喪章을 단 채 등장했다. 그는 아버지 대신 아버지의 지휘봉을 잡고서 아

페스티벌 중에 급서한 지휘자 안톤 과다뇨를 기리는 사진이 상장을 달고 공연장에 나붙었다.

버지가 준비했던 작품《오텔로》를 끝까지 지휘했다. 눈물을 흘리면서 책임
을 다한 아들을 수천 명의 관객들이 일제히 기립 박수로 격려했다.

장크트 마르가레텐 오페라 페스티벌

DRESCHER LINE
B 10 003

뫼르비슈 호수 페스티벌

관객도 함께
오페레타가 되는 호수

장크트 마르가레텐의 형님

장크트 마르가레텐에서는 단 한 편의 오페라만 공연하니, 사실 이틀을 머물 이유가 없다. 그렇다고 그곳에 무슨 대단한 구경거리가 있는 것도 아니다. 최고의 구경은 바로 공연을 보는 것이다.

극장을 밖에서 본들 무슨 소용이 있는가? 라 스칼라 극장이든 바이로이트 축제극장이든 아무리 밖에서 사진을 찍고 극장 투어를 한다고 해도 제대로 된 공연 한 편 보는 것을 따라가지 못한다. 게다가 공연을 보는 것으로 극장은 물론이고 그 도시 사람들의 많은 부분을 이해할 수 있다. 장크트 마르가레텐에서 공연을 보았다면, 이제 그곳을 뒤로하고 다시 차를 몰아서 떠나자.

장크트 마르가레텐에 갔을 때 함께 가 볼 만한 곳이 바로 이웃한 뫼르비슈다. 나는 뫼르비슈로 간다. 뫼르비슈 역시 페스티벌로 유명한 마을이다. 이곳은 장크트 마르가레텐의 형님뻘 되는 페스티벌로서, 오페레타만 전문적

노이지들러 호를 배경으로 서 있는 뫼르비슈의 호상 무대.

으로 공연하여 최고의 오페레타 축제로 확고하게 자리 잡은 상태다. 장크트 마르가레텐은 이웃 뫼르비슈의 성공을 본뜬 것이었다.

개펄 가운데에 있는 넓고 조용한 호수

장크트 마르가레텐에서 불과 10킬로미터 정도만 달리면 헝가리 국경과 맞 닿아 있는 노이지들러 호가 나타난다. 이 아름다운 호수 곁에 작은 마을 뫼 르비슈가 있다.

노이지들러 호는 아주 독특한 호수로서 유네스코 자연유산으로 지정되 어 있는 곳이다. 주변이 초원으로 이루어진 호수로, 이런 형태의 호수로서는 유럽에서 가장 크다. 특이한 것은 주위의 다른 강에서 들어오고 나가는 물 길이 어디에도 없다는 것이다. 그러므로 물이 짜다. 평균 깊이는 2미터를 넘 지 않아서, 가족 단위의 휴양과 수상 스포츠를 하기에 너무나 좋다. 또한 여 기서만 볼 수 있는 아름다운 들꽃들이 많고, 특히 화이트 와인의 유명 산지 이기도 하니, 그야말로 이 이상으로 소풍하기에 좋은 장소가 있을까?

노이지들러 호의 주변은 주로 개펄로 이루어져 있기 때문에 뫼르비슈로 가기 위해서는 긴 제방 위를 달려야 한다. 즉 뫼르비슈는 호수 가운데의 작 은 섬 안에 있는 지명인 것이다.

제방 양편으로는 호수와 갈대와 개펄과 숲이 섞여서 묘한 조화를 이루 고 있다. 바위산으로 이루어져서 건조해 보이던 장크트 마르가레텐이 '돌의 마을'이라면, 바로 지척인 여기는 완벽한 '물의 마을'이다. 그리고 이어 또 하 나의 이국적인 풍경이 펼쳐진다. 마치 베네치아로 들어가는 길처럼 호수 사 이로 난 직선 도로 위를 달리면 예상하지 못한 넓은 섬이 나타난다.

그 섬은 종합 휴양지로서 휴양객들을 위한 여러 가지 시설들이 건설되 어 있다. 마치 바닷가 휴양지에 온 것만 같다. 그곳에 들어가자 사람들은 모 두 수영복을 입고 선글라스를 끼고 손에는 아이스크림을 들고 다닌다. 섬

뫼르비슈에 가기 위해서는 제방 위의 긴 길을 달려야 한다.

둘레로는 수영장, 탈의실, 대형 식당, 카페, 어린이들을 위한 놀이 기구들, 요트 정박장 및 다양한 해양 스포츠를 즐기기 위한 시설들이 즐비하다.

휴양지에서 오페레타가 울려 퍼지다

그 가운데에 거대한 야외 공연장이 있다. 우리나라 같으면 돌고래 쇼나 할 만한 그런 곳에 콘크리트로 된 공연장이 마치 축구 경기장처럼 위용을 자랑하고 있다. 그곳이 뫼르비슈 페스티벌이 열리는 장소다. 입구에는 큰 글씨로 "오페레타의 메카 뫼르비슈"라고 당당하게 적혀 있고, 들어가는 길목의 한옆에는 오페레타의 왕 프란츠 레하르의 흉상이 놓여 있다.

여름이면 이곳에서 매일 저녁 오페레타가 공연된다. 이것이 바로 오페레타의 행사로는 바트 이슐과 함께 널리 알려진, 하지만 바트 이슐보다 더 대중적인 뫼르비슈 페스티벌인 것이다. 호수를 배경으로 펼쳐지는 오페레타는 그 대중적인 인기 때문에 저녁이면 많은 관광객들을 고스란히 이곳으로 끌어들이는 위력을 발휘한다. 페스티벌의 정식 명칭은 '뫼르비슈 호수 페스티벌'이다. 낭만적이지 않은가.

이곳 역시 대형 야외무대인 만큼 브레겐츠처럼 마이크를 사용하며, 첨단 음향 시설에 플라스틱으로 된 좋은 좌석들을 갖추고 있다. 뫼르비슈도 브레겐츠처럼 매년 여름마다 단 한 편의 오페레타만 준비하여 밤마다 공연을 한다.

1993년에 처음 시작해 이제 겨우 20년이 되어 가는 뫼르비슈 페스티벌

뫼르비슈 페스티벌의 공연장 입구.

스위스

© LUCERNE FESTIVAL, Priska Ketterer

루체른 페스티벌

여름마다 음악으로
폭발하는 알프스

루체른을 다시 찾자

해외여행 자율화 이후에 일어난 단체 여행의 열풍으로 우리나라 사람들에게 가장 친숙해진 유럽 도시의 하나가 루체른일 것이다. 스위스 도시들 중에서 가장 많은 한국인들이 다녀간 도시도 루체른이다.

사실 규모가 크지도 않고 유럽치고는 문화유산도 거의 없는 이곳 루체른이 제네바, 취리히, 베른, 바젤, 로잔, 몽트뢰 등 스위스의 유서 깊고 문화적인 도시들을 제치고 한국인 방문 순위 1위를 차지하는 것은 어쩌면 한국의 속 빈 관광 상품의 단면을 보여 주는 실례일지 모른다. 우리나라의 관광 상품들은 비싼 입장료를 내야 하는 곳이나 물가가 비싼 곳들은 과감히 생략하는 실정이다. 하지만 스위스의 뛰어난 문화유산이나 경제 발전 현황을 제대로 보려면 돈이 많이 드는 것이 사실이다.

제한된 비용으로 스위스다운 풍광이라도 보여 주려니 입장료 없는 루체른 호숫가나 걷고, 낡은 나무다리 두어 군데를 어슬렁거리다가, 예술성도

루체른은 세속적인 화려함과 영원한 낭만이 교묘하게 공존하는 곳이다.

나의 도시, 나의 극장

취리히는 어떤 곳인가

취리히행 비행기의 내 옆 좌석에 나이가 지긋한 스위스 신사가 탔다. 열심히 일하는 전형적인 비즈니스맨이었다. 그는 경북 구미에 있는 공장에 기계를 팔러 왔다가 돌아가는 길이라고 했다. 그러고는 서울의 엄청난 물가에 대해 열심히 떠들었다. 내가 취리히의 물가도 높기는 마찬가지가 아니냐고 묻자, 그는 내 말에 동의했다. 하지만 커피 한 잔의 가격은 서울이 월등히 비싸다는 데 우리의 의견이 일치했다.

내가 "나는 스위스를 좋아하고 특히 취리히는 뛰어난 문화와 예술이 있어 더 좋아하지요"라고 말하자 그는 나를 이상한 사람이라는 듯 쳐다보고는 "스위스를 좋아한다고요?"라고 되물었다. 이어 "스위스가 물가가 싸나요? 기후가 좋나요? 좋아하려면 스페인이나 이탈리아 정도는 되어야 하지 않아요? 나는 아들이 둘 있는데 모두 스페인에서 사업을 하고 있어요. 정말 좋은 곳이지요. 나는 열악한 자연 환경을 가진 스위스가 정말 싫어요"라고 말했다.

취리히의 중심가 반호프 거리의 겨울 풍경.

BRUNO MAGLI
Rennweg

취리히는 참으로 특별한 도시다. 세계에서 가장 잘살고 가장 발달한 나라인 스위스의 중심 도시이자 중부 유럽에서도 가장 세련된 도시다. 다양한 고급문화가 공존하지만, 인구는 얼마 되지 않는다. 이 작은 도시는 세계 금융의 중심지이고 세계적인 유명 브랜드들을 수없이 가지고 있다. 대표적인 거리인 반호프 거리에 가면 전 세계에서 모인 수백 개의 은행 지점이 줄을 서 있고, 스위스가 자랑하는 고급 브랜드 시계들이 거리의 진열장을 가득 채우고 있다. 또한 금융인들을 위한 최고급 식당들도 즐비하다. 그러나 스위스 사람들은 취리히를 좋아하지 않는다. 그들 대부분은 은퇴할 때까지 노예처럼 일만 한다. 물론 그들이 오늘의 스위스를 만든 사람들이지만, 그 혜택을 제대로 즐기지는 못하는 것이다.

취리히는 또한 마약 중독자들의 천국이다. 그들은 마치 천국을 찾듯이 취리히로 모여든다. 아침에 시내의 공원에 가면 수많은 마약 중독자들이 시체처럼 여기저기 너부러져 있는 것을 볼 수 있다. 그리고 잠시 뒤에 더 기막힌 장면이 연출된다. 여러 대의 메르세데스 벤츠 승용차들이 도착하고, 그 차에서 하차한 중상류층 부인들이 노숙자들에게 새 일회용 주사기들을 나누어 주는 것이다. 그들은 자원봉사자들로, 그들의 철학은 확고하다. "중독자들에게서 마약을 빼앗는다는 것은 현실적으로 거의 불가능하다. 그렇다면 중독자들이 최소한 에이즈에는 걸리지 않도록 도와야 하지 않나?" 그들은 자비로 깨끗한 주사기를 계속 공급해 준다.

한번은 내가 탄 택시가 데모대에 완전히 포위당하고 말았다. 이라크전을 반대하는 시위였다. 차가 움직이지 않아서, 터키 출신의 택시 기사와 이야기를 나누기 시작했다. 비행기 옆 좌석의 신사가 생각나서 기사에게 이렇게 물었다. "당신은 스위스가 좋나요? 여기서 사는 게 좋나요?" 그의 대답은 이랬다. "난 스위스를 사랑하고 자랑스럽게 생각해요. 물론 나는 터키 출신이지

취리히 오페라 하우스의 겨울 풍경은 또 다른 아름다움이다.

요. 내 아버지는 취리히로 와서 열심히 일해 15년 만에 시민권을 획득했고, 나와 다른 식구들을 스위스로 데려올 수 있었어요. 우리는 모두 열심히 일해 스위스 시민이 되었지요. 스위스는 세계에서 사회보장이 가장 잘 되어 있는 우등한 나라이고, 누구에게나 기회가 열려 있는 평등한 나라예요." 그러고는 옆에 보이는 높은 호텔을 가리켰다. "저기 저 힐튼 호텔을 봐요. 나는 힐튼 호텔의 손님들을 태우지만, 나도 원한다면 언제든지 거기서 잘 수 있어요!"

대통령이 바친 제2의 인생

택시는 오페라 하우스가 보이는 곳에 이르렀다. 택시 기사는 공연을 보러 왔다는 나에게 취리히 오페라 하우스에 대한 이야기를 들려주었다. 먼저, 오페

　　　　　　　　　　　　　　　　　　　　　　　취리히 오페라 페스티벌

취리히 오페라 하우스의 건물과 관객은
소박해 보이지만 수준은 최정상이다.

라 하우스의 극장장이 누군지 아느냐고 물었다. 모른다는 내 대답에 그는 말을 이었다. "극장장은 이전에는 스위스 대통령이었어요……. 그는 내가 가장 존경하는 정치인이었는데, 얼굴이 빨갛게 되는 난치병을 얻었지요." 그 병은 루푸스라고 부르는 것으로, 택시 기사가 계속 들려주는 이야기는 놀라웠다.

대통령은 용단을 내려 대통령직을 사임했다고 한다. 그리고 오페라 팬이었던 그는 자원해서 취리히 오페라 하우스의 극장장이 되었다. 이후 자신이 가진 오페라에 대한 식견과 그동안 정치를 하면서 만든 국제적인 인맥을 이용하여 이 극장을 세계 최고의 오페라 하우스로 만들었다. 그리고 자신의 영향력으로 전 세계의 유명 가수들과 일류 지휘자, 연출가들을 다 이곳으로 모았다. 이제 이곳은 빈이나 라 스칼라를 능가하는 세계적인 오페라 하우스가 되었다. 그런데 극장 일에 전념하던 그는 저절로 완쾌를 했다. 정치를 하면서 받았던 스트레스가 좋아하는 오페라를 만들면서 다 없어진 것이라는 게 택시 기사의 해석이었다.

그렇다. 이 극장은 한 사람의 뛰어난 인물에 의해 세계 정상에 우뚝 섰다. 그는 오페라 팬들에게는 최고 무대를 만들어 주었고, 시민들에게는 관광 수입을 증대시켜 주었으며, 자신에게는 건강을 되찾아 준 것이다.

세계 유수의 오페라 극장들을 소개할 때면 취리히 오페라 하우스는 아직 그 안에 끼지는 못하지만, 실제로는 세계 최고 수준에 달했다. 한마디로 지금 세계 오페라계의 톱스타들인 에디타 그루베로바, 실비 발레르, 다니엘라 데시(이상 소프라노), 체칠리아 바르톨리, 베셀리나 카사로바, 카르멘 오프리사누(이상 메조소프라노), 주세페 사바티니, 빈첸초 라 스콜라, 닐 시코프(이상 테너), 토머스 햄슨, 조르조 찬카나로, 레오 누치(이상 바리톤) 등이 가장 많이 오르는 오페라 무대를 들라면 그곳은 바로 취리히 오페라 하우스다. 게다가 프란츠 벨저뫼스트를 포함하여, 니콜라우스 아르농쿠르, 존 엘리엇 가디너, 넬로 산티, 마르첼로 비오티 등의 거장들이 취리히 오페라 하우스에서 지휘를 했다.

현재 세계 오페라계에서 가장 혁신적인 연출가라고 할 수 있는 데이비드 파운트니, 유르겐 로제, 조너선 밀러, 로버트 윌슨 등도 이곳 취리히를 중심으로 첨단의 연출을 선보이며 세계 오페라 무대를 선도하고 있다. 수준 높은 취리히의 문화인들이 자신들의 뛰어난 안목과 스위스 프랑의 위력에 힘입어 오늘날의 무대를 만들어 낸 것이다.

또한, 취리히 오페라 하우스는 적은 인원에도 불구하고 매일 레퍼토리를 바꾸는, 세계에서 몇 안 되는 레퍼토리 시스템 극장 중 하나다. 이런 극장이라면 미국의 메트로폴리탄을 비롯하여, 런던의 코벤트 가든, 빈 국립 오페라 극장, 베를린 국립 오페라 극장, 바이에른 국립 오페라 극장 정도인데, 이런 대형 극장들과 어깨를 나란히 하며 연일 공연 체제를 갖춘 것이다.

취리히 오페라 하우스는 취리히 호숫가에 위치하고 있다. 지리적 조건이 주는 아름다움은 세계의 가극장 가운데 단연 최고일 것이다. 호숫가의 오페라 하우스. 생각만 해도 설레지 않나? 실제로 오페라가 시작하기 전에 호수 저편 너머로 해가 떨어질 때의 황혼 풍경은 오페라 하우스의 극치다. 또한, 오페라를 다 보고 나면 이번에는 캄캄한 밤의 불빛들이 호수 위로 깜박인다. 게다가 오페라가 주는 감동도 최고이니, 더 말할 나위가 있을까.

취리히 오페라 페스티벌의 공연

취리히의 공연은 최신의 연출에 세계적으로 가장 각광받는 젊은 가수들을 재빨리 기용해서 세계 오페라 팬들의 이목을 집중시킨다. 그러나 취리히 시민이 아니라면 이 공연들을 다 본다는 것은 꿈처럼 요원한 일이다. 그래서 취리히에서는 세계 오페라 팬들이 취리히 프로덕션을 모두 즐길 수 있는 프로그램을 만들었으니, 이것이 바로 '취리히 오페라 페스티벌'이다.

가을부터 시작된 오페라 시즌이 모두 끝나는 6월이 되면, 취리히는 지난 1년간의 시즌 중에 새 프로덕션이었거나 주목받았던 공연들을 2~3주 정도로 압축하여 총정리 기간처럼 페스티벌을 갖는다. 즉 야외에서 열리는 오페라 축제와는 성격이 다르고, 뮌헨 오페라 페스티벌에 가깝다.

2003년의 경우를 보면, 취리히 오페라 하우스의 시즌이 끝나는 날의 다음날인 6월 20일부터 오페라 하우스에서 페스티벌이 시작되었다. 그리고 어느 해나 그렇듯이 3주 조금 넘는 기간에 걸쳐 페스티벌을 진행했다. 2003년에는 지난 2002~2003년 시즌 때 새 프로덕션이었거나 가장 각광받았던 작품들 중에서 다시 보고 싶은 프로그램을 선정했다. 마스네의《돈 키호테》를 시작으로, 모차르트의《후궁 탈출》, 비제의《카르멘》, 베르디의《시몬 보카네그라》,《리골레토》등이 선정되었다.

취리히 페스티벌은 오페라 하우스에서 열리는 만큼 오페라가 주를 이루지만, 사실 오페라가 전부는 아니다. 프로코피예프의《신데렐라》등과 같

취리히 오페라 하우스는 호수로 떨어지는 석양이 건물을 비출 때 가장 아름답다.

은 발레와, 프란츠 벨저뫼스트가 지휘하는 브람스 콘서트 등도 있으며, 마티아스 괴르네의 리더아벤트(가곡의 밤), 알벤 베르크 4중주단의 실내악 연주회 등도 펼쳐졌다. 그러나 오늘날의 취리히 페스티벌의 명성을 이룬 근간이 오페라에 있음은 부정할 수 없는 사실이다.

취리히 오페라 하우스는 그동안 수많은 업적들을 쌓았다. 특히 잊혔던 몬테베르디의 오페라들을 모두 세계 최초로 복원하여 레퍼토리로 만든 것은 취리히의 위대한 업적이다. 고음악의 거장인 지휘자 니콜라우스 아르농쿠르와 명연출가 장피에르 포넬의 협력으로 이루어진 이 사업은 악보의 복원과 정리에서 영상물 녹화까지 모든 작업이 이루어졌다. 그뿐 아니라 취리히의 많은 오페라 프로덕션들은 '연출가의 시대'라고 할 만한 우리 시대의 전위적인 연출들을 이끌어 나가는 무대를 만들어서 다른 극장들의 모범이 되었다.

취리히의 많은 공연들은 영상물로 만들어져 이미 우리들에게 익숙한 것이 되었다. 아마도 취리히 오페라 무대는 DVD에 가장 많이 담긴 극장 중 하나일 것이다. LD 시대에 장피에르 포넬의 모든 작품들이 영상화된 것을 제외하더라도, 데이비드 파운트니가 연출하고 토머스 햄슨이 주연한 《맥베스》, 베셀리나 카사로바가 주연을 맡은 《아름다운 헬레네》, 그리샤 아자가로프가 연출한 《세비야의 이발사》, 데이비드 파운트니가 연출한 《짐플리치우스》, 엔스다니엘 헤어초크가 연출한 《탄호이저》, 조녀선 밀러가 연출한 《마술 피리》, 체사레 리에비가 연출한 《이탈리아의 터키인》, 마르틴 쿠세이가 연출한 《마술 피리》 등이 모두 취리히 실황을 DVD로 만든 것들이다. 이것들은 모두 아름다운 무대와 참신한 연출로 우리들을 사로잡았던 공연들로, 취리히 오페라의 높은 수준을 입증해 준다.

최첨단 무대, 최고의 연출

《시몬 보카네그라》는 바리톤 토머스 햄슨의 역량과 개성이 분출된 무대였다. 그는 무게 있는 가창과 진지한 연기로, 자신이 앞으로 더 많은 베르디 바리톤 역에 진출할 가능성이 있음을 증명했다. 아멜리아 역의 바르바라 프리톨리 역시 풍부한 성량과 카리스마 있는 연기를 보여 주었다. 햄슨뿐 아니라 세 명의 남성 저음 가수들도 모두 수준급이었다. 음악 이상으로 돋보인 것이 무대였다. 무대 위에는 이 오페라의 중요한 세 가지 화두인 권력, 돈, 명예를 상징하는 단순화된 탑들이 설치되었는데, 무채색을 띠고 있어 그렇지 않아도 무거운 오페라의 분위기를 한껏 더 가라앉히는 데 일조했다. 탑 모양은 이탈리아의 산 지미냐노에 있는 직육면체 탑들에서 따온 것인데, 사실 산 지미냐노의 탑들도 그 높이로 각 가문의 지위와 재산을 과시하는 것이었다. 이 무대의 탑들은 또한 테러로 사라진 뉴욕 세계무역센터 건물을 상징하고 있어서, 부와 힘을 자랑하던 미국의 무너짐을 지적하는 것이기도 했다.

모차르트의 《후궁 탈출》 역시 취리히의 뛰어난 세련미를 과시하는 놀라운 공연이었다. 조너선 밀러가 연출한 무대는 실제 터키 건물들처럼 유치하면서도 묘하게 잘 어울리는 색조들로 기막힌 조화와 부조화를 동시에 나타내었다. 무대는 단순하게 세 면을 막는 구조였지만 그 구조가 음악에 따라 점차 변했으며, 반향 벽 구실까지 하여 가수들이 성량에 큰 신경을 쓰지 않아도 징슈필의 세밀한 부분까지 잘 묘사할 수 있게끔 도와주었다. 콘스탄체 역의 말린 하르텔리우스는 취리히 오페라를 대표하는 소프라노로, 그녀의 노련한 연기와 뛰어난 가창이 빛났다. 그러나 《후궁 탈출》에서 관객들에게 가장 많은 박수를 받은 이는, 노래 한 곡 없이 오직 대사로만 연기한 태수 젤림 역의 클라우스 마리아 브란다우어였다. 독일어권 최고의 배우인 그가 자신의 본령도 아닌 작은 오페라에서 조역을 맡았다는 것 자체가 예술을 사랑하는 그의 철학을 보여 주는 것 같아 감동적이었다. 그는 단 한 번도 큰소리를 내지 않고 속삭이듯 연기했지만 완벽한 발성으로 가수 이상의 소리를 들려주었다. 시종 시니컬한 연기와 쉰 듯한 목소리로 젊은 가수들의 연기를 완전히 조율하고 전체적인 균형을 잡아 나가는 것이 마치 운동 경기

　　　　　　　　　　　　　　　　　　　　　　　

중의 노련한 플레잉 코치 같았다.

2012년의 취리히 페스티벌은 6월 12일에서 7월 8일까지 약 4주 동안 거행된다. 예년에도 그랬듯이, 2011~2012년 시즌에 기억할 만한 작품들을 모아 1~2회씩 공연하게 된다. 관심이 있는 분이라면 자신이 원하는 공연들이 모여 있는 기간을 골라서 3~5일 정도 이 아름다운 도시에 머무른다면 좋을 것이다.

주목할 만한 공연이라면 플라시도 도밍고가 지휘하는 《카르멘》을 들 수 있는데, 베셀리나 카사로바가 연기하는 카르멘이 기대된다. 그리고 도밍고가 지난 시즌에 이어서 바리톤으로 전향하여 처음으로 부르는 레퍼토리인 베르디의 《시몬 보카네그라》가 눈에 띄는데, 아멜리아 역으로는 바르바라 프리톨리가 나오고 카를로 리치가 지휘를 맡는다. 리하르트 슈트라우스의 《살로메》는 크리스토프 폰 도흐나니가 지휘를 한다.

취리히 페스티벌은 굳이 구분하자면 오페라 페스티벌이지만, 다른 공연들도 열린다. 특히 '비바 오페라'라고 부르는 오페라 갈라를 비롯하여 발레 갈라도 있고, 취리히 오페라 오케스트라의 콘서트 등도 열린다.

클라이버를 추억하며 걷다

취리히는 도시 그 자체가 완벽한 관광 상품이다. 도시 중심을 관통하는 리마트 강에 의해 동서로 나뉘는 양안兩岸은 확연히 다른 문화적 개성을 가지고 있다.

서안西岸은 반호프 거리를 중심으로 시계 등의 호화스러운 브랜드와 유명 은행들이 많이 모여 있는 곳이다. 이곳의 물가는 살인적이지만, 유럽을 선도하는 레스토랑과 패션 숍들이 즐비하여 뛰어난 문화와 세련미가 느껴지는 곳이다. 우리나라의 여행 가이드에는 나와 있지도 않은 이 일대의 고급 식당들은 그 수준이 놀라울 정도인데, 한마디로 프랑스 식당들은 프랑스보다 뛰어나고 이탈리아 식당은 이탈리아보다 믿을 만하며, 독일 식당은 독일보다 맛있다고 감히 단언할 수 있다. 단 그곳들을 찾는다는 것이 결코 쉽지는 않다.

　　서안이 파리의 샹젤리제라면 동안東岸은 생제르맹데프레나 라탱 지역과 같이, 좀 더 소박한 분위기다. 동안 뒤편의 언덕 위에는 이공계로서는 유럽 최고의 대학인 스위스 취리히 연방 공과대학이 있다. 따라서 동안의 분위기는 학생 문화와 밀접하다. 베트남, 타이, 터키, 인도 등 제3세계 음식점들이 많고, 아프리카나 남미풍 의상들도 많이 보이는 곳이다. 이 지역에서는 고급 시계뿐 아니라 나무나 금속으로 만든 정교한 미니어처나 장난감 등도 스위스의 특산물이라는 사실을 실감할 수 있다.

　　특히 스위스 취리히 연방 공과대학에서는 취리히 시내가 한눈에 내려다보인다. 그러니 케이블카를 타고 올라가서, 과학자 아인슈타인과 지휘자 카를로스 클라이버가 한때 이 학교를 다녔다는 사실을 회상하며 한가한 한때를 보내는 것도 좋다. 이 학교의 학생 식당인 멘사는 이 지역에서 가장 저렴한 식당이기도 하며, 대학 안에 있는 그래픽 박물관은 수준급이다.

취리히 오페라 하우스에서 바라다본 호수의 모습은 그림 같다.

리마트 강의 스카이라인은 유난히 아름답다. 특히 해 질 무렵에는 시간을 멈추고 싶은 충동이 인다.

또한 이 지역에는 세계적 수준의 미술관인 취리히 쿤스트하우스가 있으니, 꼭 방문해 보기를 권한다. 여기에는 스위스가 자랑하는 조각가 알베르토 자코메티의 특별실이 있고, 스위스 현대 미술가들의 특별전과 상설전이 늘 열린다. 그리고 상당히 많은 수의 인상파 작품들을 보유하고 있으며, 피카소, 달리, 로댕의 컬렉션도 대단한 수준이다.

취리히는 최고의 자연 경관을 자랑하는 곳이다. 광활한 스위스 호수의 풍경은 바라만 보아도 시원하고, 주위의 높은 산들은 어디서나 쉽게 등산을 할 수 있도록 해 준다. 시내를 돌아다니는 동안에 늘 볼 수 있는 리마트 강에 그림처럼 드리워져 있는 스카이라인은 나그네를 늘 기분 좋게 해 준다. 리마트 강가나 취리히 호반의 정취는 이른 아침의 해가 뜰 무렵이나 어스름 저녁의 해 질 녘이 최고로, 시간이 멈추었으면 하는 기분을 들게 한다.

세계에서 철도망이 가장 발달한 나라가 스위스인 만큼 취리히에서 주변의 작은 도시로 여행을 하는 것 역시 편리하고 즐겁다. 공연이 없는 낮 시간을 이용하여, 짐을 호텔에 둔 채 주변 도시를 당일 열차 여행으로 다녀올 수 있다.

유명한 루체른이 지척에 있으며, 추크, 장크트 갈렌, 베른, 인터라켄 등이 모두 당일 관광이 가능하다. 그뿐 아니라 알프스의 긴 터널을 지나 이탈리아 쪽으로는 루가노, 코모, 밀라노가 가깝고, 독일 쪽으로는 브레겐츠를 거쳐 린다우, 울름, 뮌헨이 지척에 있다.

취리히를 꿈꾸며 행복을 충전하다

한때 취리히는 내게 가장 가까운 유럽 도시였고, 취리히 오페라 하우스는 내게 가장 가까운 오페라 하우스였다. 오페라에 굶주려 사막 같은 서울을 더 이상 참을 수 없는 밤이면, 나는 다음날 취리히로 가기로 결심하곤 했다.

이튿날 스케줄을 모두 취소하고 아침 일찍 대충 짐을 꾸려서 취리히행 비행기에 몸을 싣는다. 그러면 스위스 항공의 취리히행 비행기는 오후 6시 30분 이전에 나를 클로텐 공항에 내려놓는다. 공항 청사의 지하에 있는 기차역으로 뛰어 내려가 막 들어오는 열차에 오른다. 물론 부치는 짐 같은 것은 없어야 한다. 그러면 불과 15분 만에 취리히 시내의 중앙역에 닿는다. 역 앞에서 트램을 타면 역시 15분 안에 어김없이 오페라 하우스에 도착하게 되는 것이다.

물론 오해는 말기 바란다. 늘 그렇게 취리히로 가는 것은 아니니까. 하지만 언제라도 갈 수 있다는 믿음 때문에, 하루란 거리 안에 취리히 오페라 하우스가 있다는 안도감 때문에, 나는 오늘까지 이 메마른 서울에서 살아올 수 있었던 것 같다.

Salle des Combins

베르비에 페스티벌

알프스에 꽃피는
노소^{老少}의 조화

가장 높은 곳에서 열리는 페스티벌

자동차는 위를 향해 끝없이 올라간다. 속리산에 있는 말티 고개의 높이에 몇 배를 더 곱하는 것 같은 기분이다. 자연스럽게 만들어진 꼬부랑 고개가 아니라 경사 50도(물론 엄살을 섞어)의 비탈을 올라가기 위해 고육지책으로 건설해 놓은 그런 길이다. 게다가 거의 바위산인데다가 길 주변에는 나무도 별로 없다. 그야말로 알프스의 바위산 비탈을 따라서 차가 하늘로 올라가는 듯한 느낌이다.

차가 커브를 돌 때마다 허술한 가드레일을 박고 천 길 낭떠러지로 굴러 떨어질 것 같고, 경사가 급해지면 차의 앞부분이 들리면서 뒤집힐 것만 같다. 오금이 찌릿찌릿하고 침이 바짝 말라 들어간다. 돌고 돌고 또 돌아도 끝이 없다. 저 밑의 마을이 까마득하게 작게 보이고, 옆으로 보이는 높은 봉우리의 구름은 내가 탄 차와 거의 같은 높이다.

그렇게 한참을 올라가니, 거의 다 왔는지 집들이 나타나기 시작한다. 그

베르비에 페스티벌이 열리는 살 데 콩뱅 앞으로 관객들이 모여들기 시작한다.

ROLEX
Verbier Festival

악기를 연주하는 사람들과 골프 치는 사람들의 조각상을 지붕에 올려놓아 시선을 끈다.
정말 축제 마을다운 모습이다.

베르비에 페스티벌 공연장은 알프스 하늘 바로 아래에 있다.

전해 준다. 그리고 이제 테너가 소프라노를 붙잡고 너무나 아름다운 대목 "5월의 달빛에 겨울의 폭풍우는 물러나고"를 부르기 시작한다.

그런데 이게 대체 어찌 된 일인가? 반 아켄의 음성이 갈라지기 시작한다. 관객들마저 긴장하는 모습이 역력하다. 나도 침을 꼴깍 삼킨다. 그는 점점 힘들어 하더니, 결국에는 소리가 거의 나오지 않는다. 그럼에도 오케스트라를 지휘하는 게르기예프의 지휘봉은 조금도 느려지지 않는다. 도리어 빨라진다. 반 아켄은 무대 위에서 페트병의 물을 계속 마시는 만행을 저지를 수밖에 없다. 괜찮다. 물 마셔라. 약은 없나. 제발 노래만 불러다오……. 다른 연주들은 다 좋다. 하지만 반 아켄의 음성은 공연이 끝날 때까지 제대로 나오지 않는다. 너무나 아쉬운 공연이다.

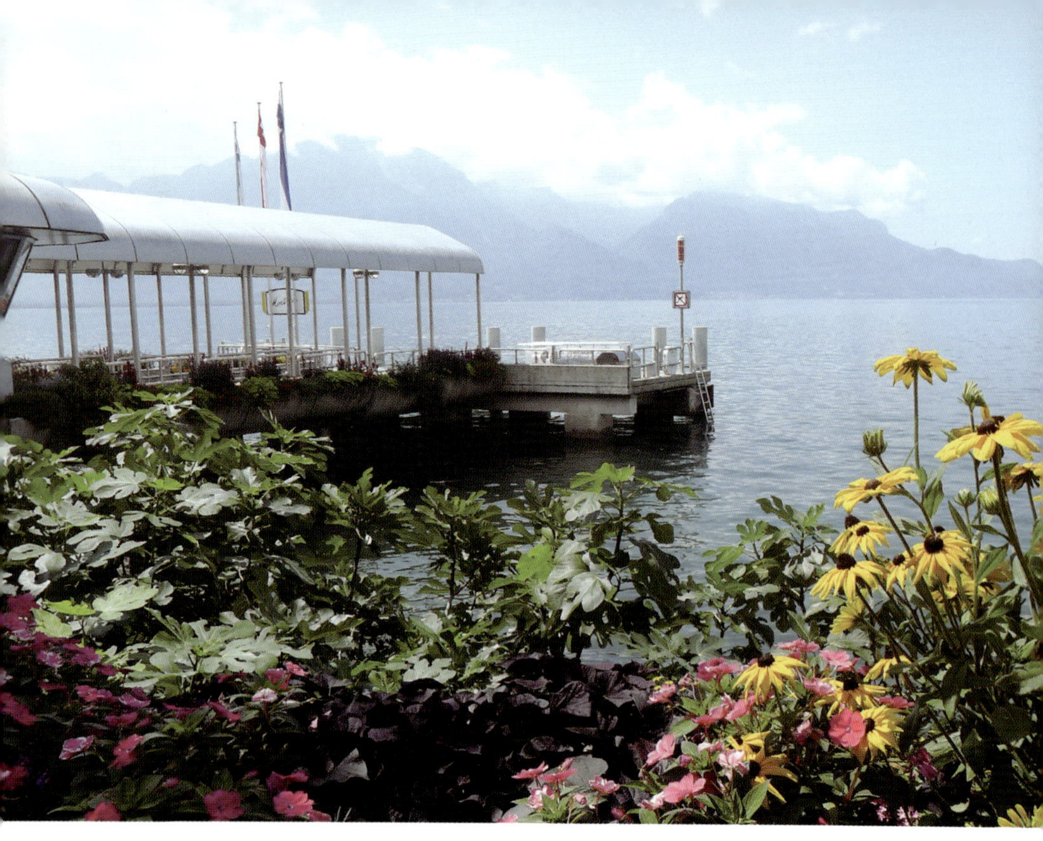

브레겐츠 산 아래의 아름다운 도시 몽트뢰는 레만 호숫가에 자리 잡고 있다.

공연이 끝나고 밖으로 나오니, 7월 말이라고는 믿어지지 않을 정도도 매서운 찬바람이 불어온다. 이런 산꼭대기에서 바그너 음악을 부르게 한다는 것 자체가 어쩌면 무리다. 어쨌거나 나는 알프스 산꼭대기에서 《발퀴레》를 들었다, 가슴 떨리게도.

비바람 합창단이 탄생하다

늦은 밤이지만 배가 고파서 일행들과 함께 밖으로 나온다. 크리스가 가르쳐 준 두 식당 중 한 곳으로 들어간다. 제법 큰 식당인데, 좌석이 거의 다 찼다. 음식은 정체불명의, 그야말로 '국제적인' 스타일이다. 독일, 프랑스, 이탈리아

등등의 음식들이 섞여 있는데, 신기하게도 그런대로 맛있다. 친절한 종업원이 추천한 하우스 와인까지 곁들이니, 아침에 뮌헨에서 출발해서 하루 종일 이곳까지 찾아온 여독이 사르르 녹는다.

실은 거의 불가능한 일정이었다. 오는 데 걸리는 시간을 12시간 정도로 잡았는데, 고속도로에서 난 교통사고에 교통 체증까지 겹쳐서 예정보다 두어 시간이나 늦게 도착한 것이다. 결국 예매해 놓았던 실내악 공연은 그만 보지 못하고 말았다. 티켓은 알프스의 구름과 함께 하늘로 사라졌다. 하지만 여기까지 오면서 보았던 레만 호수의 정경과 베르비에로 올라오는 동안에 느낀 흥분과 긴장감 때문에 "공연 하나쯤"은 하늘로 날려 버려도 괜찮은 기분이 되어 버렸다. 산에 오자마자 호연지기를 얻은 것일까?

　　그래서 그런지 식당 안의 일행들은 즐겁기만 하다. 그런데 저쪽에서 다른 일행들의 노랫소리가 들려온다. 궁금해서 쳐다보니, 나이 지긋한 사람들이 모여서 노래를 부르고 있는 게 아닌가. 사람들이 그 주변에 둘러서서 그들의 노래를 듣고 있다.

　　배가 차고 술기운이 오르고 누군가의 노래를 듣다 보니, 우리 일행도 마음이 느슨해진다. 우리 테이블에서도 누군가가 노래를 부르기 시작한다. 일행은 함께 따라 부르기 시작한다. 내 학창 시절에는 이런 데만 오면 꼭 부르는 노래가 있었다. "비바람이 치는 바다, 잔잔해져 오면, 오늘 그대 오시려나, 저 바다 건너서……." 우리나라 사람이라면 누구나 다 아는 〈연가〉다. 그러자 옆 테이블의 노부부도, 저쪽 창가에 앉은 젊은 커플도 박수를 치며 따라 부른다. 그렇다. 이 노래는 우리만 아는 것이 아니라, 세계의 모든 사람들이 다 부르는 노래다.

　　뉴질랜드 마오리족의 민요를 번안한 이 노래가 스위스 산속에서 울려 퍼진다. "그대만을 기다리니, 내 사랑 영원히 기다리니……." 알프스의 밤은 캄캄하여 바깥은 아무것도 보이지 않는다. 하지만 세계에서 모여든 사람들은 즐겁기만 하다. 다들 자기 나라의 말로 "비바람"을 부른다. 이렇게 해서 알프스 산꼭대기에서 '비바람 합창단'이 결성된다. 7개국의 아마추어 음악가들이 모여 구성한 '비바람 합창단'이 베르비에 페스티벌에 참여한다면……. 꿈같은 이야기다.

　　말이 다르고 나라가 다르고 얼굴이 달라도, 다들 원하는 것은 같은가 보다. "그대만을 기다리니, 내 사랑 영원히 기다리니……." 비바람은 잔잔해졌건만, 오늘도 그대는 오지 않는다. 하지만 기분은 좋다. 여기는 해발 2천 미터, 베르비에다.

독일

바이로이트 페스티벌

바그너의 영원한 성전

욕망의 열차, 어두운 도시에 닿다

바이로이트 페스티벌은 우리가 있는 서울에서 가장 먼 페스티벌일 것이다. 인천 공항에서 10시간 이상 비행기를 탄 뒤 프랑크푸르트 공항에서 내려 중앙역으로 가서, 역에서 열차를 타고 뉘른베르크까지 간 뒤, 거기서 다시 시골 지선支線으로 갈아타고 프랑켄 지방의 시골구석까지 가야 하기 때문만은 아니다. 돈이 있다고 해도 티켓을 쉽게 구할 수 없는 까다로운 예약 절차 때문에, 가려고 마음을 먹어도 몇 년이나 걸려야 비로소 그곳에 도착할 수 있기 때문이다.

프랑크푸르트 공항에서 받아 든 내 트렁크는 바퀴 네 개 중 두 개가 떨어져 나간 비참한 상태였다. 구입한 지 얼마 되지 않은 내 샘소나이트 트렁크를, 프로 레슬러 같은 체격의 독일 공항 직원들이 얼마나 내던졌을까? 나는 자꾸 옆으로 쓰러지는 그 무거운 것을 들고 택시로 역으로 열차로 계속 이동해야 했다. 마지막에는 커다란 더플 백을 가진 젊은 독일 군인들이 가

바이로이트 인근의 숲 속에서 머물렀던 일주일은 마치 하이네의 시 속으로 들어간 듯했다.

득하고 민간인이라고는 나밖에 없는 두 량짜리 붉은색 시골 열차에 올랐다.

바이로이트라는 시골 역에 도착했을 때는 이미 자정이 넘어 있었다. 역 앞에서 택시를 간신히 잡아타고 도착한 초라한 게스트 하우스의 입구에는 예약을 했는데도 전등 하나 켜져 있지 않았다. 조용하고 캄캄하고 음습한 복도로 들어가니, 벽에 메모지와 열쇠가 걸려 있었다. "헤르 박, 당신의 방은 2층 6호입니다."

엘리베이터 같은 것은 물론 없었다. 다시 트렁크를 들고 좁은 계단을 끙 끙대며 올라가서 방문을 열었다. 불을 켜니 두 평도 되지 않을 것 같은 방이 었다. 그 좁은 방에서 침대와 의자에 정강이를 연신 부딪치면서 트렁크를 열 었다. 휴, 이곳이 내가 여덟 밤을 잘 곳이란 말인가.

일상의 무게를 드러내는 축제

창으로 들어온 햇빛이 나를 깨웠다. 창밖을 보니, 아! 눈부시게 반짝이는 나 뭇잎들이 먼 길을 달려온 나를 향해 손을 흔들고 있었다. 창밖은 8일간 내 친구가 되어 줄 맥주 공장의 뒤뜰이었다. 나무 너머로는 많은 맥주 통과 몇 대의 트럭들이 쉬고 있었다.

배가 출출해서 아래 식당으로 내려갔다. 주인은 보이지 않고 나에게 인 사하는 사람도 없었다. 손님들만 구석 자리들을 각자 하나씩 차지하고 앉아 서 마른 빵을 우물우물 씹고 있었다. 각국에서 온 그들은 아주 진지하고 심 각한 표정으로 아무 말도 없이 맛없는 빵을 먹고 있지만, 바그너의 악극을 보러 왔다는 공통된 목적을 가지고 있었다.

바이로이트 거리는 참 깨끗하다는 느낌을 준다. 물론 독일이란 나라는 어느 곳이나 깨끗한 편이지만, 바이로이트는 유난히 정갈하고 조용한 분위 기가 감도는 곳이다. 여름 페스티벌 기간에도 거리가 그리 붐비지 않는다. 잘츠부르크나 베로나나 페스티벌 기간에는 사람들로 넘쳐 나지 않는가. 그

바이로이트 시내는 늘 정갈하고 조용한 느낌을 준다.

러나 바이로이트는 시내에 가도 자동차가 적고, 걷는 사람들의 발걸음은 늘 평화롭다. 여행을 하다 보면 여행하기 좋은 도시가 있는가 하면, 여행이 아니라 살고 싶다는 느낌을 주는 도시가 있다. 그렇게 살고 싶은 곳 중 하나가 바이로이트다. 아무 곳에나 가서 소박한 건물이나 다락방 하나를 얻어도 잘 지낼 것 같은 느낌이다. 이곳에 축제극장을 세운 바그너의 마음을 알 것 같다.

잘츠부르크에서는 작은 것 하나에도 모차르트를 팔아서 관광 수입을 올리는데, 바이로이트 역시 이런 면이 없는 것은 아니다. 바이로이트에서도 양복점이나 안경점의 진열장에 바그너의 두상이나 공연 무대 사진이 놓여 있는 것을 볼 수 있다. 그러나 이곳은 잘츠부르크에 비해 상업적인 냄새가 별로 나지 않는다. 즉 바이로이트에서는 축제를 통한 장사보다는, 평소 독일 시골의 생활이 더 많이 느껴지는 것이다.

거리에서 우연히 만난 한국 여학생들은 바이로이트 대학교에서 한 달째 어학연수 중이라면서도, 이 도시에서 축제가 열리는 줄도, 바그너가 누군지도 모르고 있었다.

8박 9일의 《반지》 견문록, 그 고독하고 치열한

이 조용한 도시를 느긋이 내려다보고 있는 나지막한 언덕 위에 바이로이트 축제극장Bayreuther Festspielhaus이 서 있다. 바이로이트 축제극장은 세계에서 거의 유일하게 한 작곡가를 위해 만들어진 오페라 하우스다. 물론 정확히 말하자면 이곳이 유일한 곳은 아니지만, 이곳을 흉내 낸 다른 곳들은 모두 사라지고 말았다.

바이로이트 축제극장은 리하르트 바그너라는 단 한 명의 위대한 작곡가의 오페라만 무대에 올리기 위해 세워졌으며, 지금도 그러하다. 물론 페스티벌에서 한 사람의 작품만 다루는 곳들은 꽤 많다. 오페라만 하더라도 로시니의 작품만 올리는 페사로 로시니 페스티벌을 비롯해서, 푸치니의 작품만 다루는 토레 델 라고 푸치니 페스티벌, 도니체티의 작품만 공연하는 베르가모 도니체티 페스티벌 등이 있다. 그러나 바이로이트처럼 경건하고 진지한 분위기는 아니다. 그렇다고 바이로이트 페스티벌이 밖에서 생각하듯이 그렇게 바그너를 교조적으로 맹신하거나 경배하는 분위기는 아니다. 도리어 이곳에 찾아온 대부분의 관객들은 바그너의 예술관에 대해 토론을 하지 않는다. 그것은 여기서는 이미 지나간 담론이다. 그 대신에 이번 공연 무대의 예술적 완성도나 오늘 저녁에 출연한 가수들의 기량 등이 대화 주제다.

바이로이트 축제극장은 이 페스티벌의 상징이자, 사실 이 페스티벌의 전부다. 장식이 거의 없고 파사드에도 치장을 하지 않은 검소한 건물은 바그너의 뜻으로, 이곳이 겉치레보다는 정신적인 것을 다루는 전당임을 천명한다.

내가 아는 한 바그네리언Wagnerian (바그너 숭배자)은 축제극장의 외관을 본 것
만으로도 충격적인 감흥을 받았다고 실토했는데, 감동에 겨운 그는 다음날
아침에 일어나자마자 또다시 축제극장을 찾아가서 경배를 올렸다.

그런 바그네리언이든 아니든 일단 이곳에서 페스티벌을 보기로 했다면,
이제부터 자신의 24시간은 모두 바그너에게 바치는 수밖에 없다. 왜냐하면
대부분의 공연이 오후 4시에 시작되기 때문에, 오전 시간을 제외하고는 다
른 어떤 스케줄도 가능하지 않기 때문이다. 4시에 시작되는 공연은 막 사이
마다 50~60분의 휴식을 갖는다. 보통 한 막이 1시간 반 정도 걸리고 대부분
이 3막이니, 공연은 11시 가까이나 되어야 끝난다.

호텔로 돌아가서 쓰러지듯이 잠들고 아침에 늦게 일어나면 온몸이 쑤
시는데, 뭘 좀 먹고 씻고 나면 또 극장에 갈 시간이다. 그러니 종일 바그너와
함께 사는 것이다. 무더운 여름날 오후에 에어컨도 잘 나오지 않는 좁은 나
무 의자에 앉아서 몇 시간을 바그너의 악극에 집중하는 것은 정말 쉬운 일
이 아니다.

바이로이트 축제극장의 외관은 소박하지만 그 권위는 여전히 최고다.

그러니 막간에는 모두 밖으로 나와 신선한 공기를 즐긴다. 극장 앞에는 고급 식당부터 간단한 좌판까지 다 구비되어 있다. 식당에 예약을 하면 막간에 최고급 샴페인을 곁들인 코스 요리를 하나씩 먹으면서 공연을 감상할 수도 있다. 하지만 최고 장소는 아마도 잔디밭일 것이다. 나는 턱시도의 나비 넥타이를 풀고 구두를 벗어던진 한 젊은 커플이 나란히 풀밭에 누워서 하늘을 바라보는 것을 보기도 했다. 음악과 하늘과 푸른 숲이 곁에 있으니 천국이 따로 없었다. 공연은 늦게 끝나니, 저녁 식사는 막간에 해결해야 한다. 고급 식당도 좋겠지만, 한 번쯤은 도시락을 만들어 와서 풀밭에서 와인과 함께 먹는다면 잊을 수 없는 추억이 될 것이다. 숲의 향기로운 바람과 새소리는 덤이다.

나는 가끔은 2막이 시작되면 아무도 모르게 밖으로 나와서 들어가지 않는다. 3막에 다시 들어가면 그때까지 내가 없었는지 아무도 모른다. 학생 때부터 전공인 일명 '땡땡이'를 치는 것이다. 땡땡이를 친 내가 가는 곳은 극장의 서쪽 잔디밭이다. 그곳에서 지는 햇살을 즐긴다. 공연이 시작되면 문들이 닫히고 잔디밭은 텅 빈다. 공연에 들어가지 못한 한두 사람만이 '티켓 구함'이라고 쓴 피켓을 내려놓고는 오늘의 실패를 현실로 받아들이고 있다. 남은 티켓이 있으면 그들에게 주기도 하지만, 그렇다고 내 티켓을 주지는 않는다. 나도 3막에는 들어가야 하니, 미안. 잔디밭에는 개를 데리고 산책 나온 동네 할머니나, 아이를 데리고 나온 젊은 엄마가 여름 초저녁의 바람을 즐긴다. 나는 악극을 보지 않고, 대신 악극을 생각한다. 바이로이트에서 가장 평화로운 순간이다.

사실 바이로이트에서는 하루 온종일을 공연에 바쳐도 아깝지 않다. 바이로이트에 와 보니 나를 기다리고 있던 것은 바그너의 제단에 대한 참배가 아니었다. 그곳에는 아름다운 세상과 예술을 동경했던 내 어린 시절이 그 모습 그대로 다소곳이 앉아서 나를 기다리고 있었던 것이다.

공연이 끝나면 현지인들은 자동차로 떠나지만, 나그네들이 숙소로 돌아가는 길은 험난하기만 하다. 버스가 끊긴 칠흑 같은 밤길을 축축한 비가 동행한다. 거의 한 시간에 걸쳐 도시 반대편에 있는 게스트 하우스까지 걸어갈 때면, "과연 바그너는 내게 무엇이며, 예술은 또 무엇인가?" 하는 생각을 어느 누구인들 하지 않을까.

작은 방으로 돌아오면 피곤이 엄습하지만, 시차 때문에 쉽게 잠이 오지도 않는다. 또 아침에 일어나면, 지난밤의 공연 때문에 온몸이 쑤신다. 늦잠이라도 자면 바로 점심때가 되고 또 공연장에 갈 준비를 해야 하니, 그야말로 하루 종일 공연만 위해 살게 되는 것이다.

만일 바그너의 최대 악극이자 세상에서 가장 긴 오페라인 《니벨룽의 반지》(이하 《반지》)를 선택했다면, 하루씩 걸러서 올라가는 전 4부를 모두 보려면 표 한 장을 들고 최소 8일은 머물러야 한다. 그야말로 '직업 관객'이 되는 것이다. 나는 《반지》를 처음 볼 때 8박 9일 동안 바그너를 생각하며 보냈다. 오직 바그너만 듣고 바그너만 읽은 9일간이었다. 원했던 바는 아니었지만 결국 그렇게 할 수밖에 없었다. 하루 2만 원짜리 방에는 텔레비전도

세계에서 가장 유명한 로코코 양식 건축의 하나인 바이로이트 변경백 극장.

전화도 없었다. 휴대전화도 없던 시절이었는데, 그때가 좋았다. 옷장과 침대를 빼면 한 평도 되지 않는 공간에서 할 수 있는 일은 읽거나 생각하는 것밖에 없었다. 가지고 간 바그너에 관한 책 몇 권과 대본을 읽고 또 읽었다. 눈이 아프거나 피곤하면 가끔 창밖 맥주 공장의 뒤뜰을 바라보면서 다람쥐를 구경하곤 했다.

이렇게 그해 나의 페스티벌은 '게스트 하우스 헤어초크'에서 9일 동안 조용하고도 처절하게 치러졌다. 물론 바이로이트에 간 것이 그해가 처음은 아니었고, 그 전에 이미 《로엔그린》도, 《파르지팔》도 접한 후였지만, 《반지》에 처음 도전했던 그 여름이야말로 내가 바그너의 정신에 진정으로 접근해 가고 있다는 기분이 들었다.

변경백 극장의 발코니석. 바그너는 이 극장의 호사스러운 장식과 구조를 좋아하지 않았다.

자신을 위한 제단을 스스로 쌓다

《반지》를 16년째 작곡하던 리하르트 바그너는 이 대작을 올리기 위한 전용 극장을 가져야 한다는 생각을 하게 되었다. 그는 처음 원했던 도시인 뮌헨이 수포로 돌아가자, 같은 바이에른 주의 북쪽 구석에 있는 작은 도시 바이로이트를 후보로 꼽았다. 바이로이트의 유명한 변경백邊境伯 극장Markgräfliches Opernhaus을 염두에 둔 것이었다. 그러나 이 극장을 직접 방문한 그는 로코코 양식의 아름답고 호사스러운 극장 구조와 시스템이 자신의 구상에 적합하지 않다는 것을 알고 고민했다. 도시의 아름다움과 자신에게 열의를 보이던 시민들에게 반한 바그너는 결국 이곳에 새 극장을 짓기로 결정했다.

　　　　　　　　　　　　　　　바이로이트 페스티벌

바그너는 우여곡절 끝에 바이에른 왕 루트비히 2세의 후원으로 도시에서 가장 좋은 위치에 오직 자신의 작품만 위한 축제극장을 건축하게 되었다. 그리고 1876년에 《반지》 전곡을 첫 공연으로 올렸다. 이것을 공식적으로 제1회 바이로이트 페스티벌로 꼽는다. 그때부터 여름 페스티벌에만 문을 여는 이 극장의 독특한 역사가 시작된 것이다.

바그너는 축제극장이 완성된 지 7년 만에 세상을 떠난다. 그 사후에는 그를 계승한 외아들 지크프리트 바그너가 바이로이트의 지휘대에 오르기도 했다. 그러나 페스티벌은 바그너보다 더 바그너적이었던, 그의 미망인이자 리스트의 딸이었던 코지마에 의해 더 발전하게 된다. 그러나 그녀의 예술적 성취에도 불구하고, 축제극장은 권위와 독선의 전당으로 비치기도 했다. 코지마는 음악적 문제에서 전권을 휘둘렀고, 음악가들의 창조성은 그녀가 생각하는 '바그너적인 연주'를 위해서 희생되었다. 예를 들면 그녀는 가수들에게 무리한 발성을 강요하기도 했으며, 너무 적은 출연료를 주었다. 코지마는 성악가들에게 바이로이트라는 최고 무대에 서는 것만으로도 영광인 줄 알라는 식으로 행동했으며, 최소한의 인사치레밖에 하지 않았다. 이런 전통은 그녀의 손자 빌란트와 볼프강 시대를 거치면서도 계속 남아 있어, 바이로이트 축제극장은 그 명성과 권위에도 불구하고 지금도 출연료가 적은 극장의 하나로 남아 있다.

바이로이트 축제극장은 이렇게 예술적 파시즘을 휘둘렀지만, 공연 예술계 전반에 끼친 영향력만은 대단했다. 이 극장은 바그너의 작품 세계뿐 아니라 20세기 후반의 세계 오페라 공연계 전체를 선도하는 연주와 연출을 보여 주었다. 특히, 빌란트 바그너의 사후에 바이로이트의 전권을 잡은 동생 볼프강 바그너는 아우구스트 에버딩, 괴츠 프리드리히, 파트리스 셰로, 하리 쿠퍼 등 새롭고 자유로운 창의력을 가진 젊은 연출가들을 적극 영입하여, 1970년대 이후 오페라계를 '연출가의 시대'로 만드는 데 수훈을 세웠다. 또한 지휘도 피에르 불레즈, 카를로스 클라이버, 실비오 바르비조, 다니엘 바렌보

극장 앞에서 공연을 기다리는 각국의 사람들.

임, 주세페 시노폴리, 크리스토프 에셴바흐, 안토니오 파파노, 아담 피셔, 크리스티안 틸레만 등 기존 틀에서 자유롭거나 사고가 신선한 젊은 지휘자들에게 과감히 맡겨, 재정적·정치적 난관 속에서도 바이로이트의 예술적 위대함을 유지하는 데 애써 왔던 것이다.

돈만으로는 구할 수 없던 티켓

앞서 말했듯이 바이로이트는 돈이나 조건으로 예술가와 관계를 맺지 않고, 돈에 물들지 않는 관례를 여전히 고수하고 있다. 이렇게 돈만 좇지 않는 관행은 관객까지 영향을 미쳐, 돈이 있다고 해도 마음대로 티켓을 살 수 없는

바이로이트 페스티벌

전통이 함께 유지되고 있는 것이다. 그러나 이제 이런 전통도 무너져 가고 있다. 과거에는 바이로이트가 다른 페스티벌에 비해 싼 티켓을 발행했지만, 최근에는 재정을 이유로 가격을 점점 올리고 있는 실정이다.

또한 과거에는 티켓이 재단과 단체(특히 각 나라나 지역의 리하르트 바그너 협회들)를 통해 분배되는 경우가 많았으며, 현장에서 현금으로 구매할 수 있는 경우는 거의 없었다. 페스티벌 몇 달 전에 바이로이트 페스티벌 재단에서 신청서를 접수하고 심사한 뒤, 각 협회에 분배하는 형식이었던 것이다. 그러니 티켓을 얻기 위해 몇 해 전부터 기다려 왔다는 일부 협회 관계자들의 말이 과장이긴 하지만 완전히 틀린 것도 아니었다. 아무리 돈이 많다고 해도 개인은 티켓을 마음대로 구하는 게 어려웠던 것이다.

그런데 이런 관행도 이제는 무너졌다. 개인도 얼마든지 인터넷을 통해, 아니면 직접 페스티벌 당국에 신청할 수 있다. 아니면 페스티벌을 후원하는 기업이나 단체 또는 후원자 등을 통해서도 티켓을 손에 넣을 수 있다. 게다가 소문과는 달리 바이로이트에서도 공연 직전에 티켓을 팔고 사는 사람들을 심심찮게 볼 수 있다. 물론 권장할 만한 방법은 아니고 예매 때 참석자의 이름을 재단에 등록하게 되어 있는 규칙에도 위배되는 일이지만, 공연 두 시간 전부터 'Suche Karte(티켓 구함)'라는 글자를 쓴 종이를 들고 극장 앞에서 기다려 볼 수도 있다. 내 경험으로는 독일에서도 가장 인기가 높은《탄호이저》나 특별히 화제에 오른 공연이 아니라면, 당신이 의지와 노력을 굽히지 않는 한 티켓을 구할 수 있다.

독일에서 비공식적으로 티켓을 구하는 안전한 방법이 두 가지 더 있다. 하나는 바이에른 지방의 신문(때로는 독일의 전국지) 광고난을 그해 봄부터 꾸준히 뒤지면, 사정이 있어 예매한 표를 인도하고 싶다는 내용을 심심찮게 볼 수 있다. 또 하나는 독일의 주요 오페라 하우스의 매표소 옆에는 보통 메모판이 있는데, 거기서도 티켓을 인도하겠다는 사람의 전화번호를 종종 찾을 수 있다.

예술 앞에서 만인이 평등한 극장

축제극장의 구조는 바그너가 고안했다. 이 극장의 독특한 구조를 이해하는 것은 바로 바그너의 무대 예술 이론과 그의 철학을 이해하는 길이기도 하다.

객석은 부채꼴 모양의 경사면에 계단식 좌석들만 30층이 배치되어 있을 뿐이다. 다른 오페라 하우스에서 흔히 볼 수 있는 발코니나 박스석, 즉 귀빈석이 따로 없다. 그렇기 때문에 모든 관객들은 계급과 빈부에 관계없이 딱딱한 나무 의자에 앉아야 한다. 독일 대통령이나 일전에 독일을 방문했던 일본 총리 같은 국빈도 다른 이들과 나란히 나무 의자에 앉아야 했다. 이것은 마치 고대 그리스 시민들이 극장에 민주적으로 앉은 모습을 연상하게 하는데, 바그너는 자신의 예술 앞에서는 누구나 동일하다는 것을 보여 주려고 했다.

이 축제극장의 더 큰 특징은 오케스트라 박스가 보이지 않는다는 것이다. 무대 밑으로 깊숙이 들어간 오케스트라 박스는 위가 지붕으로 덮여 있다. 그리고 이곳은 당시로서는 세계 최초로 공연 중에 객석의 불을 전부 소등한 극장이기도 하다. 그리하여 공연이 시작되면 관객들은 무대에 모든 정신을 집중할 수밖에 없게 된다. 그리고 6층이나 아래로 내려간 공간에서 몇 번의 반사를 거치면서 걸러져 올라오는 오케스트라 음향은 신비하고 부드럽게 극장 안을 가득 채운다. 그리하여 어디서도 흉내 낼 수 없는 '바이로이트 사운드'가 만들어지는 것이다.

내가 들은 바이로이트 사운드는 강렬하거나 웅장하다기보다는 부드럽다. 저 아래서 뿜어내는 바그너 튜바와 호른 소리들은 마치 지하 세계에서 점점 지상으로 올라오듯이 그렇게 서서히 다가온다. 고운체로 거른 듯한 소리가 가스처럼 극장 안을 채워 나가면서, 내 감각을 서서히 중독시키는 것이다. 그러니 웬만한 사람들이라면 바그너의 철학에 중독될 것 같다는 생각이 든다.

　　　　　　　　　　　　　　　　　　

이 극장에서는 바그너의 작품에서 초기의 두 작품인 《연애 금지》와 《리엔치》를 제외하고, 나머지 10개의 작품들을 매년 6~7개씩 번갈아 가며 올린다. 《방황하는 네덜란드인》, 《탄호이저》, 《로엔그린》, 《트리스탄과 이졸데》, 《뉘른베르크의 명가수》, 《파르지팔》, 그리고 《반지》의 4부작 등이 바로 그것이다.

특히, 《반지》는 4부작으로 네 번의 공연을 한꺼번에 올려야 하므로, 새로운 프로덕션을 만들면 보통 4~5년 정도 계속 공연한다. 그러므로 《반지》가 공연되는 해에는 다른 작품들은 두어 개만 무대에 올라가며, 4~5년 만에 《반지》가 공연되지 않는 '반지 안식년'이 되면, 다른 7개의 작품들이 한꺼번에 올라간다. 그리고 세계의 바그너 팬들은 다음번의 《반지》는 어떤

바그너가 직접 고안한 축제극장의 내부.
이곳에는 귀빈석이 따로 없어 빈부귀천에 관계없이 모두 같은 나무 의자에 앉아야 한다.

형태일지 기다리게 되는 것이다. 현재 바이로이트에서는 드물게 2011년과 2012년, 두 시즌 동안《반지》가 올라가지 않고 다른 작품들만 진행되고 있다. 그 대신 2013년 바그너 탄생 200주년을 기념해서 대대적으로 새로운《반지》프로덕션을 올릴 예정이다.

바이로이트 페스티벌의 전속 오케스트라와 합창단은 축제 기간에 선발되는 이른바 페스티벌 오케스트라와 합창단 형태로 꾸려진다. 즉, 독일을 중심으로 주요 오페라 하우스나 관현악단의 멤버들 중에서 선발하여 구성하는 것이다. 그들의 소속 오케스트라는 주로 밤베르크, 뮌헨, 드레스덴, 라이프치히, 베를린, 함부르크, 슈투트가르트, 빈 등 쟁쟁하며, 아시아나 아메리카 대륙에서도 참가한다. 그들은 돈보다는 위대한 음악의 창조에 동참한다는 긍지와 영예로 매년 자신들의 여름휴가를 기꺼이 반납하는 것이다.

광기가 잠든 곳

바이로이트를 걸어 다니면 대도시와는 또 다른 정취가 있다. 온 도시의 거리는 바그너와 관계있는 이름들로 뒤섞여 있다. 음악을 모르는 사람이라면 외우기 어려운 도로명이겠지만, 바그너 팬에게는 재미있기 그지없는 이름들이다.

즉 주도로인 리하르트 바그너 슈트라세를 비롯해 바그너가家 후손들의 이름은 말할 것도 없고, 브륀힐데, 지그문트, 지글린데, 보탄, 파르지팔에 심지어는 하겐, 알베리히 슈트라세 등 오페라 주인공들의 이름이 길에 붙여져 있어 마치 축제극장의 무대 속에 와 있는 듯한 느낌마저 준다.

바이로이트에서 축제극장 다음으로 유명한 것은 역시 '반프리트'다. 이곳은 바그너가 만년을 보낸 사저私邸로 루트비히 2세가 지어 준 저택인데, 지금은 바그너 박물관이 되어서 세계의 순례자들을 받고 있다.

반프리트란 "광기가 잠들다"란 뜻으로, 바이로이트에서 안식을 찾고 싶었던 바그너가 직접 지어 붙인 이름이다. 반프리트의 뒤뜰 너머 숲에는 바그너 부부의 무덤이 있다. 그들은 그 속에 누워서 반프리트를 바라보고 있는 것이다. 반프리트 안에는 바그너의 의상과 사진 등 자료들과 함께, 그동안 바이로이트 무대에 올라간 의상과 소품, 무대 세트의 미니어처 등이 전시되어 있다.

반프리트의 바로 옆에는 바그너의 장인이자 그의 열렬한 지지자이고 낭만 음악의 거장인 프란츠 리스트의 집도 있다. 역시 지금은 리스트 박물관으로 불리는 이곳에는 말년을 사위 곁에서 보낸 이 대가의 피아노 등 유품들이 정리되어 있다.

바이로이트의 원래 오페라 하우스였던 변경백 극장도 시내 가운데에 있다. 변경백이라는 말은 '시골 백작'이라는 뜻으로, 바이로이트가 진짜 백작보다 한 단계 낮은 지위의 변경 백작이 다스리는 도시였다는 사실에서 유래한 이름이다. 이 극장은 극장 자체로도 유명하며 화려한 로코코 양식의 실내장식으로도 가치가 높다. 또한 교외에는 화려한 별궁 에레미타제Eremitage가 있는데, 건물도 특이하고 정원도 아름답다. 시내버스로도 갈 수 있어서 한때의 휴식을 취하기에 안성맞춤이다. 바이로이트는 외곽 어디로나 잠깐만 나가면 아름다운 전원 풍경을 볼 수 있는 지방이다. 그 외에도 바이로이트 시내에는 바그너나 음악과 관계된 물건을 파는 앤티크 가게, 고서점, 레코드 가게 등이 많아서, 음악 팬이라면 하루 종일 즐거운 산책을 할 수 있다.

너무나 아름다운 주변 도시들

공연이 없는 날에는 바이로이트 주변의 개성 있는 도시들을 당일 일정으로 방문해 볼 수도 있다. 《반지》 공연 때는 중간에 쉬는 날이 생기므로 이때를 이용해도 된다.

먼저 가장 가까운 밤베르크를 꼭 찾아보기를 권한다. 이 도시는 도심에 강과 운하가 많이 있어서 '작은 베네치아'라고 불릴 정도로 아름다운 물의

바그너가 살던 반프리트와 그 뒤편에 있는 바그너 부부의 묘.

바그너의 장인이었던 리스트의 집과 동상이
반프리트의 지척에 있다.

도시다. 또한 아름다운 궁성과 멋진 성당, 그리고 오펜바흐의 오페라《호프만의 이야기》의 모델이자 원작자였던 독일 낭만주의 작가 E. T. A. 호프만의 박물관이 있기도 하다. 또한 이곳은 요즘에 각광받는 밤베르크 심포니 오케스트라로도 유명한데, 이 오케스트라의 콘서트 홀 역시 아주 중요한 현대 건축물이다.

바이로이트에서는 중세 도시 로텐부르크도 멀지 않다. 도시 전체가 중세의 성곽으로 이루어진 이곳에서는 시간이 멈춘 듯한, 여행 중의 망중한을 느끼게 될 것이다.

화가 뒤러의 고장이자 바그너의《뉘른베르크의 명가수》의 무대이기도 한 고풍스러운 도시 뉘른베르크는 바이로이트에서 한 시간 거리에 있다. 도시 이름을 딴 소시지로도 유명한 이곳에서는 당연히 소시지를 맛봐야 한다. 또한 이곳은 '장난감의 도시'라고 불릴 만큼 다양한 장난감의 생산지이기도 한데, 장난감 박물관과 뒤러 미술관이 볼만하다.

그 외에도 앞에서 소개한 곳들보다는 좀 멀지만 바이마르, 라이프치히, 드레스덴, 뮌헨, 뷔르츠부르크 등의 유서 깊은 고도古都들도 모두 당일에 다녀올 수 있다. 바이로이트의 숙소에 짐을 놓고 가볍게 다녀와 보자.

시대를 앞서 가는 예술 정신

2011년의《탄호이저》는 처음부터 많은 사람들의 기대 속에서 막을 올렸다. 토마스 헹겔브로크의 지휘에 제바스티안 바움가르텐이 연출을 맡았다. 육체적인 사랑을 상징하는 베누스의 세계와 정신적인 사랑을 상징하는 엘리자베트의 세계 사이에서 번민하는 젊은이 탄호이저는 테너 라르스 클레베만이 연기했다.

막이 올라가자 드러난 무대는 어마어마한 화학 공장을 연상시켰다. 인간의 분노를 정화시키는 공장이었다. 베누스의 세계에서 생산된 분뇨는 수

바이로이트 변경 백작의 별궁인 에레미타제.

제바스티안 바움가르텐이 연출한 2011년의 《탄호이저》.
인간의 분뇨를 정화시키는 공장으로 무대 배경을 설정하여 논란을 불러일으켰다.

거되어 정화되며, 그 결과로 만들어진 최종 생산물인 음료를 사람들이 다시
마신다. 인간이 청결하다고 믿고 먹는 것들이 모두 자신이 배설한 것일 수도
있다는 뜻이다. 원작은 과거의 중세 이야기를 선과 악의 이분법으로 만들었
으나, 현대에 와서는 원작이 그린 악이 선이 될 수도 있고 선행이라고 믿은
것이 악행이 될 수도 있다는 복잡함을 나타낸 것이리라.

　　정결한 엘리자베트를 부른 소프라노 카밀라 닐룬드는 마지막에 커다
란 분뇨 탱크 속으로 자신의 몸을 던진다. 막이 내려오고 객석에서는 천장

을 울릴 정도의 천둥 같은 야유가 쏟아진다. 하지만 이내 들리는 박수 소리……. 야유와 박수 속에서 공연은 그렇게 끝났다.

바그너의 개념도, 예술의 철학도 시대에 따라 발전하는 것이고, 해석은 늘 새롭게 관객을 앞서 간다. 그것이 예술이다. 악극은 영원할 것이다.

KAUFINGER
TOR
KAUFINGER
dh
HALLHUBER
R

뮌헨 오페라 페스티벌

회색 도시를
장밋빛으로 바꾼 문화의 힘

자동차, 맥주, 축구, 그리고……

뮌헨. 이 단어를 떠올릴 때면 나를 포함한 중년 이후의 독자들은 전혜린의 글에서 벗어나기가 쉽지 않을 것이다. 독일이라는 곳이 아련하게 먼 나라였고 뮌헨이 어디에 있는지도 잘 모르던 그때, 전혜린의 감각적인 글로 접한 뮌헨은 지금도 독자들의 머릿속에 마치 고향처럼 각인되었을 것이기 때문이다.

전혜린이 독일에 도착해서 첫발을 디딘 뮌헨은 스산한 날씨와 어설픈 거리로 묘사되었다. 아름답거나 낭만적이라기보다는 세계를 황폐화시킨 나치의 발원지, 미군에 의해 철저하게 파괴되었던 암울한 과거를 가진 도시, 전후戰後에 나타난 사회 재건의 움직임 속에서 콘크리트로 무미건조하게 서 있던 도시, 더 나은 독일의 앞날을 위해 면학과 노동으로 일관하는 진지하면서도 황량한 회색빛 도시였다.

그러나 전쟁이 끝난 지 이미 두 세대나 지난 지금, 뮌헨의 풍경은 그때와는 너무나 많이 다르다. 전혜린이 다시 살아온다면 깜짝 놀랄 게 분명하

뮌헨의 마리엔 광장은 여행객들로 항상 붐빈다.

다. 뮌헨은 독일 최대의 주인 바이에른의 주도로서, 그 정치·경제·문화적 위상은 이제 막강하다. 바이에른 주는 독일에서 가장 부유하고 상공업이 발달한 지역으로, 그중에서도 뮌헨은 문화적으로 가장 앞선 도시다. 독일은 유럽 연합에서 가장 막강한 경제, 문화 국가가 아닌가. 그러니 뮌헨은 독일뿐 아니라 중부 유럽의 중심 도시로 완전히 자리매김했다.

게다가 뮌헨은 독일의 남부 끝에 자리 잡은 지리적 특성 때문에, 같은 독일 땅인 베를린보다는 이탈리아나 오스트리아, 스위스, 프랑스와 더 가깝다. 즉, 북유럽에서 남유럽으로 넘어가는 길목에 자리 잡고 있으며, 이탈리아에서 독일로 들어오는 관문이다. 또한 베로나, 인스브루크, 잘츠부르크, 취리히 등 주변 외국 도시에서 접근하기가 매우 쉽다.

서울에서 뮌헨으로 가려면 프랑크푸르트를 거치는 수밖에 없다. 베를린과 뮌헨이 거대한 공항 증축 공사를 하면서 독일 제2의 허브 공항을 꿈꾸고 있지만, 아직은 독일로 가는 가장 빠른 길은 프랑크푸르트를 통하는 것이다. 프랑크푸르트에서 뮌헨으로 가는 항공편으로 갈아타도 되고, 열차나 도로를 이용해도 상관없다. 물론 인근의 다른 나라 도시들, 베로나나 취리히, 잘츠부르크에서 진입해도 문제없다.

일단 뮌헨 시내에 도착하면 대부분의 사람들은 전혜린이 묘사한 스산한 풍경이 보이지 않는다는 데 놀랄지도 모른다. 육중하고 세련된 건물과 화려하면서도 가볍지 않고 품위를 지닌 거리가 방문객을 맞는데, 대부분 전후에 복원된 것들이다. 대도시라고 하지만 인구가 130만 명에 불과하기 때문에, 교통 체증도 매연도 별로 느낄 수 없다.

젊은 세대들에게 뮌헨, 하면 먼저 떠오르는 이미지는 아마 자동차, 맥주, 축구, 이 세 가지일 것이다. '바이에른 자동차 공업'의 머리글자를 딴 BMW 자동차와, 100가지가 넘는다는 뮌헨 맥주들, 그리고 '바이에른 뮌헨'과 '뮌헨 1860'의 두 팀으로 대표되는 분데스리가는 뮌헨의 자부심이다. 이 세 가지는 물론 거리 어디서나 만날 수 있다. 독일의 어느 지역보다 BMW가 많고,

온 시내를 뒤덮다시피 한 다양한 상표의 맥줏집들을 볼 수 있으며, 거리 곳곳에 칸이나 발라크 같은 축구 스타들의 사진이 걸려 있다.

내가 뮌헨에서 만난 한 버스 기사는 뮌헨의 중류층 남성들의 생활에 대해, 맥주를 마시면서 이렇게 표현했다. "뮌헨 남자들이 관심을 갖는 대상은 오직 세 가지예요. 축구, 자동차, 아이들."

중부 유럽의 문화 수도

뮌헨은 또한 음악과 미술 애호가들이 꼭 기억해야 하는 곳, 특히 세계 정상의 음악 공연이 열리는 곳이다. 뮌헨 뒷골목에 있는 클래식 음반 가게인 '마술 피리'의 젊은 주인은 '음악 도시' 뮌헨에 대한 자부심으로 가득 차 있었다. 그는 나에게 이렇게 말했다. "세계 정상급 지휘자가 이끄는 일류 오케스

뮌헨은 유럽에서 가장 지적인 분위기의 도시 중 하나다.

트라가 셋이나 공존하는 도시가 뮌헨 말고 세계 어디에 있겠어요."

옳은 말이다. 그와 그런 말을 나누었던 당시, 바이에른 국립 오페라 극장Bayerische Staatsoper(흔히 '뮌헨 국립 오페라 극장'이라고도 부른다)은 주빈 메타가 감독으로 있었다. 지금은 켄트 나가노에게 넘어갔지만. 로린 마젤이 이끌어 온 바이에른 방송 교향악단은 마리스 얀손스가 그 뒤를 이었다. 뮌헨 필하모닉 오케스트라는 세르주 첼리비다케에 이어 제임스 레바인, 그리고 현재는 크리스티안 틸레만이 상임 지휘자를 맡고 있다. 지금 나는 인구가 백만 명 남짓한 도시의 음악계에 대해서 이야기하고 있는 것이다. 놀랍지 않은가.

때로는 하루 저녁에 이 세 오케스트라가 각기 다른 곳에서 동시에 콘서트를 여는 곳이 바로 뮌헨이다. 마술 피리의 주인은 지금까지도 지난 시즌에 있었던 바이에른 방송 교향악단이 연주한 말러 시리즈의 감동에서 벗어나지 못하고 있었다. 뉴욕 필하모닉의 차기 감독으로 내정된 마젤은 뮌헨 시민들에게 고별인사처럼 말러 시리즈 공연을 선물했는데, 몇 달에 걸쳐 한 곡씩 말러 곡을 연주한 것이 아니라 단 두 주 만에 말러 교향곡을 모두 연주

바이에른 국립 오페라 극장. 페스티벌을 기념하여 기둥을 색색의 무늬로 장식해 놓았다.

했던 것이다. 공연 마지막 날에는 모든 관객이 기립하여 20분 동안 노대가 마젤에게 경의를 표했다며 연신 자랑하던 그의 눈동자는 감회에 젖어 있었다. 카라얀이 이끌던 베를린 필하모닉의 독주에 대항해, 베를린에 굴복하거나 아부하지 않고 자신의 음악적 자긍심을 지킬 수 있었던 유일한 유럽 도시는 바로 뮌헨이었다.

오페라 페스티벌, 오페라의 지존

뮌헨에서는 매년 7월이 되면 '뮌헨 오페라 페스티벌'이 그 성대한 깃발을 올린다. 잘츠부르크나 베로나보다 더 오래된 140년의 역사를 자랑하는 이 페스티벌은 음악 수준과 전위적 무대 연출에서 세계 최정상이다. 많은 분들이 세계 최고 수준의 오페라를 보려면 어디로 가야 하느냐고 내게 종종 묻는다. 내 대답은 10년 전이나 지금이나 같다. 뮌헨이다.

메트로폴리탄 극장은 오페라의 본고장이 아니며, 관객들의 수준이 유럽에 도저히 미치지 못하고, 그들의 상업성은 천박함을 동반할 수밖에 없는 한계가 있다. 밀라노의 라 스칼라 극장은 과거의 영화에 미치지 못하며, 무대에서는 이탈리아 경제 불황마저 느껴진다. 빈은 시대에 뒤떨어진 구식 연출이 너무 많고, 베를린은 오페라에 한해서는 실망스러운 무대가 많으며, 파리 역시 수준이 고르지 못하다. 잘츠부르크나 바이로이트는 최고 수준이지만, 이곳들은 어디까지나 시즌을 운영하는 오페라 극장이 아니라 페스티벌이다. 이런 점에서 현재 최고의 오페라를 볼 수 있는 곳은 단연 뮌헨이라고 생각한다. 그것에 필적할 만한 곳은 런던의 로열 오페라 하우스 정도가 아닐까?

뮌헨이 최고라는 사실은 가수진에서나 무대 디자인에서나, 연출의 전위성에서나 오케스트라의 수준에서나, 또 관객의 품격에서나 극장의 역사성에서나 모두 그러하다. 이런 바이에른 국립 오페라 극장에서 열리는 공연의 핵

바이에른 국립 오페라 극장의 내부. 메조소프라노 발트라우트 마이어가 관객의 환호에 답하고 있다.

심이 뮌헨 오페라 페스티벌인 것이다.

이 페스티벌은 여타 오페라 축제들과는 많은 점에서 다르다. 대부분의 페스티벌이 유명한 휴양지나 의미 있는 유적지 등에서 열리며, 또한 축제극장 등 특별한 무대를 이용하는 것이 보통이다. 하지만 뮌헨 오페라 페스티벌은 평소 시즌제 공연을 하는 도심 한복판의 상설 무대인 뮌헨의 오페라 하우스, 즉 국립 오페라 극장에서 열린다. 대부분의 음악 팬들이 페스티벌 지역을 향해 휴가를 떠나기 전인 6월 말에서 7월 사이에 미리 개최하는 것도 특징이다.

뮌헨 오페라 페스티벌의 프로그램 역시 독특한데, 페스티벌을 위해 특별히 새롭게 준비되는 프로덕션은 원칙적으로 하나도 없다. 그 대신 지난 시즌, 즉 지난해 가을부터 그해 봄까지 올린 오페라와 발레 중에서 가장 뛰어나고 역사적 가치가 있으며 극장을 대표할 만한 작품들을 엄선하여 각 작품별로 매일 1~2회씩 번갈아 가며 공연하는 것이다. 그러니 국립 오페라 극장의 1년 시즌 총정리 무대가 바로 페스티벌인 셈이다. 그러므로 우리처럼 뮌헨에 상주하지 않는 사람들에게는 이 세계적인 극장의 공연들을 짧은 기간에 다 훑어볼 수 있는 절호의 기회가 되는 것이다. 그 외에 몇 가지 실내악과 콘서트, 중요한 성악가의 리사이틀이 추가되어 페스티벌의 전체 프로그램이 완성된다.

스타들의 산실

특히 2003년은 이 오페라 극장에서 공연이 시작된 지 350년이 되는 해로서, 거리 곳곳에 내걸린 기념 깃발들이 페스티벌의 분위기를 더욱 고조시켰다. 그 어느 해보다 화려한 공연들로 구성된 그해에는 6월 말부터 7월 말까지 40일간 매일 최고의 무대가 펼쳐졌다.

그때 가장 주목받은 공연은 베르디의 《라 트라비아타》였다. 어쩌면 가장 진부할 수도 있는 레퍼토리가 어떻게 거듭나는가를 보여 준, 즉 연출의 시대를 선도하는 바이에른 국립 오페라 극장의 역량을 보여 준 무대였다. 안드레아스 라인하르트의 전위적이고 현대적인 무대 디자인은 적과 흑의 강렬한 조화로 시각적인 즐거움을 주는 데 성공했다. 당시에 떠오르는 신성으로 비올레타 역을 맡은 소프라노 안나 네트렙코는 나이에 걸맞지 않은 노련한 질감의 음성과 빼어난 외모, 영화를 방불하게 하는 사실적인 연기로 객석을 가득 메운 청중을 압도했다. 우리에게 잘 알려진 2005년의 잘츠부르크 공연보다 2년이나 앞선 것이었다. 알프레도 역의 롤란도 비야손이나 제르몽 역의 파올로 가바넬리 역시 대단한 열창을 했지만, 그녀에게 가려져 버린 형국이었다.

뮌헨 오페라 페스티벌의 음악 감독이었던 주빈 메타가 지휘한 작품들 중에서는 《팔스타프》가 가장 각광을 받았는데, 이 공연은 극장 앞의 막스 요제프 광장에서 거대한 스크린을 통해 시민들에게 무료로 중계되기도 했다. 뮌헨 오페라 페스티벌에서는 매년 가장 중요한 한두 작품을 이 광장에서 스크린으로 상영하여 모든 시민들에게 보여 주는 행사를 한다.

뮌헨 오페라 페스티벌의 최대 강점은 스타 가수들이 총출동한다는 점이다. 게다가 세계 오페라계를 이끌어 갈 예비 스타가 등장하는 곳이 뮌헨이다. 네트렙코는 말할 것도 없고 많은 스타들이 뮌헨 무대를 통해 능력을 검증받았다.

에디타 그루베로바, 발트라우트 마이어, 르네 콜로 등의 대가들은 이 극장의 전형적인 스타일을 가졌으며, 최근에 이 극장을 통해 실력을 검증한 가수들은 베셀리나 카사로바, 아냐 하르테로스, 크리스티네 오폴라이스, 니노 마차이제, 카르멘 오프리사누, 에카테리나 시우리나, 요나스 카우프만, 조세프 칼레야, 로버트 딘 스미스, 매튜 폴렌차니, 파볼 브레슬리크 등으로 그 면면이 화려하다.

전후 재건의 상징, 바이에른 국립 오페라 극장

뮌헨에는 모두 3개의 오페라 하우스가 있지만 페스티벌의 중심은, 바이에른 왕이 기거하던 레지덴츠 궁 앞에 있는 막스 요제프 광장의 바이에른 국립 오페라 극장이다. 1818년에 파르테논 신전을 본떠 지어진 이 거대한 건물은 처음에는 수준 높은 모차르트 공연으로 유명했다. 루트비히 2세의 치하 때는 바그너 악극과 관련해 가장 중요한 극장으로서, 바이로이트 축제극장이 개관하기 전까지는 바그너의 신전이자 바그네리언들의 메카로 군림했다.

또한, 국립 오페라 극장은 1850년대에 이미 이탈리아의 젊은 작곡가이던 베르디의 시리즈 연주회를 개최하는 등 전위적인 프로젝트로, 독일만의 극장이 아닌 국제적인 오페라 극장의 면모를 확립했다. 그 후에 이 극장은 19세기 최고의 지휘자 한스 폰 빌로나 한스 크나퍼츠부시 등 대가들에 의해 명성을 쌓으면서 알프스 이북의 최고 오페라 하우스로 자리 잡았다.

이 극장이 여름 페스티벌을 최초로 시작한 것은 1875년이다. 페스티벌은 지휘자 브루노 발터와 그를 잇는 클레멘스 크라우스에 의해 그 위상이 더 높아졌다. 그러나 음악계뿐 아니라 바이에른 지역의 가장 중요한 문화유산이었던 이 극장은 1943년 미군의 단 하룻밤 공습으로 완전히 파괴되었다.

그 후 페스티벌은 다른 극장에서 열리는 수밖에 없었는데, 그 시기에 게오르크 솔티, 루돌프 켐페 등이 극장과 페스티벌을 이끌었다. 이 건물이 새로 문을 연 것은 1963년이다. 과거와 같은 모습의 극장이 2,100석의 방대한 규모로 건설되었고, 레지덴츠 궁 안의 쿠빌리에 극장도 함께 재건되었다.

쿠빌리에 극장은 500석에 불과한 왕실 전용 극장으로, 처음 설계한 건축가 쿠빌리에의 이름을 땄다. 이 극장을 찾기는 쉽지 않은데, 왕의 거처인 레지덴츠 궁 안에 있기 때문이다. 우리나라로 치면 경복궁 안의 한 건물에 위치한 셈이다.

쿠빌리에 극장은 구워서 만든 도자기를 일일이 붙여서 실내장식을 한,

구운 도자기를 일일이 붙여서 실내장식을 한 쿠빌리에 극장은 로코코 양식의 백미다.

세계에서 손꼽히는 화려한 극장이다. 또한 로코코 양식의 백미로 평가받는 등 건축학적으로도 중요한 건물이다. 페스티벌 기간에는 이 귀한 곳을 잠깐 공개해 모차르트나 바로크 오페라, 실내악 등을 공연한다. 쿠빌리에 극장은 시즌 중에는 바이에른 국립 오페라 극장의 프로그램을 소화하는데, 주로 모차르트나 몬테베르디의 음악같이 규모가 작은 오페라와 실내악들을 공연한다. 마치 파리의 국립 오페라 하우스가 바스티유 극장과 가르니에 극장 두 곳을 소유하고 운용하는 것과 흡사한 시스템인데, 쿠빌리에 극장의 경우에는 문화재이기 때문에 공연 횟수가 매우 적다. 그러니 뮌헨을 방문하는 중에 쿠빌리에 극장에서 공연이 있다면, 절대 놓치지 말기 바란다. 유서 깊은 곳에서 음악을 듣는다는 것은 음악적인 경험에서나 건축적인 경험에서나 소중한 기회다. 안타깝게도 공연이 없다면, 시간을 내서 일반에 개방되는 내

《트리스탄과 이졸데》 공연을 마치고 출연자들이 커튼콜에 응하고 있다.
맨 오른편이 지휘자 켄트 나가노, 그 옆이 연출가 페터 콘비치니다.

부만이라도 보기를 권한다.

바이에른 국립 오페라 극장과 쿠빌리에 극장이 원래의 모습을 찾은 이후, 이 두 극장을 아우르는 이름으로 거듭난 기관인 '바이에른 국립 오페라 극장'에는 볼프강 자발리시가 음악 감독으로 취임했다. 그리고 자발리시가 일본의 NHK 심포니 오케스트라로 떠나기 전까지, 바이에른 국립 오페라 극장은 괄목할 만한 발전을 거두었다. 그 후로는 페터 슈나이더, 아우구스트 에버딩 등이 감독을 맡았으며, 또한 이곳은 전설이 된 지휘자 카를로스 클라이버가 가장 많이 지휘봉을 잡은 극장이기도 하다. 최근에는 주빈 메타가 감독으로 있으면서, 시즌과 페스티벌의 공연과 바이에른 국립 오페라 극장 오케스트라를 모두 관장했다. 메타 시절에 이 페스티벌은 다양한 연출을 보여 주고 세계적인 가수들을 출연시켜 세계 정상의 위치를 유지했다. 메타가 사임한 뒤에는 켄트 나가노가 극장의 전권을 물려받았는데, 메타 시절에 못지않은 수준을 유지하고 있다.

바이에른 국립 오페라 극장은 모차르트, 바그너, 리하르트 슈트라우스 등 이 극장의 전통적인 레퍼토리인 빅 3 오페라에 대해 가장 권위 있는 해석을 하는 곳으로 국제적 명성이 높았다. 요즘에는 이탈리아 오페라를 비롯하여 프랑스, 체코 오페라 등에서도 탁월한 수준을 과시하고 있다.

뮌헨의 세 번째 극장인 '슈타츠테아터 암 게르트너플라츠Staatstheater am Gärtnerplatz'는 바이에른 국립 오페라 극장과 완전히 독립해 자신들만의 프로그램을 꾸린다. 이곳은 빈의 폴크스오퍼나 베를린의 코미셰 오퍼와 같은 역할을 하는 곳으로서, 오페레타 등의 가벼운 레퍼토리를 주로 다루며, 외국 작품이라도 독일어로 공연하는 것을 원칙으로 한다.

뮌헨 티켓 구하기

이 책의 초판본에서는 이 페이지의 제목이 "신청서 우편 접수, 어떻게 극복할 것인가"였다. 불과 10년도 지나지 않았는데, 세상이 얼마나 바뀌었나 싶다. 당시에는 이 페스티벌의 티켓을 구하는 것이 돈만 있다고 되는 것이 아니었던 것이다. 초판본 내용을 그대로 실어 보면 다음과 같다.

"바이에른 국립 오페라 극장은 티켓 구하기가 비교적 어려운 편이다. 우편 주문을 우선적으로 받기 때문이다. 미리 용지를 구해서 독일어로 신청서를 작성해야 하는데, 그렇다고 아주 일찌감치 신청을 받는 것도 아니고, 각 공연마다 개막 두세 달쯤 전부터 받는 것이 보통이다. 현지에 살지 않고서는 적기에 신청서를 접수시킨다는 것이 여간 까다로운 일이 아닐 수 없다. 그래서 에디타 그루베로바나 안나 네트렙코 같은 인기 가수가 출연하는 날은 인터넷이나 전화 판매가 시작되기 전에 이미 좋은 자리는 다 없어진 경우가 많다.

가장 좋은 예매 방법은 현지에 아는 사람을 확보해서 그에게 독일어로 신청서를 접수시키는 것이다. 나 같은 경우는 뮌헨 현지에 작은 단골 호텔을 만들어서 그 매니저에게 부탁을 해 놓곤 한다. 보고 싶은 좋은 공연이 있으면 그에게 미리 전화나 팩스로 날짜와 조건을 이야기하고 그의 은행 계좌로 송금하는 방법을 쓰는데, 독일인답게 항상 정확하게 잘해 주었던 것 같다. 물론 숙박은 그의 호텔에서 해야 한다.

하지만 예약이 되지 않았다고 실망할 필요는 없다. 나는 예약을 하지 않은 때에도 이 극장을 찾아와서 한 번도 그냥 발길을 돌린 적이 없었다. 물론 행운이 따라 주었지만……. 바이에른 국립 오페라 극장의 로비에 들어가면 커다란 게시판이 눈에 뜨인다. 여기서는 자신이 사 놓은 공연 티켓을 사정상 인계하겠다는 많은 쪽지들을 발견할 수 있는데, 대부분 자신들의 티켓을 아예 복사해 붙여 놓고 있어서 리얼하고 익사이팅한 느낌이 든다. 재미있는 것은 그곳에서 뮌헨뿐 아니라 바이로이트·잘츠부르크·빈·베로나 페스티벌의 티켓들도 볼 수 있고, 심지어 멀고 먼 시애틀의 스리 테너 콘서트 티켓을 발견한 적도 있다. 물론 뮌헨 필하모닉이나 베를린 필하모닉의 티켓도 보이고 듣도 보도 못한 공연의 정보를 알 수도 있어서 과연 뮌헨은 음악의 도시라는 생각이 든다.”

이 글을 읽으니, 감회가 새롭다. 지금은 티켓을 인터넷으로 주문할 수 있으며, 인터넷으로 구할 수 있는 티켓의 범위도 넓어졌다. 그렇다고 인터넷으로 원하는 티켓을 다 얻을 수 있다고 생각하면 오산이다. 2011년 시즌의 요나스 카우프만의 리사이틀 같은 경우는 인터넷 판매를 시작하는 순간, 이미 매진이었다. 뮌헨 오페라를 지탱해 온 ‘내부인들’이 모든 티켓을 선점한 것이다. 이런 현상은 뮌헨, 빈, 잘츠부르크도 대동소이하다.

뮌헨의 또 다른 랜드 마크들

뮌헨이 음악뿐 아니라 미술로도 중요한 도시라고 이미 말했는데, 이 도시에 대단히 많은 미술관이 있기 때문이다. 뮌헨의 별명은 ‘박물관의 도시’로, 이

현대 미술 작가들의 작품을 체계적으로 전시하고 있는 피나코테크 데어 모데르네.

곳은 인구 130만 명에 100개가 넘는 박물관을 보유하고 있다. 박물관의 종류도 초상화, 마차, 도자기, 유리, 동전, 보석, 기계, 자동차 등 생각할 수 있는 물건은 거의 다 있다. 하지만 양보다 더 중요한 것은 질이다.

뮌헨이 미술 분야에서도 중요한 도시인 것은 세 미술관 때문이다. 이 미술관들은 역대 바이에른 왕들과 지금의 뮌헨 시가 심혈을 기울여 이룩한 장소로, 고대부터 로코코까지의 엄청난 컬렉션을 자랑하는 '알테 피나코테크 Alte Pinakothek', 그 후부터 근대까지의 작품들과 특히 인상파 컬렉션으로 유명한 '노이에 피나코테크 Neue Pinakothek', 끝으로 우리 시대 거장들의 미술품들이 체계적으로 전시되어 있는 '피나코테크 데어 모데르네 Pinakothek der Moderne'를 가리킨다. 공연이 없는 오전이나 낮 시간을 이용해 이 미술관들을 방문해 보면, 그동안 뮌헨이라는 도시에 대해 가지고 있던 인상들이 일거에 바

뮌헨 오페라 페스티벌

뀌는 감동을 체험하게 될 것이다. 특히 노이에 피나코테크에서는 뮌헨이 보유하고 있는 많은 인상파 작품들에 놀라게 될 것이며, 피나코테크 데어 모데르네에서는 우리가 일상에서 쓰는 가구, 주방 기구, 전화기, 오디오, 자동차를 체계적으로 정리해 놓은 독일인들의 예술학적 정신에 감탄을 금치 못하게 된다. 이 세 미술관을 통해 우리는 문화를 사랑하고 예술가를 존경하는 그들의 정신에 경의를 표하게 된다.

또한 현대 미술에 관심이 있는 분이라면, 최근에 문을 연 브란트호르스트 미술관Museum Brandhorst도 찾아보기 바란다. 피나코테크 데어 모데르네 옆에 있는 이곳에서는 뮌헨이 지금도 진화하고 있는 세계 첨단의 도시라는 점을 깨달을 것이다.

뮌헨에 온 당신, 저녁에는 공연을, 낮에는 미술관을 방문한다면 매일 유럽 예술의 정수를 만날 수 있다.

최고의 무대를 지향하다

2011년 페스티벌에는 유달리 좋은 공연들이 많아서, 많은 사람들의 이목을 끌었다. 벨리니의 《카풀레티 가와 몬테키 가》는 이브 아벨이 지휘하고 뱅상 보사르가 연출을 했는데, 더욱 화제를 모은 것은 패션 디자이너 크리스티앙 라크루아의 의상이었다. 무대 위로는 하늘을 나는 두 남녀의 커다란 석고상이 배치되어, 누가 보아도 이룰 수 없는 안타까운 커플을 상징하고 있었다. 줄리에타 역의 에카테리나 시우리나는 시종 드레스를 반만 걸치고 나와서 위태로운 자세로 연기하여 자신의 비극을 강조했으며, 로메오 역에는 바지 역할의 일인자인 베셀리나 카사로바가 열창했다. 모든 이들은 그녀들이 대체 언제 라크루아의 의상을 입나 기다리고 있었는데, 제2막이 올라가기 전에 드디어 그의 의상이 등장했다. 각기 다른 드레스를 입은 수많은 엑스트라들이 마치 오트 쿠튀르 쇼 장면처럼 객석에서 무대 위로 놓인 계단을 걸어 올라갔다. 이것은 줄리에타가 이 세상으로 다시 돌아올 수 없음을 의미하는 장면이었다.

리하르트 슈트라우스의 《장미의 기사》는 과거 오토 셴크의 연출을 유르겐 로제가 재공연한 것으로 좀 섭섭했지만, 도인 같은 모습의 레이프 세게르스탐의 지휘는 대단했다. 아냐 하르테로스, 케이트 앨드리치, 루시 크로, 이 세 여가수들의 노래는 너무나 훌륭하고 앙상블이 완벽해서, 내가 지금까지 들었던 《장미의 기사》 중 최고였다. 또한 오크스 남작 역을 연기한 피터 로즈의 명연 역시 인상적이었으며, 가수 역을 맡은 표트르 베찰라는 단 한 곡의 아리아만 부르고도 관객들로 하여금 인터미션 때 사인을 받으려고 장사진을 치게 했다.

그 외에 도니체티의 《루크레치아 보르자》는 에디타 그루베로바와 파볼 브레슬리크가 열연을 했고, 《사랑의 묘약》은 니노 마차이제와 매튜 폴렌차니가, 드보르자크의 《루살카》는 크리스티네 오폴라이스와 표트르 베찰라가,

《사랑의 묘약》 공연을 끝낸 소프라노 니노 마차이제와 테너 매튜 폴렌차니.

《트리스탄과 이졸데》는 니나 슈템메와 벤 헤프너가 불렀다.《낙소스 섬의 아리아드네》,《로엔그린》,《돈 조반니》,《폰토 왕 미트리다테》 등도 페스티벌 무대를 장식했다.

2012년에는 안드레아스 크리겐부르크가 연출하는 바그너의《반지》전 4부작이 페스티벌 무대를 장식하게 되고, 마이어의《코린토의 메데아》를 비롯하여,《라 보엠》,《투란도트》,《라 트라비아타》,《호프만의 이야기》,《장미의 기사》,《신데렐라》,《보체크》,《폰토 왕 미트리다테》 등이 올라갈 예정이다.

한 명의 오페라광이 남긴 것들

뮌헨 주변에는 작고 개성 있는 도시들이 있어서 당일이나 1박 정도로 멋지고 유익한 나들이를 할 수 있다. 그중에서도 가장 유명한 곳은 국내에도 잘 알려져 있는 퓌센 근처의 노이슈반슈타인 성城이다. 이곳은 바이에른 왕국의 마지막 왕이자 오페라광이었던 루트비히 2세가 지은 성채들 중 하나인데, 특히 아름다운 모습으로 우리에게 유럽 성채의 원형으로 각인된 곳이다. 성 안에서는 바그너 오페라의 장면을 그린 벽화들과《로엔그린》에 나오는 호수와 백조의 모습을 볼 수 있는데, 이를 통해 바그너에게 심각하게 경도되었던 생전 왕의 모습을 엿볼 수 있다. 그뿐 아니라 성의 꼭대기에 있는 메인 홀이 정사를 돌보기 위한 곳이 아니라,《뉘른베르크의 명가수》나《탄호이저》에 나오는 것처럼 노래 경연 대회를 하기 위한 곳이었다는 사실을 알게 되면, "과연 인생에서 오페라란 무엇인지"라는 자문에 빠지게 된다. 오페라 팬이라면 당연히 한 번은 방문해야 할 이곳은 렌터카로 가도 괜찮고, 뮌헨 중앙역에서 버스나 기차로도 갈 수 있는데, 약 1시간 정도 소요된다.

루트비히 2세의 또 다른 숨은 궁전 린더호프도 방문할 가치가 충분할 만큼 아름답다. 린더호프의 성채가 있는 산 아래 마을 퓌센은 한국 관광객들이 스쳐 가는 곳인데, 시간이 허락한다면 하루나 이틀 혹은 그 이상 머물기를 권한다. 전원의 향취를 만끽할 수 있다. 숙박비가 무척 싼 이곳은 자전 거를 빌려 일대를 하이킹하거나 느긋하게 숲길을 산책하거나 종일 책만 읽고 있어도 행복한 곳이다. 특히 페스티벌이 열리는 여름과 단풍이 장관을 이루 는 가을에는 나그네의 발걸음이 떨어지지 않을 정도로 무척이나 황홀하다.

그 외에도 뮌헨 주변에는 뉘른베르크, 슈방가우, 울름, 파사우, 잘츠부 르크, 인스브루크 등 음악적인 사연들로 유명한 여러 도시들이 있어서 음악 팬들의 발걸음을 유혹한다. 그리고 덜 유명하지만 가까워서 부담이 적은 소 도시 아우크스부르크나 레겐스부르크 등을 소풍 삼아 방문해 점심이라도 먹고 온다면 참으로 여유 있는 하루를 보낼 수 있다.

인간과 예술이 어우러지는 오페라 거리

바이에른 국립 오페라 극장에서 공연이 끝나면, 사람들은 막스 요제프 광장 건너편의 슈테판 하우스로 달려간다. 드레스와 턱시도를 입은 사람들이 오 페라를 보던 차림 그대로 앉아서 유명한 그 집의 소시지와 맥주를 열심히 먹는다. 조금 있으면 악기 케이스를 든 오케스트라 악사들도 몰려 들어온다. 바로 방금 연주를 했던 국립 오페라 극장 단원들이다.

언젠가는 음악가들 사이에 우리나라 고등학생 정도밖에 되어 보이지 않는 동양 소녀가 있었다. 약관의 나이로 바이에른 국립 오페라 극장 오케 스트라의 악장에 올라 화제가 되었던 중국계 바이올리니스트 야메이 유였 다. 머리가 허연 할아버지 주자들을 호령하던 당당한 모습은 온데간데없고, 평상복을 입은 그녀는 호기심에 맥주를 노리는 홍조 가득한 앳된 소녀였다. 그녀는 자신에게 말을 걸어오는 시민들을 일일이 응대해 주었다. 이제 식당 안은 관객과 음악가들의 열띤 토론장이 되어 버렸다. 말을 잘 알아듣지 못 하는 나는 다만 예술과 인간이 어우러진 뮌헨이 부러울 따름이었다. 늦은 밤 불빛 아래 맥주잔을 든 그녀의 뺨은 점점 더 달아오르고 있었다.

바덴바덴 페스티벌

예술의 플랫폼으로 바뀐
기차 정거장

그해 여름의 바덴바덴

비 내리는 여름의 바덴바덴은 정말 아름다웠다. 바덴바덴의 적막한 우아함에 비할 수 있는 장소가 과연 얼마나 있을까.

유럽의 수많은 도시들이 저마다 아름답다고들 뽐내지만, 바덴바덴은 그 중에서도 가장 아름다운 곳의 하나다. 바덴바덴은 매일 아침마다 내가 살아 있다는 기쁨을 느끼게 해 주고, 내가 그곳에 올 수 있었음을 신에게 감사하게 되는 곳이다. 또한 헤어질 시간이 다가올수록 점점 안타까워지는 연인의 심정을 느끼게 해 주는 곳이다.

내가 묵던 호텔 다락방이 지금도 선명하게 기억난다. 5층 높이의 다락방 창문에서 내려다본 바덴바덴의 숲은 초록의 성숙한 아름다움을 마음껏 뽐내고 있었으며, 땅바닥은 매끈한 잔디 때문에 연두색 융단을 깔아 놓은 듯이 광채가 났다. 그리고 그 가운데로 흐르는 오스 강……

강이라기보다는 개울이라고 부르는 편이 더 어울릴 정도로 규모는 작

아름답고 화려한 온천 도시 바덴바덴의 느낌은 우아하다.

MAXIM

다. 하지만 이 물줄기가 없다면 과연 바덴바덴이 이렇게 아름다울까 하는 생각이 들었다. 오스 강은 바덴바덴의 센 강이자 아르노 강인 것이다. 그러니 나도 하늘이 내려 준 선물인 이 물줄기를 그들처럼 강이라고 부르기로 한다. 누가 언제 깔아 놓은 것인지, 오스 강의 바닥 전체에는 편평한 석판들이 깔려 있다. 그 석판들이 5층에서도 환히 보일 정도로 강물은 맑았다. 언뜻 보면 자연스러운 듯한 마을이지만, 구석마다 사람의 세심한 손길이 가지 않은 곳이 없었다.

그해 여름은 어찌 그리 비가 자주 오던지……. 운 좋게도 밖으로 나가면 환하게 해가 비치고, 방으로 들어오면 다시 차분하게 가랑비가 내리곤 했다. 그래서 그 며칠 동안 나는 변덕스러운 날씨를 즐기면서 지냈다. 숲을 때리는 빗소리를 들으면서 책을 보고, 다락방의 작은 창문을 열어 놓고 창가의 비좁은 책상에서 글을 쓰곤 했다. 글쓰기가 지겨워지면 밖을 내다보았다. 가까운 잔디를 쳐다보다가 가끔은 눈을 돌려, 멀리 도시를 에워싼 산줄기의 흑림黑林을 감상했다.

방에는 다행히도 낡은 라디오가 한 대 있었다. 이상하게도 라디오를 틀 때마다 피아노 음악이 나왔다. 그 덕분에 나는 앵앵거리는 소음이 뒤섞이긴 했지만 어쨌든 피아노 음악을 들을 수 있었다. 베토벤의 〈엘리제를 위하여〉가 그렇게 아름다운 음악이라는 것을 거기서 새삼 느꼈다.

목욕을 위해 모여든 도시

바덴바덴은 예전이나 지금이나 유럽 최고의 온천장이다. 고대 로마 때부터 유럽의 많은 사람들이 이곳까지 찾아와서 온천을 즐겼다고 한다. 우리나라 충북의 수안보 온천에 가면 마을 입구에 '왕의 온천'이라는 커다란 글씨가 새겨져 있다. 임금들이 이곳에 와서 온천을 즐겼다는 것이다. 마찬가지로 바덴바덴은 독일의, 아니 유럽의 '왕의 온천'이었다.

바덴바덴에서 온천이 발견되어 알려진 것은 2천 년 전이라고 한다. 이름도 '바덴바덴Baden-Baden', 우리말로 하면 '목욕, 목욕'이다. 그냥 바덴바덴이라고 부르지만, 사실 그 어원은 '바덴 주의 바덴'으로 그래서 '바덴, 바덴'인 것이다. '뉴욕 주의 뉴욕'이라고 해서 '뉴욕, 뉴욕'이라고 부르던 것과 같은 이치다.

18세기에 이르면 바덴바덴에는 지금과 같은 대형 목욕장 시설이 들어서고 그 명성이 모든 유럽에 퍼졌다. 수질이 좋기로 유명한데다, 흑림이라고 부르는 검은 침엽수림이 주변의 수십 킬로미터에 펼쳐져 있어 장관을 이루고 있었다. 그래서 유럽의 왕족, 귀족, 부호, 유명 인사들의 발길이 끊이지 않았다. 여름 휴가철이면 이곳의 온천과 흑림의 신선한 공기를 즐기기 위해 유럽 제후와 귀족들이 하도 많이 몰려들어서 '유럽의 여름 수도'라는 별명까지 얻었다. 심지어는 멀리 러시아의 황제까지 이곳을 찾았다 하니 그 명성을

원래 기차역이던 건물이 개조되어 바덴바덴 축제극장으로 변모했다.

짐작할 수 있다.

온천이 발달하면서 카지노, 무도장 등이 함께 발달했고, 세계 수준의 레스토랑과 카페들도 많이 들어섰다. 지금은 류머티즘, 재활 의학 등 여러 병을 치료하기 위한 의료 시설과 요양 시설이 많아져서, 치료를 위한 방문자도 적지 않다.

또한 이곳은 많은 예술가들이 즐겨 찾아서 영감을 받고 몸과 정신을 쉬는 곳이기도 했다. 이곳에 아예 집을 구해서 살았던 브람스를 포함하여, 베를리오즈나 바그너 등이 모두 이곳을 사랑했다. 지금은 바그너의 축제극장이 바이로이트에 있지만, 바그너가 원래 축제극장을 짓고 싶어 했던 장소는 바덴바덴이었다. 게다가 러시아 황제를 따라서 러시아 작가들, 즉 투르게네프, 톨스토이, 도스토옙스키 등이 모두 이곳을 방문했다. 특히 도스토옙스키는 오랫동안 이곳에 머물면서 소설 『노름꾼』을 집필하기도 했다. 이렇게 바덴바덴에서 지내던 도스토옙스키를 그린 소설이 레오니드 치프킨의 『바덴바덴에서의 여름』이다.

기차가 끊긴 정거장, 극장으로 부활하다

그러던 중 바덴바덴은 2천 년 온천장 역사에서 아주 중요한 전환기를 맞게 되었으니, 바로 바덴바덴 페스티벌의 창설이다. 1990년대에 이르자, 유럽 최고의 온천이라는 바덴바덴의 명성은 이전과 같지 않았다. 그도 그럴 것이 이제 유럽에는 너무나 많은 온천들이 개발되어서, 외국인들로서는 굳이 이곳까지 와야 할 당위성이 점점 없어지고 있었기 때문이다.

그리하여 시민들 사이에서 이 도시의 새로운 도약을 위해 이곳에 극장을 짓자는 의견이 나왔다. 좋은 극장을 지어서 좋은 공연을 유치한다면 사람들이 다시 모여들 것이고, 그와 더불어 온천도 다시 활성화되어, 바덴바덴의 위상을 되찾을 수 있다고 생각한 것이다.

바덴바덴의 문화 기금에 기꺼이 참여한 사람들 명단. 프리더 부르다의 이름도 보인다.

그래서 바덴바덴의 유지들은 극장을 지을 목적으로 기금을 내놓게 되었다. 원래 이곳은 세계적 수준의 미술관인 프리더 부르다 미술관이 운영되는 등 예술에 대한 개인들의 사회적 기여가 높은 곳이었다. 그런 시민들의 자발적인 움직임을 본 시 당국에서는 선뜻 부지를 무상으로 내놓았다. 시에서는 땅을 내놓고 거기에다 시민들이 건물을 짓는 이상적인 형태였다.

시에서 내놓은 땅은 더 이상 기차가 운행하지 않는 옛 역 건물이었다. 도시가 확장되면서 기차의 선로가 바뀌자 더 이상 사용하지 않게 된 중앙역 건물이었던 것이다. 그리하여 새 극장(과거에 사용하던 옛 극장의 건물은 지금도 시내에 남아 있다)을 설계하게 되었는데, 오스트리아 건축가인 빌헬름 홀츠바우어가 기발한 아이디어를 내놓았다. 즉 바로크 양식을 절충한 신고전주의 양식의 중앙역 청사는 그대로 두고, 그 뒤에 초현대식 새 극장을 짓자는 것이다. 그리하여 신과 구가 절묘하게 결합된 방식의 극장이 탄생했다. 이것이 바로 바덴바덴 축제극장Festspielhaus Baden-Baden이다.

바덴바덴 축제극장은 1998년 4월 18일에 발레리 게르기예프가 지휘하는 '평화를 위한 월드 오케스트라'의 개막 연주로 그 화려한 막을 올렸다. 이 것이 바덴바덴 페스티벌의 시작이었다. 기차도 들어오지 않는 역 건물에 사람들이 모여들기 시작했다.

10년 만에 이룬 정상의 페스티벌

불과 10여 년 만에 바덴바덴 페스티벌은 세계 굴지의 페스티벌로 자리 잡았다. 100여 년에 이르는 역사를 가진 다른 유럽 페스티벌이 겨우 이루었거나, 아니면 아직도 이루지 못한 것을 단 10년 만에 이룩한 것이다.

이 페스티벌의 존재를 세계에 알리는 결정적인 역할을 한 것은 이곳의 공연을 담은 한 장의 DVD였다.《바덴바덴 오페라 갈라The Opera Gala: Live from Baden-Baden》라는 이름으로 나온 2007년의 공연 실황으로, 이것을 본 세계의 많은 사람들에게 바덴바덴이라는 도시를 다시 한 번 생각하게 했다. 이 갈라 콘서트에는 소프라노 안나 네트렙코, 메조소프라노 엘리나 가랑차 등 세계적인 성악가들이 나와서 놀라운 수준의 곡들을 본격적으로 들려주어, 사람들로 하여금 "정말 저곳의 수준이 이 정도이며, 저곳에서는 늘 이런 공연이 올라가며, 이것이 전 세계 사람들이 저곳으로 모여드는 이유인가?" 하는 질문을 하게 했다. 이 질문들에 대한 답부터 하자. 과연 그곳은 이 정도의 예술가들이 나오는 곳이며, 거의 1년 내내(특정한 한 철이 아니다) 이런 공연이 올라가며, 그것을 보기 위해 독일이나 이웃 프랑스는 물론이고 전 세계 사람들이 몰려든다.

이 DVD에 담긴 갈라 공연은 페스티벌이 시작된 지 불과 10년 만에 이루어졌으니, 바덴바덴 페스티벌은 단 10년 만에 세계의 이목을 끌게 된 것이다. 바덴바덴 페스티벌 측에서는 이 공연뿐 아니라, 바그너의《탄호이저》,《로엔그린》등 자신들의 공연 실황을 속속 DVD로 출시했는데, 이것들은 모두

슈베칭겐 페스티벌

사라진 오페라를
부활시키는 궁전

슈베칭겐을 찾아서

프랑크푸르트 공항에서 빌린 벤츠에는 신형 내비게이션이 장착되어 있었다. 서울에서는 내비게이션을 사용한 적이 없어서 처음에는 적응하느라 애를 먹었지만, 얼마 지나지 않아서 즐거워졌다. 내비게이션 성우가 렌터카 회사에서 준 내비게이션 설명서 표지에 나와 있는 금발의 예쁜 여성일 리는 없겠지만, 그래도 그녀의 얼굴을 떠올리면서 운전을 했다. 결국 그녀는 영어로 말하고 나는 한국어로 대답하는 묘한 대화로 운전은 점점 즐거워졌다.

프랑크푸르트 시내를 빠져나오는 동안은 복잡한 길을 헤맬까 봐 잔뜩 긴장했지만, 차가 아우토반으로 올라가니까 이때부터는 여유가 생겼다. 그녀는 중요한 도시나 유적지가 나타날 때마다 그것에 관한 관광 정보를 계속 재잘거렸다. 처음에는 귀찮기도 하고 시끄럽기도 했지만, 결국 그녀의 잔소리에 귀를 기울이게 되었다. 그녀 덕분에 나는 원하는 곳, 즉 독일 남서 지방인 프랑크푸르트와 하이델베르크 사이의 어느 작은 마을에 예상보다 빨리

프라하의 봄 페스티벌

잃었던 조국을 향한
영원한 염원으로

여전히 아름다운 건축 전시장

한때 프라하는 서울에서 가장 먼 유럽 중 하나였지만, 지금은 가까운 유럽 도시가 되었다. 2004년 서울에서 프라하로 가는 직행 항공편이 열렸기 때문이다. 과거에는 프라하로 가는 길이 참 멀었다. 육로로 가려면 독일의 드레스덴이나 뮌헨, 아니면 오스트리아의 빈을 거쳐서 가야 했는데, 길은 고달프고 국경에서 밟는 수속은 느려 터졌다. 세관원과 경관들은 의심스러운 눈초리를 방문객들에게 마구 쏘아 대며 다시는 체코에 오지 말란 듯이 빈정거렸으며, 운전을 직접 하면서 체코로 들어갈 경우에는 국경에서 경찰들이 어김없이 딱지를 뗐다.

그러나 그런 체코는 이제 없다. 프라하는 더 이상 동유럽의 낡은 소도시가 아니다. 프라하는 흔히 동유럽의 파리라고 불리지만, 사실 공산 치하에 있었다는 점을 뺀다면 동유럽보다는 서유럽적인 도시다. 지도를 보라. 프라하는 빈보다 더 서쪽에 위치하고 있으며, 지리적으로도 동유럽의 중심이 아

몰다우 강이 가로지르는 프라하는 백탑의 도시로 불릴 만큼 아름다운 건물들이 많다.

니라 전체 유럽의 한가운데에 위치해 있다.

우리나라에서 체코행 비행기가 뜨기 시작한 첫 주에 나는 체코로 향했다. 그때 그 시간으로 돌아가서 이야기를 시작하겠다.

체코에 도착한 나는 비행기에서 내려 택시로 갈아타고 프라하 시내로 들어간다. 기사는 서울에서도 택시를 몰아 본 적이 있는지, 전형적인 우리나라 택시 기사처럼 운전을 한다. 길이 막히면 주저 없이 샛길로 들어가며, 과속과 끼어들기는 기본이고 신호에 걸리면 마음대로 유턴도 한다.

시내로 들어가는 언덕을 넘으니, 아름다운 프라하 시내가 한눈에 펼쳐진다. 몰다우(체코 사람들은 블타바라고 부른다) 강변에 넓게 펼쳐진 화려하고 윤택해 보이는 도시는 온통 붉은 지붕으로 뒤덮여 있는데, 주변 숲과 잘 어울린다. 그 사이사이에 높이 올라와 있는 뾰족한 첨탑들. 원래 유럽의 첨탑이란 부富와 뛰어난 문화가 없이는 불가능한 것이었다. 그런데 프라하는 하도 탑이 많아서 한때는 '탑의 도시'라고 불렸던 곳이다.

20세기에 들어와서는 쇠락을 거듭했지만 이 도시의 아름다움은 아직 미색이 가시지 않은 중년 부인처럼 여전히 우아한 자태를 가지고 있다. 젊었을 때 프라하를 방문하고 깊은 인상을 받았던 히틀러가 은퇴 후의 노년을 프라하에서 보내기 위해 전쟁 중에도 이곳만은 폭격을 못 하게 했다는 말이 떠오른다. 그 말이 사실인지 아닌지는 모르겠지만, 어쨌든 프라하는 제2차 세계대전 이전의 건축물들을 가장 완벽하게 보존하고 있는 도시다. 유럽의 근대 건축사를 한눈에 보고 싶다면 파리나 빈보다는 프라하로 가는 것이 나을 정도다.

영광을 재개하기 위해 일어서다

그렇다면 이렇게 화려했던 프라하의 영광은 겨우 남아 있는 낡은 건축물들에서만 확인할 수 있는가? 그 외에는 과거의 영광을 확인할 길이 없는가?

프라하에서 가장 인상적인 모습은 폭격에서 살아남은 건물들이다.

아니다. 프라하의 화려한 과거는 프라하의 봄 페스티벌에 잘 집약되어 있다.

이 페스티벌은 세계 최고의 음악 페스티벌이며, 높은 수준과 오랜 전통을 자랑한다. 이곳의 공연은 관광객을 대상으로 프라하 시내에서 난무하는 《돈 조반니》 공연이나 싸구려 인형극, 그리고 정말 타락한 프라하 오페라 하우스의 공연들과는 완전히 차별화된다. 사실 프라하는 어디서나 모차르트의 《돈 조반니》를 도배하다시피 한 도시다. 그것은 이 오페라가 이 도시에서 초연되었기 때문인데, 《돈 조반니》를 팔아서 살아가고 있는 듯한 느낌마저 든다. 물론 《돈 조반니》같이 훌륭한 오페라를 제대로 잘 공연한다면 좋은 일이겠지만, 여기서는 걸작의 본질은 온데간데없고 오직 그 이름을 이용한 싸구려 공연, 인형극, 기념품, 가게들만이 난무하는 것이다.

하지만 프라하가 모차르트의 도시는 아니다. 진정한 프라하는 프라하의 봄 페스티벌에서 찾을 수 있다. 이 페스티벌에는 아직도 스메타나와 드보르자크와 야나체크, 쿠벨리크와 노이만의 숨결이 생생하게 살아 있는 것이다. 대부분의 유럽 음악 페스티벌이 한여름에 열리지만, 독특하게 봄에 열리는 음악제도 있다. 이탈리아 피렌체에서 열리는 '피렌체 5월 음악제'가 그 하나이고, 또 하나가 프라하에서 열리는 프라하의 봄 페스티벌인 것이다.

프라하의 봄 페스티벌은 매년 5월 12일에 시작해서 6월 1일에 끝나는데, 이렇게 날짜가 고정되어 있는 음악축제는 흔치 않다. 5월 12일에 축제가 시작되는 것은 그날이 바로 체코 국민 음악의 선구자인 베드르지흐 스메타나의 기일이기 때문이다. 매년 5월 12일 저녁에 오베츠니 둠(프라하의 시민회관)의 메인 홀인 스메타나 홀에서 프라하의 봄 페스티벌의 개막이 선포된다. 이때 첫 프로그램으로는 스메타나의 교향시 〈나의 조국〉의 전 6곡을 모두 연주하는 것이 전통이다. 이 개막 연주에는 항상 당대에 체코를 대표하는 지휘자가 지휘를 맡고, 역시 체코를 대표하는 악단인 체코 필하모닉 오케스트라 등이 연주를 하며, 현직 대통령이 스메타나 홀의 화려한 대통령 전용 발코니에 임석하는 것이 관례다.

프라하의 봄 페스티벌은 1968년 당시 소련 침공에 대항한 체코슬로바키아 공화국의 자유 민주화 운동과 같은 이름을 가지고 있다. 그러나 사실은 그 이전부터, 즉 제2차 세계대전이 끝난 1946년부터 프라하에서는 이미 프라하의 봄 페스티벌이 개최되고 있었다. 그리고 1968년 소련군이 탱크를 앞세워 프라하 시내를 침공했을 때에도 페스티벌은 거행되었다. 하지만 소련의 간섭을 받고 있던 상황에서 페스티벌이 그들의 민족정신을 내세우는 데에는 한계가 있었다.

그러다가 프라하의 봄 페스티벌이 지금과 같이 음악제뿐 아니라, 민족, 조국, 자유의 의미를 함께 천명할 수 있었던 것은 1990년 구소련이 붕괴하고 체코가 민주화된 뒤부터다. 민주화 이후의 첫 프라하의 봄 페스티벌은 1990년에 개최되었다. 그때 첫 지휘봉을 든 이는 공산 치하에서 떠나 오랫동안 서방에서 망명 생활을 하던 지휘자 라파엘 쿠벨리크였다. 그가 감격에 겨워 눈물을 쏟으면서 자신의 국민들 앞에서 수십 년 만에 연주한 곡은 〈나의 조국〉이었다.

조국을 되찾은 기쁨을 노래하라

프라하의 봄 페스티벌은 독일에서 해방된 직후인 1946년에 독립을 기념하여 창설되었다. 그러므로 이 페스티벌은 독립의 깃발을 올리고 자신들의 나라를 찾은 것을 상징하는 행사로서, 체코 사람들에게는 단순한 음악 페스티벌 이상의 의미를 가지고 있다.

이 페스티벌은 공산 치하에서도 계속 발전해서, 구동구권의 페스티벌 중에서 거의 유일하게 국제적인 명성과 예술적 수준을 유지하는 음악제로 그 명맥을 이어 왔다. 그동안 우리에게 잘 알려지지 않았던 것은 냉전 당시 동구권에 속해 있었다는 정치적 상황 때문이다. 그러나 체코가 개방되고 선진화에 박차를 가하면서 우리나라 항공기가 프라하에 취항하는 등 우리나라와 교류가 빈번해지고 있다. 이와 더불어 프라하의 봄 페스티벌 역시 매우 빠른 속도로 우리에게 다가오는 것 같다. 이제 프라하 시민들은 '음악의 도시, 프라하'란 구호를 내걸고 자신들의 오랜 음악적 전통을 세계에 알리려고 한다. 그들에게 음악의 도시란 다만 빈이나 잘츠부르크만이 아닌 것이다. 그들의 가슴은 자신들의 음악 유산에 대한 자긍심으로 꽉 차 있다.

그러므로 프라하의 봄 페스티벌은 세계의 모든 음악 유산들을 다 다루지만, 특히 자국의 음악을 많이 올리기로 유명하며, 자신들의 음악을 확실히 차별화한다. 오페라를 예로 들자면, 1950년 이후에 프라하 시내의 주요 극장에서 가장 많이 올라간 오페라들의 순위를 작곡가별로 분류하자면 1위가 스메타나, 2위가 드보르자크, 5위가 야나체크다. 이런 사례는 전 세계의

매년 5월 12일이 되면 아르 누보 양식의 결정판 오베츠니 둠에서 '프라하의 봄'이 개막된다.

어떤 오페라 하우스에서도 찾아보기 어렵다. 런던이나 파리에도 영국 오페라와 프랑스 오페라가 있지만, 공연 횟수의 1위는 당연히 이탈리아 오페라가 차지하는 것이다.

참고로 프라하에서 자주 상연되는 오페라의 순위는 스메타나, 드보르자크, 베르디, 모차르트, 야나체크, 차이콥스키의 순이다. 2004년 한 해에 프라하의 주요 극장에 올라간 체코 오페라 작곡가만 조사해 봐도 스메타나, 드보르자크, 야나체크, 마르티누의 빅 4를 포함하여 그 수가 무려 10명이 넘는 실정이다. 이렇듯 프라하의 봄 페스티벌의 유구한 전통과 발전은 체코 음악에 대한 체코 사람들의 자긍심이 든든하게 뒷받침을 해 준 결과다.

세계의 음악 팬들이 다시 모여들다

2004년 5월에 있었던 프라하의 봄 페스티벌은 특별한 의미가 있는 행사로서 세계 음악계의 관심을 끌었다. 즉 2004년은 체코의 위대한 작곡가 안토닌 드보르자크가 세상을 떠난 지 꼭 100년이 되는 해로서, 그해의 페스티벌은 특별히 '드보르자크 서거 100주년 특집'으로 꾸며졌던 것이다.

2004년에도 페스티벌은 5월 12일 저녁 8시에 개막되었는데, 이리 쿠트가 지휘하는 프라하 심포니 오케스트라(주로 체코 필하모닉 오케스트라가 연주하는 것이 관례였는데, 그해에는 오케스트라가 바뀌었다)가 아름다운 오베츠니 둠의 스메타나 홀에서 스메타나의 〈나의 조국〉 전 6곡을 감동적으로 연주했다.

그해의 여러 연주들 중에서 가장 많은 인기를 끈 것은 피아니스트 머레이 페라이어의 콘서트였다. 그가 직접 아카데미 오브 세인트 마틴 인 더 필즈를 지휘하면서 피아노도 치는 연주회는 모차르트와 바흐의 음악으로 꾸며졌다. 티켓은 일찌감치 매진되었고 아침부터 비가 내렸지만 나는 콘서트가 열리는 루돌피눔으로 갔다.

공연장 앞에는 전 세계에서 온 음악 팬들이 혹시라도 반환될지 모르는 티켓을 구하기 위해 장대비를 맞으면서 줄 서 있었다. 그런 그들의 모습은 음악을 향한 숙연한 자세를 보여 주었다. 나 역시 그들과 함께 줄을 서는 수밖에 없었다. 그곳에 모인 사람들은 지루함을 잊기 위해 대화를 나누었는데, 스페인, 포르투갈, 영국, 독일, 노르웨이, 스웨덴 등 각지에서 프라하의 봄 페스티벌을 찾아온 것이었다. 그들의 열성적인 분위기로 보아서 아무래도 내게는 차례가 올 것 같지 않았다. 나는 비겁하게도 진정한 음악 팬으로서의 고집을 꺾고 그 자리를 뜰 수밖에 없었다.

비 맞은 생쥐 꼴이 된 내가 택시를 잡아타고 다음으로 서둘러 찾은 곳은 바로 프라하 국립극장이었다. 같은 날 같은 시간에 그곳에서는 베르디의 레퀴엠이 공연되고 있었다. 쿠트가 지휘하는 프라하 국립극장 오케스트라가 이 장엄한 대형 성악곡을 연주했는데, 그날의 감동은 페라이어를 놓친 여행자의 마음을 달래 주기에 충분했다. 무엇보다도 요즘 유럽의 전위적 경향 중 하나인, 성악곡에 오페라처럼 연출과 무대 미술을 덧붙인 기획이었다. 전위적인 연출과 청회색조의 단순하고도 세련된 무대, 역동적인 군무는 레퀴엠을 감동적인 무대로 만들었다.

또한 레너드 슬래트킨이 지휘하는 BBC 심포니 오케스트라 역시 많은 호응 속에서 역동적인 연주를 들려주었다. 특히 내가 직접 들은 쇼스타코비치의 교향곡 제11번은 백미였다. 또한, 그해에는 세계 정상의 고음악 전문가들이 대거 초빙되어 음악 팬들의 뜨거운 열광을 받았다. 즉, 트레버 피노크, 호르디 사발, 크리스토퍼 호그우드 등의 고음악 대가들이 동시에 프라하에 모여 프라하의 봄 페스티벌의 위력을 실감하게 해 주었던 것이다.

한 단계 도약하는 프라하의 봄 페스티벌

2005년의 프라하의 봄 페스티벌은 새로운 봄으로 한 단계 더 도약했다. 이 해에 의미 있는 60주년을 맞은 프라하의 봄 페스티벌은 체코 음악과 체코 연주자들에 대한 의존에서 벗어나서 세계화를 꾀하기 시작했다.

첫 번째 개혁은 바로 개막 연주였다. 그동안 항상 체코 필하모닉 등 체코 오케스트라들이 개막 연주를 하는 오래되고 당연시되던 전통을 깨고, 이번에는 처음으로 외국 오케스트라가 개막 연주를 하게 되었던 것이다. 이런 스타일은 앞으로도 계속되어 이제 세계 유수의 오케스트라가 〈나의 조국〉을 연주하게 될 것으로 보인다. 그 첫 번째 출발은 런던 심포니 오케스트라의 몫으로 돌아갔다. 런던 심포니는 영국의 대표적인 거장 지휘자인 콜린 데이비스의 지휘로 2005년 5월 12일 유서 깊은 오베츠니 둠에서 스메타나의 〈나의 조국〉 전곡을 그해 페스티벌의 첫 곡으로 연주했다.

그 뒤를 이어 체코의 여러 오케스트라들이 오베츠니 둠과 루돌피눔 등에서 공연했다. 참가한 악단들은 런던 심포니 외에도 체코 필하모닉 오케스트라, 프라하 심포니 오케스트라, 프라하 챔버 오케스트라, 탈리히 챔버 오케스트라, 콜레기움 1704, 체코 챔버 필하모닉 오케스트라, 오르페오 바로크 오케스트라, 야나체크 필하모닉 오케스트라, 수크 챔버 오케스트라, 프라하 방송 교향악단, 프라하 필하모니아, 부다페스트 페스티벌 오케스트라 등으로, 그 이름만 들어도 규모를 짐작할 만하다. 오케스트라 콘서트의 대미는 마리스 얀손스가 이끄는 뮌헨의 바이에른 방송 교향악단이 베토벤의 교향곡 제3번 〈영웅〉과 드보르자크의 교향곡 제8번을 마지막 곡으로 연주한 것이었다. 물론 많은 독주자들과 실내악단들도 60주년을 맞은 프라하의 봄 페스티벌을 함께 축하했다.

오장오색五場五色의 화려한 향연

연주도 좋지만 프라하에서 빼놓을 수 없는 것이 극장이다. 프라하에는 세계적으로 유명한 연주장이 무려 5곳이나 있다. 그런데 단순히 건물만 있는 것이 아니라 5곳 모두 자신들만의 오케스트라를 운영하면서 활발히 활동하는 유기적인 단체들이다. 이 5개의 극장이 바로 프라하의 음악적 향기를 유지하는 중심지다.

이런 경우는 세계적으로도 그 유래를 찾아보기 어려운 예이니, 과연 이곳은 빈에 못지않은 세계적인 음악 도시인 것이다. 프라하의 봄 페스티벌 역시 이 5곳에서 동시 다발적으로 콘서트를 올린다. 그러니 프라하에 들를 때면 이 다섯 극장의 순례를 꼭 빼놓지 말기 바란다. 그 장소들은 바로 오베츠니 둠, 루돌피눔, 프라하 국립극장, 에스타테스 극장, 프라하 국립 오페라 하우스다.

물론 가장 중요한 곳은 앞서 설명한 오베츠니 둠으로서, 이곳에서 프라하의 봄 페스티벌이 개막된다. 1911년에 문을 연 이 건물은 종합 문화 센터 같은 곳이다. 정문 위에는 '프라하에 충성을'이라고 쓰여 있으며, 1918년에 체코슬로바키아 공화국의 독립을 선언한 의미 깊은 곳이기도 하다. 특히 오베츠니 둠은 건축적 아름다움으로 유명하다. 이곳은 유럽 전역에 남아 있는 아르 누보 형식의 건축물들 중에서도 손꼽는 건물이며, 특히 인테리어가 최고로 평가된다. 체코가 자랑하는 화가이자 장식 미술가인 알폰스 무하가 이곳의 실내장식과 벽화, 천장화를 맡았기 때문에, 이곳에서는 음악뿐 아니라 무하의 예술적 향취를 만끽할 수 있다. 이곳에는 다양한 기능을 가진 여러 시설들이 있는데, 그중에서도 최고의 연주장이자 메인 홀은 바로 2~3층에 걸쳐 있는 스메타나 홀이다. 스메타나 홀은 현재 프라하 심포니 오케스트라의 근거지이기도 하다.

다음으로 눈에 띄는 것은 몰다우 강변에 있는 르네상스 양식의 건물인 루돌피눔이다. 1884년 합스부르크가의 지원을 받아서 당시 황태자인 루돌피눔의 이름을 따서 지어졌다. 건물 앞 광장에 드보르자크의 동상이 기품 있게 서 있는 이곳은 당당한 위용을 자랑한다. 건물 앞의 광장과 그 옆으로 흐르는 몰다우 강 등이 있어서, 공연이 없는 화창한 날에는 나그네의 휴식처 역할을 해 준다. 루돌피눔의 메인 홀은 오베츠니 둠과 쌍벽을 이루는 프라하 제2의 콘서트 홀로서, 이름은 드보르자크 홀이다. 드보르자크 홀은 현재 체코 제1의 악단인 체코 필하모닉 오케스트라의 홈 그라운드다.

그리고 프라하 국립극장이 있다. 이곳은 체코 음악을 연주하기 위해 세워진 역사적인 장소다. 이 극장이 세워지기 전의 체코 공연계는 독일 음악 일색이었으며, 오페라조차 독일어로 올리는 등 독일 속국이나 다름없던 문화적 종속 시대에 있었다. 이에 체코의 지식인과 예술가들은 진정한 민족 음악을 올리기 위해 체코 음악 전용 극장을 세우기로 했다. 즉 그들은 마치 '우리나라의 금 모으기 운동'과 같은 범국민적 행사를 열어서 엄청난 성금을 모았고, 그 결과 지금의 국립극장이 세워진 것이다.

프라하 제2의 콘서트 홀이 있는 루돌피눔. 이곳에 드보르자크 홀이 있다.

몰다우 강가에 화려하게 서 있는 이 거대한 신르네상스 양식의 건물이 처음 개관했을 때, 그 소식을 듣고 스메타나가 귀국을 했다. 그는 스웨덴 등의 외국에서 큰 성공을 거두었지만 모두 포기하고 기꺼이 고국으로 돌아왔던 것이다. 그리고 자신이 조국을 위해 쓴 《팔려 간 신부》를 프라하 국립극장에서 초연했다. 이것이 바로 최초의 체코어 오페라다. 그러니 이 국립극장은 전 세계적으로 인기를 끌고 활성화된 체코 오페라의 효시이자 산실 역할을 해 온 것이다. 체코 문화인들이 가장 자랑스럽게 여기는 이 극장에는 체코 제3의 오케스트라인 국립극장 오케스트라가 상주하고 있다.

프라하의 네 번째 극장은 바로 영화 〈아마데우스〉의 촬영 무대였던 에스타테스 극장이다. 구시가지 한복판에서 작고 아름다운 장식물들을 여전

    프라하의 봄 페스티벌

《돈 조반니》가 초연된 에스타테스 극장.
영화 《아마데우스》가 촬영되기도 했다.

과거에 독일 극장이었던 이곳은 현재 프라하 오페라 하우스가 되었다.

히 보존하고 서 있는 이 극장은 모차르트의 《돈 조반니》가 세계 초연되었던 장소다. 그래서 지금도 이곳을 찾는 관광객들을 위해 사흘이 멀다 하고 《돈 조반니》를 올리고 있지만, 사실 그 공연들은 관광객들을 겨냥한 것으로 기대할 만한 것이 못 된다. 안으로 들어가면 넓지는 않지만 과거의 인테리어가 잘 보존되어 있는데, 푸른빛의 실내장식은 마치 모차르트 시대로 돌아간 듯한 분위기를 자아낸다.

끝으로 프라하 제5의 극장이 프라하 오페라 하우스다. 이곳은 유서 깊은 극장으로 과거에는 독일 극장이라고 불렸다. 하지만 체코가 자랑하는 유명 성악가들이 다 서방으로 빠져나가서, 현재는 국내용 가수들의 경연장으로 유럽에서는 2류 극장으로 취급받고 있다. 그래서 이곳의 공연은 프라하의 봄 페스티벌 기간에 올라간다 해도 이 극장의 시즌 공연일 뿐, 페스티벌과는 상관이 없으므로 방문객들은 옥석을 가릴 필요가 있다. 사실 과거 체코슬로바키아는 세계적인 성악가들을 무수히 배출한 곳이다. 하지만 이곳을 거쳐 간 많은 스타들, 즉 에디타 그루베로바, 마그달레나 코제나, 에바 우르바노바, 페터 드보르스키 등은 더 이상 이곳에 없다. 재능 있는 그들은 훨씬 대우가 좋은 빈이나 뮌헨, 취리히 등으로 다 떠나 버리고, 안타깝게도 지금 오페라 하우스의 복도에는 그들의 사진만 걸려 있을 뿐이다. 이 극장의 부흥을 기대해 본다.

스메타나와 드보르자크의 자취를 찾아

또한 음악 팬이라면, 극장 외에도 빠뜨리면 안 될 음악 박물관이 두 곳 있다. 바로 스메타나 박물관과 드보르자크 박물관이다.

스메타나 박물관은 몰다우 강가의 유명한 카를 다리 옆에 있다. 원래는 수도 시설을 관장하기 위한 건물이었는데, 지금은 용도가 바뀌어서 1층은 식당이고 2층은 박물관이 되었다. 스메타나가 사용하던 악기와 악보 등이 보관되어 있는데, 특히 그가 쓰던 안경들이 인상적이다. 그러나 이 건물에서 가장 좋은 장소는 강이 바라보이는 북향의 창문으로, 내가 이곳을 찾는 이유이기도 하다. 그곳에는 의자가 놓여 있는데, 거기에 앉아 프라하 성을 바라보면서 책을 읽거나 편지를 써 보라. 단언하건대 최고의 명문장이 나올 것이다. 설혹 그렇지 못하다 하더라도 프라하에서 보낸 최고의 시간이 될 것이다.

또 하나의 박물관이 드보르자크 박물관이다. 구시가를 벗어난 신시가에 외따로 떨어져서 주택가 안에 있는 건물인데, 바로크 양식의 아름다운 단독 저택이다. 내가 그곳을 방문했던 날은 하필이면 일반인들의 출입을 통제하고 있었다. 드보르자크의 서거 100주년을 기념하는 조촐한 행사가 건물 뒤편에 있는 작은 마당에서 열리고 있었던 것이다. 내가 제법 그럴듯한 카메라를 들고 있는 바람에, 마치 외국에서 온 기자인 양 들어가서 마음껏 사진을 찍으면서 박물관 안을 돌아다닐 수 있는 행운이 따랐다.

2층에서는 비록 대부분이 복제품들로 보이지만 어쨌든 드보르자크 생전의 방을 복원해 놓은 공간을 볼 수 있다. 내가 들어갔을 때는 오전이라 사람이 별로 없었다. 드보르자크가 썼다는 책상이 있는 방에 들어가자, 마침 스피커에서 드보르자크의 첼로 협주곡이 흘러나왔다. 나는 혼자서 나무 의자에 앉아서 음악을 들었다. 다른 사람들이 들어와서 나를 방해하기 전까지 들었던 것은 비록 한 악장에 불과했지만, 첼로 협주곡은 긴 여정에 지친 나그네의 몸과 마음을 위로해 줄 만큼 충분히 감동적이었다. 꼭 한 번 들러보기를 권한다.

입구에 카페가 있는 이곳은 스메타나 박물관으로서, 몰다우 강가에 자리 잡고 있다.

바로크 양식의 문이 인상적인 드보르자크 박물관.
원래 명칭은 '빌라 아메리카'였다.

프라하의 봄 페스티벌에서 느끼는 또 하나의 생각

2004년 프라하의 봄 페스티벌에 참가했을 때, 충격을 받은 것은 사실 따로 있으니 바로 나고야 필하모닉 오케스트라였다. 프라하의 봄 페스티벌 사상 처음으로 아시아권 오케스트라가 공식 게스트 오케스트라로 선정된 것이다. 처음 프로그램을 본 나는 "아니, 여기까지 와서 겨우 나고야 필이나 듣고 있어야 하나" 하면서 운 없는 스케줄에 한탄을 했지만, 스메타나 홀에 들어 갔을 때 내 생각은 완전히 바뀌었다. 먼저 로비를 가득 채운 나고야 시청 관계자들과 일본 음악 팬들의 위세에 기가 눌렸다. 일본에서 여기까지 날아 온 그들은 상기된 표정으로 일본 악단이 세계무대에서 인정받는 순간을 기다리고 있었다. 그들이 얼마나 많은 준비를 했는지를 표정에서 느낄 수 있을

프라하의 봄 페스티벌을 더 아름답게 느끼게 해 주는 5월의 꽃집.

정도였다.

지휘자 토마슈 하누스가 지휘하는 드보르자크의 교향곡 제2번과, 카렐 코사레크가 협연한 라흐마니노프의 피아노 협주곡 제2번이 끝났을 때, "와!" 하는 탄성을 지르면서 먼저 기립한 사람들은 일본인들이 아니라 유럽인들이었다. 그리고 그들의 열광적인 반응을 보고서야 조심스러운 일본인들은 자랑스러운 미소를 지었다. 완벽한 하모니에 에너지가 넘치는 놀라운 연주였다.

이는 한두 명의 독주자가 외국 무대에 선 것과는 차원이 다른 일이다. 나고야라는 한 지방 도시의 오케스트라가 그날 보여 준 연주는 바로 일본 사회 전반의 두터운 예술 수준을 전 세계에 알리는 쾌거였다. 예술에 대한 그들의 사랑과 투자가, 그리고 무엇보다도 넓은 저변이 부러울 뿐이었다. 우리나라의 오케스트라는 언제나 이 음악 도시에 자랑스럽게 태극기를 휘날리게 될까? 프라하까지 와서 나는 졸지에 조국을 떠올렸다. 서울의 봄은 언제 가능할 것인가?

프랑스

엑상프로방스 페스티벌

자연과 인간이 빛는
오감의 축제

엑스면 족하다

여객기는 황토색 구릉들을 향해 급하게 하강하기 시작했다. 하늘에서 내려다보는 프로방스 지방의 지형은 낯설고도 이국적이었다. 크고 작은 수많은 구릉들은 독특한 단층들을 드러내고 있었다. 마치 시에나빛의 무지개떡이나 케이크를 칼로 잘라 옆에서 본 듯한 모습이었다. 그 사이로 하얀 주택들이 점점이 나타났다. 또 그 사이로 점점이 보이는 푸른색들은 집마다 있는 작은 수영장들이었다.

에어 프랑스는 마르세유 공항에 안착했다. 트렁크를 찾아 들고 끙끙대며 공항 로비로 나오자, 이제부터 어떻게 엑상프로방스를 찾아갈지 걱정이되었다. 애당초 지도에는 엑상프로방스란 이름을 가진 공항이 없었으며, 항공사 웹 사이트에서 검색해 보아도 엑상프로방스란 곳은 나오지 않았다. 그래서 서울의 항공사 카운터에서 신출내기 여직원과 마주 앉아서 함께 지도를 보며 찾아낸 곳이 엑상프로방스에서 가장 가까운 국제공항인 마르세유

따뜻하고 정겨운 분위기를 연출하는 엑상프로방스의 집들.

골목이 좁은 엑상프로방스는 여름 한낮에도
햇볕이 잘 들지 않아 시원하다.

행복의 도시

여장을 풀고 샤워를 하고 드디어 거리로 나왔다. 행복했다. 이제 저녁까지 느긋하게 거리를 걷기만 하면 되는 것이다. 엑스는 참으로 아름다웠다. 그렇게 아름다울 수가 없었다. 남프랑스의 한가운데에서 마치 나를 위해 예비해 둔 장소 같았다.

옛 시가는 너무 크지 않아서 걸어서도 충분히 다닐 만했고, 시내 곳곳에 있는 분수와 카페들은 여행객을 흐뭇하게 맞이해 주었다. 여름철이지만 남프랑스의 지중해성 기후는 습기가 별로 없어 상쾌하며, 빽빽하게 높이 솟은 플라타너스들은 서늘한 바람을 선사해 주었다. 골목들은 좁고 건물들은 높아서, 길은 대낮에도 거의 그늘이 져서 다니기 편했다.

거리 곳곳에서 연주하는 아마추어 악사들은 관광지의 정취를 한껏 더해 주고, 노천 시장에 즐비한 프로방스의 꽃과 과일들은 생명력이 넘쳤다. 이 도시가 고대 로마 때부터 일찌감치 프로방스의 수도로 낙점된 것은 물이 많았기 때문인데, 지금도 분수가 많은 도시로 이름이 높다. 모퉁이마다, 작은 광장마다 분수가 있어서 시원한 물줄기를 내뿜고 있다.

타의 추종을 불허하는 종합 예술제

엑상프로방스 페스티벌은 프랑스인들을 끔찍한 공포로 몰아갔던 제2차 세계대전이 끝나고, 새로운 희망으로 출발하던 시기에 시작되었다. 당시 전쟁의 참화에서 벗어난 남프랑스 시민들은 자신들의 고향에서 다시 한 번 예술의 르네상스가 펼쳐지기를 바랐다. 그리하여 곳곳에서 페스티벌을 개최했으니, 1946년에 칸에서 영화제가, 1947년에 아비뇽에서 연극제가 시작되었다. 그리고 1948년에 엑상프로방스에서 음악제가 출범한 것이다. 이 지역의 지성인이었던 가브리엘 뒤쉬르제가 아이디어를 내고, 그 아이디어를 들은 마르세유 상류층의 중심인물이던 릴리 파스트레 백작 부인이 자신의 재산과 엑스에 있는 저택을 희사하여 그 기금으로 시작되었다.

그때부터 지금까지 꾸준히 열리는 이 페스티벌은 7월 내내 엑스의 옛 시가 전역에서 펼쳐진다. 1948년부터 페스티벌의 중심 무대는 아르슈베세 궁이다. 물론 기존의 극장이나 공연장도 사용되며, 시내의 궁전이나 박물관 등도 공연 장소로 변신한다. 공연은 오페라, 콘서트, 리사이틀, 연극, 강연 등으로 나뉘는데, 여기서도 오페라가 가장 큰 비중을 차지한다. 오페라를 중심으로 하여 콘서트에 연극 등을 포함시키는 종합 예술제 형태로, 잘츠부르크와 아주 흡사하다. 사실 지금은 엑상프로방스 페스티벌이라고들 부르지만, 원래 정식 명칭이 '엑상프로방스 오페라 국제 페스티벌'이었다는 점을 생각하면 이해가 간다.

엑상프로방스 페스티벌은 공연의 규모와 그 수준에서 잘츠부르크에 이어서 유럽 제2위라고 할 만하며, 잘츠부르크를 추격할 만한 페스티벌은 현재로서는 엑상프로방스밖에 없다는 것이 내 생각이다. 루체른이 크지만 오페라는 다루지 않고, 베로나는 오직 오페라뿐이다. 바덴바덴이 빠르게 성장하고 있지만 공연하는 오페라는 단 한 편이고, 프라하도 종합적이지만 전반적으로 엑스의 수준에는 못 미친다.

내가 엑스를 처음 방문했던 2002년에는 모두 6개의 오페라가 페스티벌 동안에 펼쳐졌는데, 그중에서도 역시 대니얼 하딩이 지휘를 맡은 두 작품, 즉 차이콥스키의《예브게니 오네긴》과 모차르트의《돈 조반니》가 가장 많은 관심을 끌었다.

오페라가 공연되는 주 극장인 아르슈베세 궁은 원래 이 지역의 대주교가 거주하는 궁전이었지만, 지금은 태피스트리 박물관으로 이용된다. 궁전 안의 방과 회랑에는 17세기 태피스트리와 고가구들이 많이 소장되어 있는데, 7월마다 오페라 공연장으로 변신하는 것이다.

아르슈베세 궁은 그 앞의 광장에서 바라보면 그저 평범한 건물이다. 그

 엑상프로방스 페스티벌

OPÉRAS
Festival « Côté Cour »
Presente
La Pazzia Senile
Festival « Côté Cour »
Festival « Côté Cour »
Presente

오페라, 님에서는 재즈, 아를에서는 사진전이 열리니, 여름의 프로방스는 마음과 정신이 모두 풍요로운 진짜 황금 들판이 되는 것이다.

내 어찌 그곳을 잊으리

이 글을 쓰는 동안에도 엑스를 생각하니 다시 가슴이 떨린다. 벌써 그 거리의 수많은 꽃들이 내뿜는 향기가 환후幻嗅가 되어 코끝에 밀려온다.

그곳은 음악과 미술을 내세우고 있지만, 시각과 청각의 페스티벌이 아니다. 온몸으로 느껴야 하는, 아니 내 온몸을 깨워 준 오감五感의 축제였다. 눈으로 세잔을 보고, 귀로는 콘서트를 듣고, 혀로는 프로방스의 요리를 맛보고, 코로는 진동하는 꽃향기를 맡고, 피부로는 살랑거리는 바람을 즐겼다. 지금도 그 여름의 엑스를 생각하면 내 머리에 가장 먼저 떠오르는 이미지는 음악도 세잔도 아니다. "분수, 꽃, 플라타너스", 이 세 가지다.

오랑주 페스티벌

고대 극장을 울린 비극,
오페라로 깨어나다

오렌지 아닌 오렌지

엑상프로방스에서 떠난 파란 시트로엥이 들판을 달린다. 덥기도 엄청 덥다. 길 주변에 있는 사막 같은 분위기의 바위와 돌과 돌산을 스치고 지나간다. 나무들이 있기는 하지만, 나무가 있는 곳과 없는 곳의 경계가 확실해서 척박하고 건조한 느낌이다. 여기가 정말 그렇게나 아름답다는 프로방스 지방이 맞나?

자동차가 달려가는 곳은 오랑주다. 오랑주라는 표지판이 길 옆을 스치고 지나간다. 'ORANGE!' 영어로 '오렌지'다. 얼마나 아름다운 이름인가. 신 것을 너무 싫어하는 나는 오렌지도 잘 먹지 못한다. 그럼에도 오렌지가 가지고 있는 이미지는 아주 좋아한다. 그 신선한 느낌도 좋고 색깔도 좋으며, 아침 식탁과 어울리는 것도 좋고, 이름도 좋다. 유명 소설가가 필명으로 쓰고 있는 '바나나'나, 식당 이름에 많이 쓰이는 '토마토'나, 더 흔한 컴퓨터 회사의 이름 '애플'보다, 오렌지라는 이름이 더 좋다. 게다가 지구상에 오렌지라

오랑주 페스티벌이 열리는 거대한 고대 극장에서는 과거처럼 공연이 올라간다. © KlausF

는 이름을 가진 도시가 있다는 것은 더더욱 기분 좋은 일이다.

오랑주의 발견

내가 이 도시를 처음 알게 된 것은 한 장의 LD를 통해서였다. 당시에는 DVD라는 것은 아직 없고 영상은 LD, 즉 레이저 디스크라는 것으로 보아야 했다. 그런데 그 가격이 상당해서 현재 DVD 가격의 서너 배를 호가하는 액수였다. 게다가 국내에는 정상적으로 수입되는 물건도 거의 없고, 대부분 일본이나 미국에서 수입한 것을 소량 거래하는 것이 당시 실정이었다. 그래서 몇몇 귀한 LD는 마치 비디오 대여점에서 하는 것처럼 대여하는 경우도 있었는데, 충무로에 가면 많은 오디오 점포들 사이에 LD를 팔거나 빌려 주는 데가 있었다.

당시 나는 전방에서 군의관 근무를 하고 있었다. 주말이면 서울로 나오곤 했는데, 그때마다 충무로나 세운상가 같은 데를 뒤지면서 귀한 음반을 찾는 것이 중요한 일정의 하나였다. 그러다가 충무로의 한 가게에서 발견한 것이 벨리니의 《노르마》 공연 실황이었다. 지금도 《노르마》의 공연은 드문 편이지만, 당시에는 거의 보기 어려운 공연이었다. 그래서 LP나 CD로만 듣던 《노르마》를 실제 공연 장면 그대로 볼 수 있다는 것은 정말 엄청난 일이었다. 나는 당장 《노르마》 실황 LD를 빌려 왔다.

놀라운 공연이었다. 노르마의 대명사인 마리아 칼라스가 나오지는 않았지만, 그 갈증을 충분히 대신해 줄 수 있는 뛰어난 공연이었다. 주인공으로 나온 소프라노 몽세라 카바예와 테너 존 비커스의 카리스마가 나를 전율시키기에 충분했다. 그 공연 실황의 재킷에는 '1973년 오랑주 페스티벌 실황'이라고 크게 적혀 있었다. 나는 그 《노르마》 LD를 보고 또 보았다. 대여 기간 내내 매일 보았을 것이다. 그리고 일주일의 기한이 지나서 일주일을 다시 연장했고, 결국 거의 한 달 내내 전방의 겨울을 《노르마》와 함께 보냈다. 드디어 LD를 가져다 줄 때가 되었지만, 도저히 돌려줄 수 없었다. 그래서 주인에게 팔라고 했더니 주인은 이것은 절대 팔 수 없다고 했다. 사실 구하기 힘든 LD이기는 했다. 내가 제발 팔라고 몇 차례나 간청을 하니, 그는 결국 대여료의 20배가 넘는 금액을 불렀던 것 같다.

그렇게 말도 되지 않는 큰 대가를 치르고, 그것은 내 것이 되었다. 그때부터 20년이 더 지난 현재, 그《노르마》실황은 당시 대여료 정도의 저렴한 가격으로 DVD가 나왔다. 하지만 나는 그때의 돈이 하나도 아깝지 않고, 억울하지도 않다. 그때 그 LD는 나에게 오페라에 대한 눈과 귀를 열어 준 잊을 수 없는 영상으로 내 가슴에 영원히 남았기 때문이다. 동시에 나는 그 공연이 상연되었던 놀라운 야외 공연장이 있다는 도시 오랑주에 너무나 가보고 싶었다.

그래서 지금 나는 그곳을 찾아가는 것이다. 게다가 오늘 올라가는 공연도 그때와 같은 벨리니의《노르마》다. 비록 몽세라 카바예와 존 비커스는 은퇴한 지 이미 오래되었지만, 혜성같이 나타난 러시아의 대형 소프라노 마리아 굴레기나가 노르마 역에 도전하는 중요한 날이다. 그러니 나로서는 내 젊은 시절과 함께했던《노르마》를 바로 그 오랑주 극장에서 볼 수 있다는 흥분으로 내내 액셀러레이터를 밟아서 오랑주로 향하는 것이다.

오랑주로 가는 길은 바로 내가《노르마》로 가는 길이요, 또한 나의 긴 오페라 편력의 황금기로 다시 돌아가는 길이다.

프랑스의 고대 로마

드디어 차는 오랑주로 들어간다. 오랑주는 남프랑스의 프로방스 지방에서도 비교적 북쪽에 자리 잡은 작은 도시다. 프로방스의 중심 도시인 엑상프로방스나 마르세유에서 서북쪽으로 가면 연극제로 유명한 아비뇽이 있고, 아비뇽에서 북쪽으로 다시 20분 정도만 더 가면 오랑주다.

2007년 오랑주 페스티벌에서 공연된 《일 트로바토레》. ⓒ AFP/Getty Images/멀티비츠

오랑주는 고대 로마 시대의 유적이 많은 것으로 유명한 유적 도시다. 원래 이곳에서 살던 고대 켈트족이 로마 제국에 점령을 당하면서 이곳은 기원전 35년부터 로마의 식민지가 되었다. 이후 많은 로마인들이 이곳에 이주해 살아서, 이곳은 마치 프랑스 속의 작은 로마라고 할 정도로 로마 시대의 유적이 많다.

그중에서도 가장 대단한 것이 개선문과 고대 극장이다. 개선문은 기원전 20년경에 세워진 것으로, 흔히 이 문을 보고 파리 개선문과 닮았다고 생각하지만 사실은 이 문이 파리 개선문의 조상뻘이자 그 원형이 되는 것이다. 폭과 높이가 모두 파리 개선문의 절반 정도다.

다음은 고대 극장이다. 이것은 당시 로마 제국의 강성함과 오랑주 지역

몽펠리에 페스티벌

태양의 도시에 내려앉은 뮤즈의 관능

지친 여행자를 일으켜 세우는 도시

기차는 몽펠리에를 향해 열심히 달리고 있었다. 그러나 이 특급 열차 밖에 붙어 있는 최종 목적지는 '바르셀로나'라고 적혀 있었다. 바르셀로나행 기차에서 느끼는 감회는 독특했다. 내가 프랑스, 아니 유럽의 거의 끝을 향해 달리는 기분이었던 것이다. 바르셀로나에 닿기 전의 프랑스령에서 가장 큰 역인 몽펠리에는 남프랑스와 스페인 사이에 숨은 듯이 위치한 조용한 도시다.

남프랑스라고 하면, 흔히 프로방스나 코트 다쥐르를 떠올리게 된다. 사실 이 두 지역은 프랑스뿐 아니라 세계적으로 모르는 이가 없는 유명한 휴양지다. 그러나 그 대단한 지방의 서쪽 옆에 다소곳이 앉아 있는 랑그도크루시용 지방은 아직 세상에 진가가 알려지지 않은 시골 미인과도 같다.

기차는 몽펠리에 역에 도착했다. 랑그도크루시용의 중심 도시가 교육 도시로 유난히 학생들이 많다는 말을 이미 들은 바 있지만, 여름을 맞아 역 전체를 뒤덮고 있는 배낭족 무리에 놀라지 않을 수 없었다. 여행을 떠나는

LE FESTIVAL
DE
RADIO
FRANCE
&
MONTPELLIER
Le Festival
DE
RADIO
FRANCE
&
MONTPELLIER

아침의 코메디 광장.
바닥이 온통 흰 대리석으로 만들어져 나그네의 숨을 멎게 할 정도로 눈부시다.

학생들은 역 건물 안이든 그 앞 광장이든 건너편의 맥도날드 가게 안이든 어디서나 주저앉아서, 한 손에는 햄버거를 다른 한 손에는 코카콜라를 든 채 떠들고 있었다.

역 앞에 줄줄이 늘어선 호텔이나 펜션 중 아무 데나 들어가 방이 있나 확인하고, 트렁크를 맡겼다. 이 시골까지 오느라 지친 유럽 여행에서는 오랫동안 끌고 왔던 짐에서 벗어나는 것이 급선무였던 것이다. 그러고 나서 역 앞에서 트램을 탔다. 최근에 만든 것이 분명한 최신식 트램의 뛰어난 조형 감각과 세련된 컬러가 이 도시의 범상치 않은 예술적 분위기를 이미 예고하고 있었다. 이 트램 하나로, 긴 여행에 지쳤던 내 마음은 새롭게 만난 도시에 대한 호기심으로 다시금 불타오르기 시작했다. 도시의 중심인 코메디 광장에서 하차했다.

희극과 비극의 인생극장

코메디 광장에 처음 섰을 때 그날의 감동은 지금도 잊을 수 없다. 여독은 깨끗이 날아갔다. 시골에 어떻게 이런 곳이 있을 수 있을까. 여기는 숲 속의 파리다. 숲 속에 파리를 연상시키는 또 하나의 화려한 도시가 숨어 있었다니! 마치 잃어버린 과거의 왕국을 발견한 듯한 찬탄이 절로 흘러나왔다. 아마존을 탐험하던 여행가가 마나우스의 밀림에서 오페라 하우스 아마조나스를 처음 보았을 때의 기분이 이랬을까? 인도차이나의 정글을 헤매던 모험가가 앙코르 와트와 마주쳤을 때의 느낌이 이랬을까?

타원형이라서 흔히 '뢰프(달걀)'라고 불리는 드넓은 광장에 서니, 주위를 둘러싼 화려한 석조 건물들의 위용이 찬란하기 그지없었다. 아침에 보는 그 하얀색 건물들! 100년이 넘은 바로크식 건물과 르네상스식 건물이 오전의 태양을 받아 반짝일 때, 도시는 실로 눈부셨다. 그리고 그들은 광장의 광대한 면적을 전부 대리석판으로 깔아 놓았다. 아름다운 바다와 청정한 하늘

오른쪽에는 비극, 왼쪽에는 희극이라고 새겨져 있는 오페라 코메디.

과 짙은 숲과 아기자기한 골목을 가진 아름다운 도시……. 하지만 이 도시의 여러 풍광 중에서도 단연 최고의 것은 코메디 광장이었다. 마치 제아무리 장밋빛 뺨을 가진 아름다운 시골 처녀라도 미의 전당에 있는 상석은 파리의 우아한 공작 부인에게 내줄 수밖에 없듯이.

광장의 서쪽 한가운데에서 동쪽을 향해 당당하게 서 있는 잘생긴 건물이 유수의 오페라 하우스인 '오페라 코메디'다. 그래서 이 광장을 코메디 광장이라 부르는 것이다. 그동안 코메디 하면 배삼룡이나 이주일을 떠올리던 나도, 이제부터는 몽펠리에를 먼저 떠올릴 것이었다.

유럽의 많은 오페라 하우스들은 화려한 파사드(전면)에 주로 작곡가나 시인 등 유명 예술가들의 이름이나 부조를 새겨 넣고 있다. 그런데 몽펠리에

몽펠리에 페스티벌

의 오페라 코메디에는 음악가들의 조상이나 이름이 전혀 없이, 단 두 개의 단어만이 좌우에 새겨져 있다. 오른쪽에는 '트라제디Tragédie(비극)', 왼쪽에는 '코메디Comédie(희극)'. 그렇다. 인생이든 오페라이든 거기에는 비극과 희극이 함께 존재하지 않나! 오페라 하우스는 이 두 개의 단어로 우리의 인생을 관조하듯이 서 있다. 그것은 바로 인생을 대변하고 예술을 대변하는 단어라는 것을 이 광장에 서서 실감했다.

광장의 많은 카페들 가운데 가장 큰 그랑 카페 리슈는 1893년부터 120년 동안 커피를 팔면서 이 광장을 지키고 있다. 리슈의 노천 테이블에 앉아서 120년 전과 같은 맛의 커피를 마시며 오페라 코메디를 바라보았다. 인생을 일희일비一喜一悲라 했듯이, 이곳에서 극장을 통해 바라보는 세상은 말 그대로 좌희우비左喜右悲인 것이다. 지중해에서 불어오는 바람이 싱그러웠다.

신구新舊의 두 오페라 하우스

몽펠리에에서 놀랄 것은 코메디 광장뿐이 아니다. 이 광장을 뒤로하고 동쪽으로 걸으면 넓이가 광장의 몇 배에 달하는 거대한 정원인 '자르댕 뒤 샹 드 마르스'가 나타난다. 이름에서 짐작할 수 있듯이 과거에 군사들을 훈련시키던 거대한 연병장이 있던 곳이다. 이곳이 시민을 위한 공원이 되었다.

큰 나무들이 넓은 그늘을 만들고 있는 이곳을 가로지르면서 산책로를 따라 걸었다. 숲 곳곳에는 순박한 사람들이 집에서 직접 만들어 온 절인 올리브나 직접 구운 비스킷 등을 팔고 있었다. 그들에게서 올리브 약간과 비스킷을 사서 그늘의 벤치에 앉았다. 그것들을 오물오물 먹으면서 잠시 여름 더위를 식혔다. 너무나 행복하고 한가한 공원의 한때였다.

다시 일어나서 산책로를 따라 걷다가 숲이 끝나는 곳에서 세련된 초현대식 건물들을 만났다. 그렇다고 고층이거나 보행자를 압도하는 그런 건물은 아니고, 넓고 세련되게 자리 잡은 예술적인 공간이었다. 마치 서울에 있

는 감회에 젖어서 연신 이야기를 했다. 그런 그가 무대를 향해서 계속 야유를 퍼붓더니, 급기야는 중간에 나가 버리고 말았던 것이다.

그러나 음악은 좋았다. 야코프스의 헨델은 분명하고 단정해서 듣기 편했고, 무엇보다도 야코프스와 함께 온 프라이부르크 바로크 오케스트라의 앙상블은 뛰어났다. 주노는 열창을 했고 바로크 오페라에 어울리는 음색과 테크닉을 갖추고 있었지만, 광고처럼 '파리넬리의 부활'이라는 과장된 선전에는 동의를 유보해야 할 것 같았다. 주노보다는 차라리 체칠리아 바르톨리나 베셀리나 카사로바에게 더 많은 점수를 주고 싶었다. 내게는 주노보다는 오히려 알미레나 역을 부른 소프라노 미아 페르손의 미성과 티끌 하나 없이 깨끗한 가창이 가히 충격적이었다. 그녀는 유명한 아리아 〈울게 하소서〉에서 정말 듣기 어려운 절창을 들려주었다. 공연 후에 페르손과 야코프스는 큰 박수를 받았고, 로워리에게는 박수와 야유가 거의 반반 정도로 돌아갔다.

광장과 골목마다 스며 있는 작은 기쁨

몽펠리에는 한마디로 참 기분 좋은 도시라고 말할 수 있다. 13세기 초에 만들어진 의과대학 등 대학이 많은 유서 깊은 교육 도시인 이곳에는, 미술관과 도서관들이 곳곳에 있고 공원과 분수가 즐비하다. 관광객들이 너무 많은 프로방스의 여러 도시들과는 달리, 옆구리에 책을 낀 학생들이 더 많이 보인다. 시내의 좁은 뒷골목들에는 작은 화랑과 공방들이 산재해 있고, 곳곳에 보이는 고서점과 레코드 가게들은 이곳이 관광지라기보다는 사람이 살아가는 곳이라는 냄새를 강렬하게 풍긴다. 물가도 저렴하며, 순박한 사람들의 말씨나 옷차림에 도시의 때가 거의 묻어 있지 않은 그런 곳이다.

또한 이곳은 고대 로마 시대부터의 주요 도시로서, 지금도 로마 유적들이 있다. 특히 '페루 산책로' 끝에 나타나는 거대한 수로는 도심의 하늘을 가로지르는데, 길이 1킬로미터에 달하는 장관을 연출한다. 몽펠리에의 또 다른 장점은 많은 저택들이 박물관 등으로 개조되어, 그 아름다운 실내와 정원들을 개방하고 있다는 점이다.

　르 코룅처럼 몽펠리에 생긴 또 하나의 새로운 명물이 '안티고네'다. 이곳은 포스트모던풍의 종합 학예관으로서, 로마의 거대한 궁전을 재현해 놓은 것처럼 웅장하다. 예술과 학문을 주제로 한 종합 공원이라고 생각하면 될 것이다. 프랑스 일개 지방 도시의 문화적인 위력을 실감하게 하는 놀라운 장소다. 면적은 코메디 광장의 거의 10배에 달하는데, 초현대식 대형 쇼핑몰인 '폴리고네'를 통해서 코메디 광장까지 도보로 연결된다. 몽펠리에를 방문해서 그 이름부터 압도적인 안티고네와 폴리고네를 들러 보는 데 하루를 할애하지 않는다면, 현대에 맹렬하게 숨 쉬는 지적이고 역동적인 도시 몽펠리

몽펠리에 골목에서 방문객을 맞는 아르모니아 문디의 레코드 숍.

고즈넉한 분위기를 풍기는 몽펠리에 골목.

에의 분위기를 제대로 보았다고 말할 수 없을 것이다.

몽펠리에에서 시간이 약간 있을 경우, 주위의 유명한 명소들을 찾아보자. 우선 중세의 성채를 완벽하게 보존하고 있는 성채 도시 에그모르트와, 세계 최고 최대의 로마 수로인 가르 다리가 가깝다. 지중해안 쪽으로는 해변의 종합 휴양지 라 그랑드 모트도 유명하지만, 고즈넉한 분위기를 원하는 사람이라면 옛 어항의 모습을 간직하고 있는 카마르그에 가 보기를 권한다. 모두 몽펠리에에 숙소를 둔 채, 당일을 이용해서 편안한 차림으로 다녀올 수 있다.

이 모든 것을 즐기려면 몽펠리에에 최소한 3~4일은 머물러야 하지 않을까? 남프랑스에는 너무나 유명한 곳들이 많지만, 몽펠리에야말로 느긋하게 즐길 만한 환경이 즐비한 최고 고장의 하나다.

나에게 한 곳을 선택하라면

여름 태양을 피해서 법원 뒤편의 골목을 걸어 다니다가, 식당을 하나 발견했다. 작지만 앙증맞은 식당의 노천 테이블에 앉아 주문했다. 그러고는 옆에 있는 작은 공원을 바라보면서 혼자서 우물우물 늦은 밥을 먹었다. 그때 갑자기 이런 생각이 들었다. 만일 나에게 최고의 사치 하나를 허용할 테니 원하는 바가 무엇이냐고 묻는다면, 이곳 몽펠리에에서 몇 년 동안 책이나 읽으며 공부하는 것이라고 말하리라……. 세상에는 관광하기 좋은 곳들이 많지만, 이곳만큼 머무르면서 공부해 보고 싶은 곳은 많지 않다. 게다가 싱그러운 야채와 샐러드 소스가 내 입안으로 들어갈 때, 그리고 그 맛있는 음식의 놀랍게도 싼 가격을 생각할 때, 그 소원은 더욱 절실하게 다가왔다.

이탈리아

검투사의 무덤,
오페라 성지로 부활하다

그대는 아는가, 이 남쪽 나라를

토마의 오페라 《미뇽》 중에는 떠돌이 소녀 미뇽이 부르는 아름다운 아리아 〈그대는 아는가, 저 남쪽 나라를〉이 있다. "당신은 아시나요, 오렌지 꽃이 피는 나라를……? 거리에는 황금빛 과일들이 열리고, 호수에는 새들이 날고, 건물들은 대리석으로 지어져 있어요……."

그 아름답다는 남쪽 나라는 어디일까? 그 나라는 물론 이탈리아이고, 미뇽이 말하는 호수는 고도古都 베로나 옆의 가르다 호수다. 미뇽의 원작 소설인 『빌헬름 마이스터의 수업 시대』를 쓴 독일의 대문호 괴테는 이탈리아를 동경했다. 그런 그의 명저인 『괴테의 이탈리아 기행』은 여행의 첫발을 베로나에서 시작한다.

음습한 날씨에 호밀빵과 맥주를 먹고 나무 집에서 살던 독일인들에게, 이탈리아는 지상낙원으로 여겨졌다. 그들이 알프스를 넘어 처음 이탈리아 땅에 들어설 때, 그들을 맞는 남국南國의 첫 관문이 바로 베로나다. 그곳에

'벨라 베로나'라고 불릴 정도로 아름다운 베로나 시가지 풍경.

서 독일인들은 작열하는 태양을 쬐고, 가로수에 달린 오렌지를 보고, 하얀 빵과 싱그러운 와인을 마시고, 대리석으로 지어진 집들을 만나게 된 것이다. 이렇듯 베로나는 이탈리아를 찾는 독일이나 북유럽 사람들에게 강렬한 인상으로 각인되었던, 세상에서 가장 아름다운 도시 중 하나다.

베로나로 가는 방법에는 여러 가지가 있지만, 괴테의 발자취에 충실하자면 뮌헨에서 가는 것이리라. 뮌헨 역에서 유럽 대도시 간의 특급열차(IC)인 '파가니니'호를 탄다. 손에 굳이 『괴테의 이탈리아 기행』이 들려 있지 않더라도, 기차가 돌로미티 산맥을 지나 아래로 내려갈수록 창밖 풍경이 확연하게 변해 가는 것을 느낄 수 있다. 처음에는 북유럽의 고딕풍 첨탑과 독일어 간판이 간간이 보이는 볼차노와 트렌토 같은 도시를 만나게 된다. 하지만 곧 뾰족한 지붕과 독일어 간판들이 점차 누런색의 정감 어리고 밋밋한 지붕들과 이탈리아어 간판으로 바뀌는 것이다. 그리고 기차가 완전한 평지로 들어서면, 이제 정말 따뜻한 남쪽 나라에 왔음을 느끼게 될 것이다.

이렇듯 베로나는 예부터 교통의 중심이었다. 북쪽 길은 뮌헨과 인스브루크로 통하며, 남쪽으로는 볼로냐와 로마에 닿는다. 동서로는 북이탈리아의 가장 중요한 두 도시인 밀라노와 베네치아를 잇는 철도의 정중앙에 위치한다.

이런 베로나는 작은 도시이지만, 여름이면 관광객들로 넘쳐 난다. 중세 건물들로 이어진 구시가는 아기자기할 뿐 아니라, 강과 언덕이 조화를 잘 이뤄 풍광이 수려하다. 베로나는 고적古蹟이 산재한 비첸차, 파도바, 만토바 같은 도시들로 둘러싸여 있으며, 미뇽이 살았던 가르다 호수는 이탈리아 최대의 호수이자 그림 같은 휴양지다. 이런 베로나를 가장 많이 찾는 외국인들은 단연 괴테의 후예들이다. 베로나에서 여름마다 만나게 되는 많은 독일인들은 베로나를 세상에서 가장 좋은 도시로 손꼽는 데 주저하지 않는다. 사실 이 도시는 살기 좋은 이탈리아 도시의 리스트에서 해마다 상위권에 든다. 무엇보다도 베로나는 아름답다. 베로나를 사랑하는 사람들은 베로나를 그냥 베로나라고 부르지 않는다. "벨라 베로나", 즉 "아름다운 베로나"라고 부르는 것이다.

이곳은 차라리 성지다

그러나 오늘날 우리가 베로나를 찾는 가장 큰 이유는 단 하나, 거부할 수 없는 유혹인 오페라가 있기 때문이다. 베로나 시가 늘 사용하던 광고 문구인 '세계에서 가장 큰 오페라 하우스'를 굳이 쓰지 않더라도, 고대 로마 시대의 유적인 아레나 디 베로나(베로나의 야외 경기장)에서 열리는 여름 페스티벌은 이제 오페라 팬들에게는 순례지가 되고 말았다.

요즘은 너무 많은 야외 오페라가 온 유럽에서 펼쳐지고 있지만, 베로나 페스티벌, 정확히 말해 '아레나 디 베로나 페스티벌'의 명성과 위력은 여전하다. 다른 야외 오페라가 아무리 뛰어난 음향 기술과 화려한 무대를 사용한다 하더라도, 2천 년 전의 고적이 지닌 고전적인 분위기와 고대 건축물의 자연스러운 공명을 따라갈 수 없는 것이다.

유럽 여름의 해는 유달리 길다. 하루 종일 뜨거웠던 한여름의 태양이 모습을 감추려면 오후 9시는 되어야 한다. 이때쯤 공연이 시작된다. 그러나 스탠드의 좌석은 지정석이 아니기 때문에, 이곳에 앉는 관객들은 좋은 공연 때는 미리 도시락과 음료수를 싸 들고 와서 낮부터 자리를 지키고 있다. 만일 《아이다》 같은 인기 작품에, 플라시도 도밍고나 호세 카레라스 같은 가수가 나오는 날이라도 되면, 거의 정오부터 아레나 앞의 브라 광장에는 사람들이 줄을 서기 시작한다. 뜨거운 여름 낮에는 늘어선 줄에서 쓰러지는 사람들이 속출하기도 해서, 광장에는 항상 앰뷸런스가 대기하고 있어야 할 정도다.

공연이 시작될 때면 뜨거웠던 아레나를 이루고 있는 2천 년 된 거대한 돌들이 식기 시작한다. 그러면 가수가 무대에서 부르는 노래가 사방의 식어

베로나의 중심지인 브라 광장은 아레나 디 베로나 바로 앞에 있다.

가는 돌들에 부딪치면서 놀라운 음향 효과가 발생되는 것이다. 공연이 시작될 때쯤 아레나에 들어가지 않고 브라 광장에 앉아 있던 적이 있다. 아레나를 넘어 광장까지 들리는 오페라 서곡의 웅장한 소리는 온 도시를 오페라에 빠져들게 했다. 내 옆자리에 있던 남루한 할아버지는 "델 모나코의 소리는 베로나 역까지 들렸지"라는 믿지 못할 허풍을 떨면서 젊은 날의 추억에 젖었다(아레나에서 베로나 역까지는 버스로 두 정거장쯤 된다). 광장과 골목의 식당과 카페들에서는 웨이터들이 이 생음악을 들으면서 공연이 끝나고 쏟아져 들어올 사람들을 위해 테이블을 준비했다. 매년 그러하니, 그들도 오페라의 중요한 멜로디 두어 구절쯤은 흥얼거릴 수 있다.

지중해성 기후라지만, 공연 때 비가 오는 경우도 있다. 베로나를 상징하다시피 하는 작품 《아이다》가 오르는 날이었다. 공연 시작 30분 전부터 갑자기 비가 퍼붓기 시작했다. 지정석을 가진 사람들은 아레나에 들어가지 않고 광장의 카페에서 발을 동동 구르면서 기다렸다. 천막 밑에서 비를 피하는 부인들의 드레스가 조금씩 젖어 갔다. 그러나 이때 아레나 안의 모습은 더욱 장관이었다. 낮부터 와서 좋은 자리를 지키던 스탠드 좌석의 사람들은 비가 와도 자리를 뜨지 않았다. 그들은 비닐로 온몸을 덮은 채, 빗속에 그냥 앉아서 자리를 지켰던 것이다. 그들의 자세는 눈물 날 정도로 진지했다. 그들에게 오페라는 무엇일까? 한 농부는 10년을 별러서 여기에 처음 왔다면서, 자신의 가족 8명을 나에게 소개했다.

베로나의 기상 예보는 세계 최고 수준일 것이다. 광장에서는 거의 10분 간격으로 마이크를 통해서 기상 예보를 했다. 아무리 비가 오더라도 관객들은 물러설 자세가 아니었다. 물론 아레나 측으로서도 공연을 강행해야 했다. 티켓의 뒷면에는 "공연이 15분 이상 진행되면 환불하지 않는다"라는 불공정한 약관이 명시되어 있다. 즉 막을 올리지 않고 공연을 취소하면 티켓 값을 전액 환불해야 하지만, 공연을 15분만이라도 하게 되면 아레나로서는 환불할 책임이 없어지는 것이다. 관객들은 거의 1시간을 기다렸다. 10시가 넘자 카페는 지친 관객들로 가득했다. 그때 마이크에서 안내 방송이 시작되었다. "5분 후에 비가 그치겠습니다. 10분 후에 공연이 시작됩니다." 그때까지도 비는 계속 내리고 있었다.

각 골목의 식당에서 뛰어나온 관객들이 극장으로 입장하자, 비는 거짓말처럼 그쳤다. 공연은 거의 1시간 반이나 늦게 시작되었다. 비 온 뒤에 갠 하늘은 더욱 청명했다. 구름 사이로 별이 드러난 밤하늘로 아이다와 라다메스의 최후의 2중창이 멀리멀리 퍼져 나갔다. 라다메스 역의 테너 주세페 자코미니는 20세기의 마지막 《아이다》 공연에서 20세기의 마지막 드라마틱 테너답게 고색창연한 음색을 멋지게 뽑아냈다. 그러나 2중창의 마지막 부분으로 넘어가면서 그의 목소리가 갑자기 잠겨 나오지 않게 되었다. 운집한 2만

명의 관객들이 모두 긴장했다. 그때 아이다 역의 마리아 굴레기나가 자코미니의 머리를 두 손으로 힘껏 붙잡고 그의 소리에 마지막 힘을 불어 넣었다. 자코미니 역시 자신의 두 손으로 굴레기나를 움켜쥐었다. 자코미니는 테너인 자신의 가사를 함께 불러 주는 굴레기나만 바라보면서 마지막 음을 하나하나 겨우 불러 나갔다. 아레나의 모든 조명이 꺼지고 오직 단 하나의 조명등만이 두 사람을 비추고 있었다.

마지막 대사 "우리는 하늘로 날아가네……"의 "일 치엘……"이 피아니시모로 끝나자, 마지막 조명도 꺼졌다. 관객들은 모두 감전된 듯이 몇 초간 아무런 소리도 내지 않았다. 다시 조명이 들어오자 아레나는 우레와 같은 함성으로 뒤덮였다. 시곗바늘은 새벽 2시를 향하고 있었다.

세계에서 가장 큰 오페라 하우스의 탄생

2천 년 전에 로마 제국의 귀족들이 격투기 등을 하기 위해 지었던 원형 경기장 '아레나 디 베로나'는 지금 세계에 남아 있는 로마 경기장들 중에서 콜로세움과 카푸아 원형 경기장에 이어 세 번째로 큰 규모이며, 보존 상태는 세계 제일의 수준을 유지하고 있다. 그러나 로마 제국이 멸망하고 중세에 들어오면서 이 장소는 버려진 곳이 되었다. 중세에는 사람들이 이곳의 돌을 뜯어내어 자신들의 주택을 짓는 데 사용했으며, 스탠드 아래는 빈민들의 주거지가 되기도 했다. 근대에 이르러서야 당국은 고적의 중요성을 인식하고 이곳 거주민들을 이주시키고 보존에 들어갔다.

그러던 이곳을 공연장으로 만든 사람은 명지휘자 툴리오 세라핀이었다. 그는 1910년경 베네치아에서 밀라노로 가던 기차를 타고 있었다. 열차가 베로나에 진입하자, 그와 함께 여행하던 테너와 바이올리니스트 등이 베로나에 있는 유적 아레나에 대한 이야기를 나누게 되었다. 그러자 세라핀은 갑자기 무언가가 생각난 듯이 일행들에게 베로나 역에서 내리자고 했다. 그들은 이 되면 베로나의 아름다운 야경을 보면서 연극을 관람할 수 있는데, 〈로미오와 줄리엣〉은 물론이고 〈템페스트〉, 〈헨리 8세〉, 〈한여름 밤의 꿈〉 등이 이곳의 인기 레퍼토리다.

또한, 베로나에서는 발레도 많이 공연되는데, 작품의 규모와 성격에 따라 아레나 디 베로나와 고대 로마 극장에서 번갈아 올라간다. 즉 고전 발레는 주로 아레나 디 베로나에서 올라가며 현대 무용은 고대 로마 극장을 주로 이용한다. 아레나에서 공연된 발레 중에서는 역시 베로나답게 프로코피예프의 《로미오와 줄리엣》이 가장 자주 올라갔으며, 그 외에 지금까지 40개가 넘는 작품들이 공연되었다. 특히 그리스의 작곡가 테오도라키스의 발레 《그리스인 조르바》가 1988년 아레나에서 세계 초연되었다. 그 외에도 페스티벌 기간에는 세계적인 미술가들의 전시회가 시내 곳곳에 유치된다.

2006년에 올라간 《아이다》. ⓒ Christian Abend

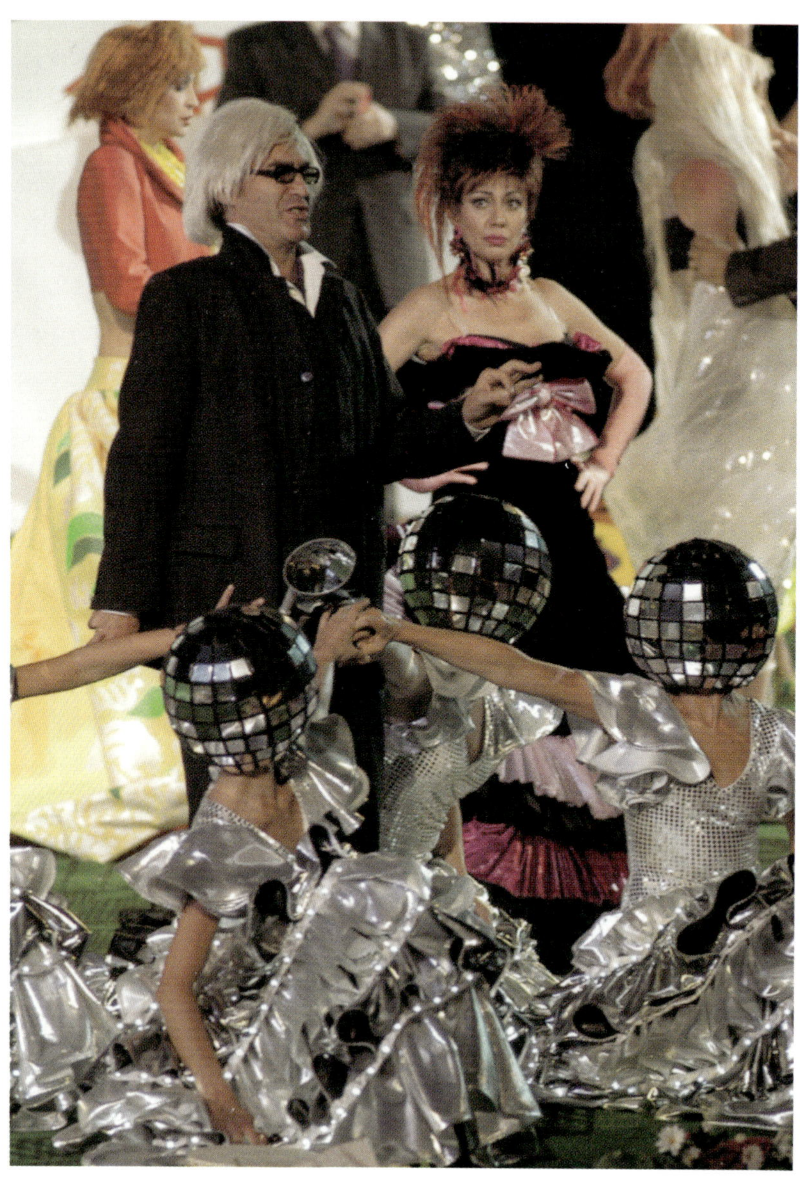

그레이엄 비크가 연출한 2004년의 《라 트라비아타》.

　　그동안 아레나 디 베로나 페스티벌은 큰 규모에 의존하는 경향이 짙었으며, 야외 오페라인 만큼 음악적으로나 미술적으로나 섬세한 표현을 등한시해 온 것이 사실이다. 그러나 2000년을 전후로 해서 이런 경향은 눈에 띄게 줄고, 이제 제2의 출발을 시작했다고 해도 과언이 아니다.

　　도리어 베로나는 지리적으로 독일-오스트리아권과 가장 가까운 이점을 이용해서, 이제는 이탈리아 가운데 새로운 오페라 연출의 전진 기지로 점점 탈바꿈하고 있다. 2000년 우고 데 아나가 연출한 《나부코》의 첨단 기계화 군단을 시작으로, 피에르 루이지 피치가 파란색과 은색만으로 무대를 만들어 낸 《아이다》 등이 그 예다. 또한 2004년에 그레이엄 비크가 연출한 획기적인 《라 트라비아타》는 베로나의 향후 발전 가능성을 보여 준 대표적인 예라고 할 만하며, 지금까지 내가 보았던 《라 트라비아타》 중 최고의 무대였다고 말하고 싶다.

　　최근의 아레나 디 베로나를 살펴보면 2010년에는 《아이다》,《일 트로바토레》, 푸치니의 《투란도트》,《나비 부인》, 비제의 《카르멘》의 5개 작품이 올라갔으며, 2011년에는 《아이다》,《라 트라비아타》,《나부코》, 푸치니의 《라 보엠》, 로시니의 《세비야의 이발사》, 구노의 《로미오와 줄리엣》의 6개 작품이 공연되었다.

　　하지만 아레나 디 베로나의 가장 큰 고민은 연출이라기보다 레퍼토리다. 즉 이 페스티벌은 수백 명이나 1~2천 명을 대상으로 하는 다른 페스티벌과는 근본적으로 성격이 다르다. 그런 곳들은 전위적인 작품이나 드문 작품을 올릴 경우 도리어 칭찬을 받고 지적인 마니아들로 가득 차게 된다.

　　하지만 하루 저녁에 2만 명을 모아야 하는 아레나 디 베로나는 사정이 다르다. 2만 명 관객은 당연히 대부분이 관광객들이며, 그중에는 오페라를 좋아하는 마니아는 아무리 많이 잡아도 절반이 되지 않는다고 보아야 한다. 그러므로 아직도 《아이다》와 《카르멘》 등에만 관객들이 몰리는 현상이 나타나는 것이다. 가끔 드문 레퍼토리, 즉 최근에 《운명의 힘》이나 《노르마》

피렌체 5월 음악제

도시와 함께 꽃피는
음악의 르네상스

관광객이 밀려드는 도시

이탈리아의 여러 도시들 중에서 로마와 더불어 우리나라 사람들이 가장 많이 찾는 곳이 피렌체일 것이다. 이탈리아에서도 가장 아름답다는 토스카나 주의 주도이며 '꽃의 도시'이자 르네상스 문명의 중심지, 그리고 수많은 책과 영화의 배경이 되었던 꿈의 도시가 피렌체다.

그러나 막상 피렌체의 중앙역에 해당하는 산타 마리아 노벨라 역에 도착했을 때, 가장 먼저 나를 반기는 것은 르네상스 조각도, 그림 같은 전원도 아니었다. 역 건물에 가득한 수많은 관광객과 배낭족들을 보고, 그들의 땀 냄새에 아연해지는 것이 보통 피렌체에서 받는 첫 느낌일 것이다. 무엇보다도 이탈리아에서 이렇게 한국인들을 실컷 보는 경우도 드물다. 특히 배낭여행이나 단체 여행 혹은 삼삼오오로 여행 중인 우리나라 어린 대학생들의 모습이 여기저기서 보인다. 분명 보기에 좋은 모습들은 아니다. 거의 너부러진 모습들에 나도 모르게 얼굴이 찡그러진다. 완전히 탈진하거나 피곤에 지친

5월의 피렌체는 햇볕에 반사되는 거리의 색채들로 화사해진다.

학생들이 맥도날드 햄버거 하나씩 들고 바닥에 앉아 있거나, 여학생들이 땅에 앉아서 서로 어깨를 기댄 채 졸고 있는 이곳이 바로 피렌체의 관문이다.

세상에서 가장 아름답다는 곳, 가장 볼 것이 많다는 도시. 그러나 이곳은 감동을 하겠다는 기대를 안은 채 일부러 찾아온 나그네들에게는 결코 쉽게 감동을 주지 못한다. 아마도 너무나 넘치기 때문일 것이다. 피렌체는 로마처럼 몇 번을 방문해도 다 볼 수 없으며, 나는 항상 커다란 코끼리의 어딘가를 만지고 있을 뿐이라는 느낌을 받는다.

어디서나 세계에서 온 각양각색의 얼굴을 한 관광객들과 함께 기다란 줄을 서야 한다. 그리고 한여름의 뙤약볕에서 종일 기다려서 만나는 브루넬레스키와 미켈란젤로의 그 많은 작품들은 집이나 도서관에서 편안하게 접했던 도록보다 우리의 눈을 더 잡아끌지 못한다. 정신없이 피렌체를 '거쳐서 지나가는' 관광객들에게, 두오모 광장의 거대한 종탑과 시뇨리아 광장의 다비드 상은 다만 사진을 찍기 위한 배경이거나 잃어버린 동료를 찾기 위한 랜드 마크로 전락할 뿐이다.

이곳에서 르네상스의 위대한 정신과 예술을 제대로 느끼기 위해서는, 질식할 것 같은 관광객들의 홍수 속에서 이탈하여 자신만의 테마 속으로 침잠하는 수밖에 없다. 그러나 그것도 쉬운 일은 아니다.

피렌체를 순례하는 또 하나의 테마

이런 피렌체에는 또 다른 모습이 있으니, 바로 '음악과 오페라의 도시'로서의 피렌체다. 물론 이런 측면은 일반 여행자나 패키지 단체 관광객들의 주의를 거의 끌지 못하지만 말이다. 하지만 이것이 오늘 피렌체를 찾는 나의 주제다. 미술과 건축의 도시가 아닌, 또는 구두와 핸드백의 도시가 아닌 '음악의 도시'로서의 피렌체. 이런 피렌체가 과연 존재하는지도 모르는 방문객들이 대부분일 것이다. 나는 피렌체가 음악의 도시란 사실을 눈으로 직접 확인하기

르네상스 문화의 흔적으로 가득한 고도 피렌체.

위해 우피치 미술관이나 두오모 대성당, 산 로렌초 성당이 아니라, 먼저 산타 크로체 성당으로 가야 한다.

산타 크로체 성당으로 가다 보면 유명한 아이스크림 집 '비볼리'가 나타난다. 이탈리아 전체에서도 맛있기로 유명한 집이므로 피렌체에 올 때면 꼭 거치는 곳 중 하나다. 흰색 아이스크림 위주로(꼭 흰색 아이스크림을 먹어야 한다. 이게 진짜 이탈리아 아이스크림의 정수다) 몇 숟갈이나 떠먹는다. 그러면 메마른 피렌체 도심 공기로 인한 갈증이 좀 가신다. 아이스크림을 먹으면서 산타 크로체 광장을 거쳐 산타 크로체 성당으로 간다.

성당에 들어서면 좌우로 위인들의 묘지가 늘어서 있다. 이때 그들의 엄청난 명성을 접하게 된 나는 피렌체의 위대한 역사 앞에서 또 다시 주눅이 든다. 단테, 마키아벨리, 갈릴레이, 미켈란젤로…… 모두 피렌체가 낳은 위대

5월 음악제의 본부인 피렌체 시립극장. 외관은 평범하지만 실내 디자인과 음향이 뛰어나다.

연극 등도 훌륭한 수준을 유지하고 있다. 특히 연극의 경우에 명무대가 많았는데, 1948년에 셰익스피어의 〈템페스트〉가 조르조 스트렐러의 연출로, 1949년에 〈트로일러스와 크레시다〉가 루키노 비스콘티의 연출로 공연되었다. 1965년에 제피렐리의 연출로 올라간 베르가의 〈루파〉에서는 이탈리아의 명여배우 안나 마냐니가 놀라운 열연으로 화제가 되었으며, 1967년에는 비스콘티의 연출로 베토벤이 괴테의 원작에 곡을 붙였던 연극 〈에그몬트〉 전작이 상연되기도 했다.

2012년의 피렌체 5월제는 5월 4일 리하르트 슈트라우스의 《장미의 기사》로 그 막이 오른다. 지휘는 평생 동안 이 페스티벌을 이끌어 온 76세의 주빈 메타가 맡으며, 에이케 그람스의 신연출이 주목을 받고 있다. 안겔라 데노케, 실비아 슈바르츠, 카이틀린 훌쿠프 등이 무대를 장식하게 된다. 그 외

사설 극장이라고는 믿기지 않을 정도로 규모와 시설이 화려한 페르골라 극장.

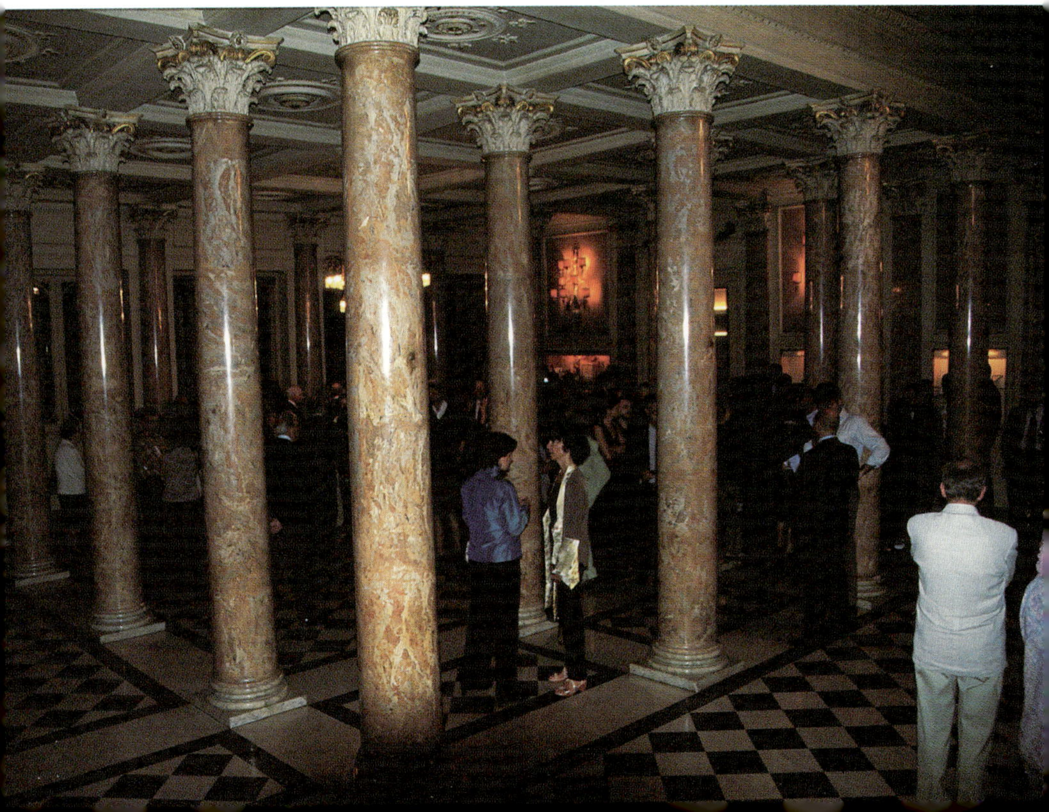

에 콜라산티의 《변용》은 마르코 안기우스가, 바르토크의 《푸른 수염 영주의 성》은 졸트 하마르가 지휘하는 등 5월제다운 학구적인 공연들이 예정되어 있다.

아름답고 유서 깊은 토스카나

피렌체에 관해서는 많은 관광 안내서에서 쉽게 접할 수 있다. 그 많은 유적 들과 미술품들을 여기서 다시 반복하고 싶지는 않다. 그러나 피렌체에 간 김에, 오페라가 발생한 자취를 더듬어 보려는 분이 있을 것이다. 사실, 시가 지 전체가 르네상스 스타일의 거대한 석조 건물군으로 구성된 피렌체에서 어느 건물이든 역사성이 없는 경우가 없을 정도이니, 막상 힘들게 오페라의 자취를 찾고 나면 별 감흥이 없을 수도 있다. 그래도 굳이 거론하자면 오페 라를 만든 모임 '카메라타'가 있던 곳이 베르니오 후작의 궁전이며, 최초의 오페라가 공연된 곳은 코르시 백작의 궁전이다.

피렌체를 배경으로 한 명화를 미리 보고 가는 것도 이 도시를 입체적이 고 의미 있게 여행하는 방법의 하나일 것이다. 〈전망 좋은 방〉이나 〈한니발〉, 〈무솔리니와 차 한 잔〉, 〈냉정과 열정 사이〉 같은 영화들에는 피렌체의 역사 적인 거리와 건물들이 세밀하게 표현되어 있어, 이 영화들을 미리 보고 그 장소들을 찾는 것도 또 하나의 재미가 될 수 있을 것이다.

5월제에 왔다면 페스티벌의 중심이 되는 유명한 피렌체 시립극장은 어 떻게 하든 꼭 방문할 수밖에 없는데, 베키오 다리에서 아르노 강의 북안北岸 을 따라서 서쪽으로 걸어가서 미국 대사관 뒤편에 가면 찾기 어려운 뒷길에 숨어 있다. 이 극장은 토리노의 레조 극장, 제노바의 카를로 펠리체 극장 등 과 함께, 이탈리아에서는 드물게 현대적인 시설을 갖춘 개방형 극장으로 유 명하다. 외관은 평범해서 문을 닫은 낮에는 전혀 눈길을 끌지 못하는 건물 이다. 그러나 안으로 들어가면 붉은 벨벳으로 싸인 현대식 의자들이 중후한

초콜릿이 맛있기로 소문난 카페 질리는 피렌체에서 가장 유서 깊은 카페다.

느낌을 줄 뿐 아니라 음향도 뛰어나다. 페스티벌 때는 이 극장을 중심으로 골도니 극장, 페르골라 극장, 베르디 극장 등 시내 전역의 극장들이 모두 동원된다. 앞서 설명한 시립극장 오케스트라는 5월이 아니더라도 공식적으로 '5월 음악제 오케스트라'라고 불린다. 페스티벌이 유명해져서 모태가 된 악단의 이름까지 바꿔 버린 경우다.

피렌체에는 수많은 카페들이 있지만, 가장 역사가 깊고 전통이 있는 곳은 공화국 광장에 있는 크고 화려한 '카페 질리'다. 이름도 마음에 드는 이 가게에는 유서 깊은 과자를 사기 위해 할머니들이 항상 줄을 서 있는데, 초콜릿과 커피가 유명하다.

피렌체의 빼놓을 수 없는 또 다른 매력은 토스카나 지방의 여러 소도시

                                                      피렌체 5월 음악제

들을 당일로 볼 수 있다는 점이다. 특히 시에나, 산 지미냐노, 피사, 루카, 아레초, 몬테풀치아노 등은 꼭 들러 보기를 권한다.

시에나는 토스카나의 산속에 있는 정말 아름다운 도시인데, 산꼭대기에 도심이 형성되어 있다. 부채꼴 모양의 광장인 '피아차 델 캄포'는 매우 인상적인데, 여름이면 '팔리오'라는 유명한 승마 시합이 벌어진다. 시에나를 가다 보면, 산 위의 높은 탑들이 인상적인 마을이 산 지미냐노다. 과거에 염색이 유명했던 곳으로, 염색한 천을 걸기 위해 집집마다 탑을 지어서 탑의 도시가 되었다. 피사는 우리에게 잘 알려진 사탑의 도시로, 실제로 가서 보면 사탑과 두오모의 아름다움이 생각보다 더 압도적이므로, 꼭 한 번 들르기를 권한다. 하지만 이 도시에서 더욱 유명한 것은 유서 깊은 피사 대학으로, 시내에 산재한 대학의 분위기에서 학창 시절의 정취를 다시 느껴 볼 수 있다. 루카는 푸치니의 고향인데, 두오모, 계란형 광장, 푸치니의 생가 등 볼 것이 많다. 그 외에도 이탈리아 최고의 프레스코화를 볼 수 있는 산 프란체스코 성당이 있는 아레초도 방문할 가치가 있으며, 토스카나 지방에서 가장 높은 곳에 있는 와인의 도시 몬테풀치아노도 시간을 내서 가 볼 만하다.

순례자의 길

피렌체 시립극장에서 《나비 부인》을 보고 돌아가던 때였다. 어떤 뚱뚱한 남자가 나에게 알은체했다. 전날 볼로냐 시립극장에서도 나를 보았다는 것이다. 결국 우리는 호젓하고 어두운 아르노 강변을 길동무 삼아 함께 걷게 되었다.

그의 몸이 너무 육중한 까닭에 우리는 아주 천천히 걸어야 했고, 그 덕분에 오페라에 관한 많은 대화를 나눌 수 있었다. 그는 캐나다의 토론토에서 왔는데, 대학 때부터 방학이면 유럽의 페스티벌을 전전했다고 한다. 그가 나에게 《라 보엠》을 몇 번이나 봤지요?"라고 물었다. 나는 기죽지 않으려고 좀 부풀려서 "한 30번은 될 걸요"라고 대답하자 그는 그럴 줄 알았다는 듯한

황혼 녘의 아르노 강변은 꿈길처럼 아름답다.

표정으로 "나는 40번은 봤어요"라고 했다. 나 참, 그게 무슨 상관일까마는 그는 오페라고어의 판단 기준을 《라 보엠》의 관람 횟수로 삼는 것 같았다. 어쨌거나 많은 이야기 중에 특이했던 것은 그와 내가 좋아하는 작곡가가 벨리니로 같다는 점이었다. 단, 나는 《청교도》를 가장 좋아하지만 그는 《몽유병의 여인》이 가장 좋다고 했다.

베키오 다리 앞에서 우리는 서로 다른 길로 가야만 했다. 그는 다음날 로마에 《파우스트》를 보러 가니 함께 가자고 했지만 나는 길이 달랐다. 우리는 헤어지며, 그곳이 유럽의 어디가 될지 모르지만, 벨리니의 오페라가 오르는 극장에서 꼭 다시 만나기로 했다. 돌아서서 혼자 골목을 걸을 때, "아, 순례자는 나 혼자가 아니구나" 하는 작은 위안이 밀려왔다.

토레 델 라고 푸치니 페스티벌

물안개처럼 피어오르는
허밍 코러스

호숫가의 신기루를 찾아서

피렌체에 며칠 있으면서 여러 사람들에게 "토레 델 라고를 어떻게 가지요?" 라고 물어보았다. 그곳에서 푸치니 페스티벌이 열리기 때문이다. 그런데 사람들의 대답은 한결같았다. 즉 "그곳이 어디쯤인지는 아는데, 가 본 적은 없어서 정확히 어떻게 가야 하는지는 모르겠어요"라는 것이었다. 그 정도는 지도만 보는 내 지식보다 나을 것이 없지 않은가. 그런데 단 한 사람이 그곳은 사람이 사는 곳이 아니어서 마을이나 호텔 같은 것은 없다는 정보를 알려주었다. 그렇다고 무작정 토레 델 라고로 찾아갈 수는 없는 노릇이었다.

　결국 나는 지도에서 토레 델 라고와 가까이 있는 도시 루카로 가기로 했다. 루카는 이미 가 본 적이 있는 곳인데다 푸치니가 태어난 고향이기도 하므로, 푸치니의 집이 있었다는 토레 델 라고와 가까울 것이라는 내 나름의 추론도 작용했다. 유난히 짐이 무거웠던 이번 여행에서 운전면허증을 가져오지 않은 것이 나의 결정적인 실책이었다. 자동차만 있으면 그리 힘들지

토레 델 라고의 호수는 세계적인 철새 도래지다.

않았을 여정이 고생의 연속으로 펼쳐지게 되었던 것이다.

기차 노선에 토레 델 라고가 있었지만 연결되는 것은 지선뿐으로, 게다가 하루에 한두 번밖에 없다는 사실이 나를 불안하게 했다. 그래서 일단 루카에서 내려 편안한 호텔을 잡고, 그 후에 토레 델 라고로 이동하기로 계획을 세웠다.

루카 역에 내려 가방을 끌고 역 건물을 나서자 먼저 눈에 띈 것은 이탈리아 대부분의 도시 역 앞에서 볼 수 있는 체인 호텔인 졸리 호텔의 간판이었다. 졸리 호텔로 들어가서 프런트의 직원에게 "여기서 묵으면서 토레 델 라고를 오갈 수 있나요?"라고 물었지만, 돌아온 대답은 역시 불확실한 것이었다. 무엇보다도 푸치니의 고향인 이곳에 푸치니 페스티벌의 포스터 하나도 보이지 않고 축제 분위기도 전혀 조성되어 있지 않다면, 여기서 묵으면서 토레 델 라고를 오가는 것은 아니라는 생각이 들었다.

그래서 나는 다시 무거운 트렁크를 끌고 호텔 밖으로 나왔다. 그러고는 택시를 탔다. 역시 토레 델 라고를 가 본 적이 없는 기사와 함께 미지의 장소를 향해 출발했다. 과연 토레 델 라고란 곳이 지구 위에 정말 있기나 한 것일까?

호숫가의 페스티벌

정말 황당한 곳이었다. 토레 델 라고란 곳은 집이 겨우 수십 가구에 불과한 외딴 곳이었다. 역은 있었다. 너무나 작은 시골 역 이름이 '토레 델 라고 푸치니' 역이었다. 이탈리아 반도 전역에서 음악가의 이름을 붙인 유일한 역이라고 한다. 그런데 토레 델 라고 푸치니 역에서 토레 델 라고 페스티벌을 여는 데까지는 꽤 멀었다. 겨우 '푸치니 페스티벌'이라고 간판이 내걸린 곳을 찾았다. 그곳은 커다란 호숫가였는데, 호수 옆에 건물이라고는 단층짜리 작은 간이 건물 하나뿐이었다.

호수를 배경으로 한 푸치니 페스티벌의 노천 무대.

를 벌레들의 세계로 만든 것이다. 샤플레스(바리톤 후안 폰스)와 핑커튼(테너 파비오 아르밀리아토) 등은 모두 풍뎅이나 장수하늘소 같은 나쁜 벌레들로서, 그들은 예쁜 나비를 차지하기 위해 계략을 세우고 결국 나비와 교미를 하게 되는 것이다. 그리고 신부들의 행렬이 무대 위로 올라올 때 많은 나비들은 아직 번데기 상태이고 오직 초초상만이 허물을 벗고 아름다운 나비가 되어 있었다. 양쪽으로 거의 20여 미터에 달하는 나비의 날개는 아름답기 그지없었고, 첫날밤의 2중창에서 나비 부인 역을 맡은 다니엘라 데시는 허물을 벗듯 옷을 하나씩 벗어 나갔다. 내가 본 《나비 부인》 중에서 가장 아름다운 공연이었다. 공연이 진행되고 새로운 연출이 펼쳐질 때마다 내 마음 깊은 곳에서는 "바로 저거야!" 하는 감탄사가 나도 모르게 흘러나왔다. 우리는 연출가에게 바로 저런 상상력을 요구하는 것이다. 이제 《나비 부인》은 100년 만에 비로소 기모노를 벗어 던질 수 있게 되었다.

그를 위한 오페라, 그를 위한 페스티벌

푸치니의 집 앞에 펼쳐진 호수에서 푸치니를 기념해 오페라가 처음 공연된 것은 그가 세상을 떠난 지 얼마 되지 않은 1930년의 일이었다. 그때 고인보다 5살 아래인 작곡가 피에트로 마스카니의 지휘로 상연된 작품은 《라 보엠》이었다. 그러나 그것은 단발로 끝났고, 호수에서 다시 오페라를 보기 위해서는 19년을 기다려야 했다. 1949년에 다시 《서부의 아가씨》가 올라갔을 때, 토스카나 주 정부를 중심으로 페스티벌의 기운이 일기 시작했다.

그리하여 1952년에 드디어 최초의 오페라 페스티벌이 탄생했다. 매년 7~8월에 열리는 푸치니 페스티벌은 이름처럼 푸치니의 오페라를 중심으로 꾸며졌는데, 이탈리아를 통틀어 항상 최고의 가수들이 나왔으며 최고의 공연 수준을 유지했다.

페스티벌이 자리 잡아 가자 호수의 절경이 보이는 곳에 야외 오페라 무

《서부의 아가씨》의 마지막 장면. 소프라노 다니엘라 데시와 테너 파비오 아르밀리아토가 열연했다.
© Getty Images

대와 3,500석의 객석이 만들어졌다. 마을의 이름도 토레 델 라고 푸치니로 공식적으로 개명되었으니, 음악의 나라인 이탈리아에서도 음악가의 이름을 지명으로 사용한 최초의 경우다.

2008년에는 시설을 대대적으로 개선했다. 원래는 노천 무대에 별다른 시설 없이 의자들만 가져다 놓고 공연을 했던 것이다. 그러다 2008년 시즌 개막을 앞두고 제대로 된 극장을 지은 것이다. 물론 그렇다고 해서 지붕이 있는 것은 아니고 여전히 노천 무대이지만, 주변에 높은 벽을 만들고 객석의 경사를 크게 해서 시야와 음향을 모두 개선시켰다. 새로 지은 극장 건물은 3,370석으로 좀 더 쾌적한 환경을 제공한다.

2010년의 페스티벌 때는 《나비 부인》, 《토스카》, 《서부의 아가씨》, 《투란

토레 델 라고 푸치니 페스티벌

푸치니가 그토록 좋아하던 호수 토레 델 라고는 이제 그의 이름과 뗄 수 없게 되었다.

도트》의 네 작품이 올라갔고, 2011년에는 《라 보엠》, 《나비 부인》, 《투란도트》의 세 작품만 공연되었다. 2012년 시즌에는 《라 보엠》, 《나비 부인》, 《토스카》의 세 작품에, 푸치니 페스티벌 역사상 처음으로 베르디의 작품인 《라 트라비아타》를 포함시킬 예정이다. 푸치니 페스티벌의 변신에 걱정과 기대에 찬 시선이 모아지고 있다.

잊지 못할 〈허밍 코러스〉

두 번째 날은 갈라 공연이었는데, '푸치니와 여인들'이라는 제목 외에는 아무런 정보도 없었다. '그냥 푸치니의 여자들을 소재로 한 갈라 쇼겠지'라고 생각하며, 별다른 기대 없이 좌석에 앉았다.

주위가 어두워지자 무대 위의 거대한 스크린에 흑백 필름이 비치기 시작했는데, 바로 생전 푸치니의 모습이었다. 푸치니가 특유의 콧수염에 코트와 모자를 착용하고, 내가 어제 공연 전에 방문했던 빌라 푸치니를 나서는 것이었다. 그리고 스크린의 화면이 꺼졌다. 그러자 어떤 신사가 검은 호수를 배경으로 무대 위로 올라오고 있었다. 아니, 그는 방금 스크린에 나타났던 그 모습 그대로의 푸치니 선생이 아닌가. 그는 지팡이를 쥐고 무대에 올라와서 객석을 향해 인사를 했다. 그는 푸치니가 아니라, 화면 속의 푸치니와 똑같이 분장을 한 플라시도 도밍고였다. 객석이 술렁거리기 시작했다.

도밍고, 아니 푸치니는 무대 중앙에 놓인 소파에 앉더니 자신의 일생을 이야기하기 시작했다. 자신의 첫 오페라 《요정 빌리》부터 시작해서, 작곡 당시 자신의 심정과 여주인공 안나에 대한 자신의 생각을 이야기해 나갔다. 그리고 나서 초연 당시의 안나 의상을 그대로 입은 여가수가 나와서 안나의 아리아 〈내가 너처럼 작은 꽃이었다면〉을 부르기 시작했다.

그런 식으로 도밍고의 설명은 계속되었고 이어서 작곡 순서대로 피델리아, 마농, 미미, 토스카, 초초상 등이 차례로 나오기 시작했다. 실비 발레르를 비롯한 이탈리아의 일류 프리마 돈나들이 등장했는데, 그들의 노래보다 더나의 눈시울을 뜨겁게 만든 것은 프리마 돈나들이 아리아를 부르는 동안에 도밍고, 아니 푸치니가 다정다감하고 연민 어린 시선으로 그녀들을 바라보는 것이었다. 비록 오페라 안에서이지만, 자신이 버렸던 그녀들을 위로하고 용서를 구하듯이……

그리고 드디어 초초상이 《나비 부인》의 마지막인 죽음의 장면을 부를 때, 도밍고가 큰소리로 핑커튼의 마지막 대사 "버터플라이, 버터플라이!"를 열렬하게 외쳐 주었다. 그것은 도밍고가 우리에게 주는 선물이었다. 그 기막힌 한마디의 외침에 내 뒤에 앉았던 한 할머니는 "그라치에(감사합니다), 도밍고!"를 크게 외쳤다.

공연이 모두 끝나고 무대에서 커튼콜이 시작되었다. 하지만 비아레조로 돌아갈 생각에 마음이 급한 나는 밖으로 뛰어나왔다. 그러나 뒷덜미를 붙잡는 음악 소리에 다시 안으로 들어갔다. 그리고 실례를 무릅쓰고 기립 박수를 치는 관객들 사이를 뚫고 무대 앞까지 나아갔다. 회한에 가득 찬 도밍고-푸치니 선생을 가운데 두고 모든 프리마 돈나들이 모여서 노래를 부르고 있었다. 그것은 《나비 부인》에 나오는 〈허밍 코러스〉였다.

그녀들의 허밍은 토레 델 라고 푸치니 호수 너머로 멀리멀리 퍼져 가고 있었다. 철새들도 모두 숨을 죽이고 음악을 듣는지, 검은 호수에는 나는 새한 마리도 없고 물결조차 일지 않았다.

BAR GELATERIA TAVOLA FREDDA
RIA
TTI

부세토 & 파르마, 베르디 페스티벌

마침내 말문을 연
100년의 정적

팻말도 포스터도 없는 축제를 향해

"부세토를 어떻게 가지요?"라고 물으면 이탈리아 사람들도 대부분 이 작은 시골 마을에 대해 시원한 대답을 하지 못한다. 비행기의 내 옆 좌석에 앉았던 이탈리아 사업가는 일부러 자신의 노트북을 꺼내 유럽 전역의 최첨단 내비게이션 시스템을 자랑했지만, 그의 자세한 지도에도 이곳으로 가는 도로나 철도는 제대로 표시되어 있지 않았다.

결국 볼로냐 부근까지 가서야, 그것도 트레니탈리아(국영 철도 회사) 직원에게서 철도로 갈 수 있다는 말을 들었다. 즉, 밀라노와 볼로냐를 잇는 간선이 닿는 도시인 파르마나 피덴차에 내려서, 다시 지선으로 갈아타면 된다는 것이었다. 나는 거기까지 가는 동안, 도시들을 방문할 때마다 자꾸 책을 사는 나쁜 습관을 버리지 못해 엄청나게 무거워진 트렁크를 들고 다녀야만 했다.

고생 끝에 피덴차에 내리니, 2량짜리 미니 열차가 얌전하게 손님을 기

베르디의 동상은 부세토 시가를 바라보고 앉아 있다.

VERDI

다리고 있었다. 에밀리아로마냐 주 안에서만 운행하는 시골 열차이니, 우리나라로 치면 지하철역을 연결하는 마을버스 같은 셈이다. 바이올린 제작으로 유명한 크레모나까지 간다고 쓰여 있는 시골 열차는 떠난 지 얼마 안 가서 부세토 역에 도착했다.

그러나 그 시골 역에는 부세토라는 팻말도 하나 없고 플랫폼도 없었다. 역무원도 보이지 않고 역 건물의 문조차 닫혀 있었다. 열차에서 내린 사람들은 역 건물로는 들어갈 생각도 않은 채, 그냥 묵묵히 나무 울타리 사이로 빠져나가 각자 흩어질 뿐이었다. 이런 곳이 역이란 말이지! 누구에게 물어보지 않으면 내가 과연 제대로 내렸는지도 알 수 없는 그런 곳이었다. 페스티벌을 알리는 포스터 하나 없고, 어느 역에나 서 있는 택시조차 보이지 않았다. 트렁크를 끌고 일단 역 앞에 반듯하게 난 길을 따라 걸었다. 아마도 저쪽이 시내이리라.

저만치에서 나란히 걷고 있는 이탈리아 할아버지와 젊은 일본 여성이 보였다. 그들에게 달려가서 첸트로(도심)로 가는 길을 묻자, 그들은 따라오라면서 앞서 걸었다. 그들을 따라서 나는 마을 중심가로 들어섰다.

마을 한가운데에 있는 광장은 시골의 규모에 비해서는 반듯한 편이었다. 이곳이 바로 이탈리아의 최고 오페라 작곡가를 배출한 곳이라는 점을 자랑하듯이, '베르디 광장' 중앙에는 베르디 동상이 앉아 있었다. 사진으로 많이 보았던 바로 그 좌상을 대하자 나는 괜한 감회에 젖었다. 동상 뒤로는 시골에 어울리지 않는 오페라 하우스인 '주세페 베르디 극장Teatro Giuseppe Verdi'이 있고, 그 왼편에는 베르디의 오페라 《포스카리 가의 두 사람I Due Foscari》의 제목을 딴 호텔 '이 두에 포스카리'가 서 있었다.

이탈리아 할아버지의 말로는 이 마을 전체에서 숙박 시설이라곤 단 두 개뿐이란다. 하나가 '이 두에 포스카리'이며 나머지 하나는 '솔레(태양) 호텔'이다. 명테너 카를로 베르곤치가 세웠다는 '태양장'보다는 오페라 하우스에서 가까운 '이인장二人莊'에 아무래도 내 마음이 더 끌렸다. 나는 이 두에 포스카리로 향했다.

여관 주인이 된 오페라 거장

호텔에 들어서니 시골치고는 세련된 지배인이 나오는데, 방 가격은 도시의 절반도 되지 않았다. 오늘은 공연이 있는 날이라 방이 딱 하나 남았다고 생색을 냈다. 그래, 오늘은 행운이 계속 따라다닌다. 그런데 가수들도 같은 호텔에 묵는지, 3층에서 연습하는 소리가 계속 들려왔다. 그래, 명색이 이 두에 포스카리인데 참아야지, 뭐!

방으로 올라가서 창문을 여니, 호텔 앞의 나무가 바로 눈앞에 있었다. 2층에서 가장 좋은 가운데 방이었다. 옷을 갈아입고 내려오니 로비에 웬 뚱뚱한 노인이 서 있었다. 오, 당시 79세였던 베르곤치다. 반색을 하면서 그에게 인사를 했다. 베르곤치는 사진 찍기만은 한사코 거부하면서, 내게 "언제 이곳을 떠나는지?"라고 자꾸 물었다. 내일 아침에 카를로 베르곤치 아카데미의 새 건물 개관식이 있으니, 꼭 참석해 달라는 것이었다. 거기에 오면 사진 찍는 것을 허락하겠다고……. 나 참.

호텔 바로 옆에 있는 극장으로 갔다. 극장 현관 옆에 작은 사무실이 있는데, 단 두 명의 여직원이 일하고 있었다. 한 사람은 공연의 티켓을 담당하고 있으며, 다른 한 명은 부세토의 관광을 모두 담당하고 있었다. 나는 그날 저녁에 올라갈 공연 《시칠리아 섬의 저녁 기도》의 티켓을 사면서, 공연이 시작되기 전에 '산타 아가타'에 가고 싶다고 말했다. 직원은 택시를 타야 하니 전화로 불러 주겠다고 했다. 하지만 통화를 끝낸 그녀는 "택시가 밀라노에 갔답니다"라고 말하는 것이 아닌가. 이게 무슨 소리인가? 마을 전체에 택시라고는 한 대밖에 없었던 것이다.

베르디Giuseppe Verdi, 1813~1901는 부세토 읍내 출신이 아니다. 부세토에서 동쪽으로 약 5킬로미터 떨어져서 더 시골인 론콜레라는 마을 출신이다. 베

베르디 생전에 세워졌지만 100년 동안 침묵하고 있던 주세페 베르디 극장.

르디는 어린 시절에 처음에는 자신의 음악 교육의 후원자였고 나중에는 장인이 된 바레치의 집에서 레슨을 받았다. 그때 론콜레에서 부세토까지 걸어서 다녔다고 한다. 베르디가 나중에 귀향했을 때, 땅을 사서 집을 지은 산타 아가타 역시 부세토에서 론콜레만큼 반대편으로 떨어진 북쪽 땅이다.

　일정에 쫓기던 나는 내일까지 기다릴 수 없어 산타 아가타까지 걸어가겠다고 했다. 마치 어린 베르디처럼……. 그랬더니 두 여자 모두 불가능하다며 쌍수를 들고 말리는 것이 아닌가. 자동차든 자전거든 빌려 보려고 했지만 모두 허사였다.

부세토의 영광, 베르디의 상처

주세페 베르디 극장 앞에 서니 감회가 새로웠다. 이곳은 겨우 500여 석의 작은 극장이다. 베르디가 유럽 오페라계의 태두泰斗가 되자, 부세토 사람들은 그의 모든 작품을 공연하기 위한 전용 극장을 세우기로 했다. 온 마을에서 재원을 모으던 그들은, 이미 성공해서 산타 아가타에 정착해 있던 베르디도 당연히 돈을 내놓을 것이라고 기대했다. 그를 위한 극장이자 그의 이름이 달릴 극장이 아닌가. 그러나 베르디는 일언지하에 거절했다.

젊은 시절에 부세토 출신의 아내 마르게리타와 두 아이를 한꺼번에 잃고 실의에 빠져 있던 베르디는 밀라노의 라 스칼라 극장에 올린 《나부코》로 엄청난 성공을 거두게 된다. 그때 음악적으로나 인간적으로나 베르디를 도왔던 이가 유명한 소프라노 주세피나 스트레포니였다. 두 사람은 사랑에 빠졌고 자연스럽게 동거에 들어갔다. 베르디가 금의환향했을 때 부세토 사람들의 반응은 매우 냉담했다. 마르게리타가 죽은 지 얼마 되지 않았을 뿐 아니라 장인 바레치도 여전히 건재했으니, 시골 사람들로서는 스트레포니와의 스캔들이 달갑지 않았던 것이다. 무엇보다도 그들은 자신들의 아들이라고 믿었던 베르디의 마음을 빼앗아 간 스트레포니를 백안시했는데, 그것은 다시 베르디의 아픔으로 돌아왔다.

그래서 세월이 많이 흐른 뒤에도 베르디 영감님은 극장을 짓겠다는 부세토 사람들의 염원(속죄의 의미인지 그의 명성을 이용하려는 것인지는 알 수 없지만)을 냉정하게 거절했던 것이다. 여전히 그의 마음에는 응어리가 남아 있었던 것이다. 그러나 결국 그는 마지못해 돈을 내놓았다. 이런 베르디를 달래기 위해 극장 측에서는 그에게 평생 특별 지정석을 헌정했다. 그러나 베르디는 세상을 떠날 때까지 한 번도 이 자리에 앉지 않았다고 한다.

극장 앞에서 이 일화를 생각하니, 스스로 재원을 마련해 자신의 작품을 위한 성전을 지었던 바그너가 떠올랐다. 베르디는 바그너의 적극적이고 공명심에 불타는 모습과는 너무나 대조적으로, 조용한 성품을 가졌던 것이다. 그는 다만 조용히 농부로 돌아가고 싶어 했다. 그랬기 때문에 부세토는 관광객들의 열광적인 번잡함에서 한 걸음 물러나서, 베르디의 체취를 아직도 느낄 수 있는 무공해의 시골로 남아 있는 것이다. 너무나 조용한 부세토의 거리 풍경은 이곳이 세계에서 가장 인기 있는 오페라 작곡가의 고향이며, 더구나 내가 방문하던 때가 그의 서거 102주기를 추모하는 겨울 축제 기간이라고는 믿기지 않을 정도였다. 광장에 앉아 있는 늙은 베르디의 동상이 유달리 고독해 보였다.

또 하나의 베르디 도시, 파르마

알프스 북쪽에서 바이로이트가 세계 오페라계에 엄청난 위상을 쌓아 가던 동안에, 알프스 남쪽을 대표한다고 할 수 있는 베르디의 도시 부세토는 침체 상태였다. 이곳의 작은 극장 주세페 베르디 극장은 베르디 자신의 철저한 외면으로 공연도 제대로 이루어지지 않았다. 사실 이곳은 거의 100년 동안이나 잠자고 있었다고 해도 과언이 아니다.

부세토가 오페라계와 철저하게 무관하던 시기에, 인근의 부유한 도시 파르마가 대신해서 그 명성을 누려 왔다. 파르마 햄과 치즈로 유명한 이 세련되고 우아한 도시는 또한 음악의 도시이기도 하다.

특히 이곳은 건물과 내용 면에서 모두 유럽 유수의 오페라 하우스로 손꼽힐 만한 '레조 극장 Teatro Regio(왕립극장)'을 가지고 있다. 이 극장은 오스트리아 제국 프란츠 황제의 딸이자 파르마 공국의 여왕이었던 오페라 애호가 마리 루이즈의 명령으로 지어져서 이런 이름을 가지게 된 것이다. 스탕달의 명작 『파르마의 수도원』에 나오는 도시가 바로 이곳이며, 거기에 나오는 부인이 바로 이 여인이다.

그동안 파르마의 레조 극장은 베르디 오페라의 메카와 같은 곳이었다.

과거 우리나라에도 방문한 적이 있는 파르마 오페라단은 베르디 오페라의
탁월한 연주로 유명하며, 파르마는 이탈리아에서 가장 예리한 관객들을 가
지고 있는 곳이다. 이곳의 관객들은 가수의 아주 작은 실수도 어김없이 찾
아내는 것으로 유명하여, 웬만한 가수들도 파르마 공연이라면 꺼릴 정도다.

그중에서 가장 악명 높은 단체는 흔히 '파르마의 27명 클럽'으로 번역되
는 '그루포 아파시오나티 베르디아니Gruppo Appassionati Verdiani'로서, 이름 그대
로 '베르디에게 열광하는 그룹'이란 뜻이다. 이 단체는 파르마 최고의 오페라
마니아 27명으로 구성되는데, 27명이라는 인원의 제한은 베르디의 오페라
가 27개라는 데에서 유래한다. 이들은 공무원, 판사, 목수, 택시 기사, 의사,
농부 등 아마추어들이지만, 전문가 이상의 감식력과 음악가 이상의 오페라
지식을 자랑한다. 이들 중 사망 등으로 결원이 생길 경우에 파르마 시에서
28번째의 오페라 고수가 그 자리를 계승하는 것이다.

이들을 중심으로 파르마의 오페라를 지탱하고 있는 것이 '아르투로 토
스카니니 재단'이다. 부세토가 베르디의 고향임을 자랑한다면, 파르마는 비
록 베르디를 낳지는 않았지만 역사상 최고의 베르디 해석가 두 사람을 낳
은 것을 자부한다. 그들은 바로 최고의 베르디 지휘자인 아르투로 토스카니
니와, 최고의 베르디 테너(어디까지나 그들의 주장이다)인 카를로 베르곤차다.
그동안 오페라, 특히 베르디 오페라에 대한 공연, 교육, 콩쿠르, 기념 사업 등
을 다각적으로 해 오던 토스카니니 재단을 중심으로, 1991년에는 '베르디를
위한 부세토 페스티벌 재단'이 발족했다. 그들은 10년간의 준비 끝에 100년
동안 닫혀 있던 주세페 베르디 극장의 문을 연 것이다.

주세페 베르디 극장의 환생

2001년 1월 27일, 베르디가 서거한 지 정확히 100년이 되던 날에 부세토의
작은 극장에서는 베르디의 걸작 《아이다》가 '제대로' 공연되었다. 부세토 사

아침 안개 속에 서 있는 산타 아가타

람들로서는 참으로 감격적인 사건이었다. 거장 프랑코 제피렐리가 연출을 맡았으며, 여관집 주인(베르디도 여관집 아들이었다!)인 베르곤치가 실질적인 음악 감독 역할을 수행했다. 힘도 없고 돈도 없는 작은 마을 부세토가 역부족으로 하지 못했던 일을 결국 파르마의 토스카니니 재단이 저지른 것이었다. 하지만 나중에는 부세토 시청, 파르마 시청, 에밀리아로마냐 주에서 모두 페스티벌의 재정을 부담했다.

2001년 첫해의 공연 《아이다》는 성공적이어서, 그 후로 작은 규모이지만 매년 소박하게 페스티벌을 이어 가고 있다. 2002년에는 역시 프랑코 제피렐리의 연출로 《라 트라비아타》가 올라갔는데, 명바리톤 레나토 브루손이 제르몽을 맡아 열연했으며, 비올레타 역은 당시에 떠오르던 신진 소프라노 스테파니아 본파델리가 불렀다. 첫해의 《아이다》와 이듬해의 《라 트라비아타》는 모두 DVD로 제작되어 시중에 나와 있다.

베르디 페스티벌은 2001년부터 2003년까지는 세 기간으로 나누어서 거행되었다. 첫 번째는 베르디의 기일인 1월 27일을 기해 부세토의 주세페 베르디 극장에서 공연을 올렸다. 두 번째는 5~6월에 파르마의 레조 극장에서 또 한 번의 페스티벌을 올렸고, 세 번째는 6~7월에 다시 부세토에서 오페라 공연을 올리는 방식이었다.

내가 처음 부세토를 방문했던 2003년의 경우에 베르디의 기일인 1월 27일부터 《시칠리아 섬의 저녁 기도》가 공연되었으며, 5월부터 벌어진 파르마 공연은 《롬바르디아인》과 《나부코》 등이 공연되었고, 6~7월에 부세토에서는 《리골레토》와 함께 지난해 공연되었던 《라 트라비아타》가 재공연 작품으로 올라갔다.

그러다가 부세토의 주세페 베르디 극장이 너무 규모가 작고 재정이 미미해서, 2004년부터는 이른바 '그린 페스티벌'이라는 부제를 내걸고 베르디 페스티벌이 통합, 정비되었다. 그리하여 페스티벌 기간은 추운 베르디의 기일을 피해 날씨가 좋은 베르디의 생일 근처로 옮겨졌다. 즉, 베르디의 생일인

10월 10일을 전후하여, 파르마 부근에 위치한 '그린 랜드'가 가장 아름다워지는 시기인 10월에 페스티벌을 열기로 한 것이다.

결국, 페스티벌 날짜는 10월 1일부터 28일까지로 확정되었다. 그리고 과거의 에밀리아 가도를 따라서 남북으로 펼쳐진 도시들, 즉 부세토, 피덴차, 파르마, 레조 넬에밀리아, 모데나의 다섯 도시를 중심으로 이 일대를 '그린 랜드'라고 엮어서 같은 시기에 페스티벌을 진행하기로 했다. 오페라와 콘서트는 물론이고 리사이틀, 강연, 감상 강좌, 전시 등 다양한 행사가 진행되며, 흥미로운 것은 대본 강독도 준비되어 있다. 그중에서 가장 중심이 되는 극장은 파르마의 레조 극장과 부세토의 주세페 베르디 극장이다.

베르디 페스티벌이 통합된 첫해인 2004년에는 아주 화려한 프로그램이 만들어졌다. 대표 작품으로는 《시몬 보카네그라》가 선정되어, 브루노 바르톨레티의 지휘에 우고 데 아나의 연출로 올라갔다. 가수들로는 카를로 구엘피, 로베르토 스칸디우치, 다니엘라 데시, 파비오 아르밀리아토 등 호화 진용이 나섰다. 또한 베르디의 《해적》도 올라갔는데, 대가 레나토 브루손이 출연했다. 이때에는 베르디 이외에 다른 작곡가의 작품들도 야심 차게 올렸는데, 파치니의 《해적》과 베를리오즈의 《파우스트의 천벌》이 공연되었다. 또한 주빈 메타가 지휘하는 피렌체 5월 음악제 오케스트라와 라파엘 프뤼베크 데 부르고스가 지휘하는 RAI 오케스트라의 콘서트도 있었다. 하지만 베르디 이외의 작품들은 별 호응을 얻지 못해 그 후로 점점 사라지고 말았다.

최근의 페스티벌을 살펴보자. 2008년에는 파르마의 레조 극장에서 레오 누치, 니노 마차이제 등이 출연한 《리골레토》, 레나토 브루손이 나온 《조반나 다르코》가 공연되었고, 부세토의 주세페 베르디 극장에서는 《해적》, 레조 넬에밀리아에서는 디미트라 테오도슈와 카를로 콜롬바라가 나온 《나부코》가 올라갔다. 2009년에는 파르마에서는 로린 마젤의 지휘로 베르디의 레퀴엠이 연주되었고, 레조 극장에서는 레오 누치의 주역으로 《나부코》가, 모데나의 루치아노 파바로티 극장에서는 《포스카리 가의 두 사람》이 올라갔

론콜레에 있는 베르디 생가는 과거 여관의 모습 그대로 잘 보존되어 있다.

다. 2010년에는 마르첼로 알바레스, 레오 누치, 노르마 판티니 등이 나온《일 트로바토레》와《시칠리아 섬의 저녁 기도》가 파르마의 레조 극장에서 공연되었고, 부세토의 주세페 베르디 극장에서는《아틸라》가 공연되었다. 2011년에는 파르마의 레조 극장에서 프란체스코 멜리가 주역을 맡은《가면무도회》가, 파르마의 파르네제 극장에서는 암브로조 마에스트리가 주역을 맡은《팔스타프》가, 부세토의 주세페 베르디 극장과 피덴차의 마냐니 극장에서는 우리나라의 이명훈이 만리코 역을 맡은《일 트로바토레》가 올라갔다. 또한 유리 테미르카노프가 베르디의 레퀴엠을 지휘했다.

론콜레와 산타 아가타에서 만난 베르디

다음날, 부세토에 한 대밖에 없다는 귀한 택시가 나를 태우기 위해 호텔 앞으로 왔다. 나는 기사 조르조와 인사를 나누고, "어제는 당신이 없어서 하루를 그냥 보냈어요. 오늘 당신은 내 차지입니다"라고 말하고는, 그와 함께 택시를 타고 론콜레와 산타 아가타를 차례로 찾아 나섰다.

론콜레의 베르디 생가는 사진에서 보던 옛 모습을 그대로 간직하고 있었다. 시에나색의 토담 벽 위로는 며칠 전인 베르디 기일에 걸었음 직한 커다란 꽃다발이 눈에 띄었다. '파르마의 27명 클럽'이라고 쓰인 리본이 달려 있었다. 이 여관집에서 태어난 아이가 얼마나 많은 사랑을 받고 있는가 하는 사실이 가슴으로 다가왔다.

집 안을 돌아보았다. 베르디가 태어난 방, 가족들이 둘러앉던 식당 등등……. 안내원의 설명으로 새삼 알게 된 것은 베르디의 집이 후대에 과장된 것처럼 그렇게 가난한 것은 아니었고 화목한 중류층 정도의 농가였다는 점 등이었다. 실제로 주막과 여관을 겸했던 이곳은 비록 빌려서 영업하는 집이었지만, 규모는 꽤 큰 편이었다. 이 집에 술을 대 주던 부유하고 교양 있는 도매상의 호의로 어린 베르디는 부세토까지 공부를 하러 다니게 되었는데, 그가 나중에 장인이 된 바레치였다. 바레치의 집은 부세토의 베르디 광장에 면해 있는데, 베르디 동상 바로 건너편에 있다.

이제 조르조의 택시는 산타 아가타로 향했다. 베르디가 성공을 거둔 다음에 고향으로 돌아와서 지은 이 큰 집은 '빌라 베르디'라고 불리는데, 여름이면 방문객들이 제법 있다지만 비수기에는 찾는 이가 거의 없었다. 좀 기다리자 이곳의 유일한 관리자인 조반나라는 여성이 나왔다. 조반나라는 이름을 듣자 나는 단번에 오페라가 생각났다. 《리골레토》에서도, 《시몬 보카네그라》에서도 집을 지키는 여인의 이름은 조반나가 아니던가. 마치 오페라 속의 조반나가 현실로 나타난 것만 같은 묘한 기분이 들었다.

                                   부세토 & 파르마, 베르디 페스티벌

겨울의 산타 아가타.

그녀는 나를 본관으로 안내했다. 빌라 건물은 아침의 아스라한 안개 속에 노란색으로 서 있었다. 조반나가 열쇠로 문을 열고 먼저 들어간 곳은 바로 스트레포니의 침실이었다. 평생을 베르디의 아내이자 동료로 함께 살았지만 더 이상 여자로서 베르디를 상대해 줄 수 없었을 노년에, 아름답고 젊은 소프라노 테레자 스톨츠가 베르디와 친하게 지내는 바람에 마음고생이 많았던 그녀……. 그녀의 침실 뒤에는 작은 쪽방이 있는데, 그곳에는 작은 책상 하나와 스트레포니가 읽었음 직한 10여 권의 작은 책들이 있었다. 거기서 혼자 자신만의 고독과 고통과 싸웠을 스트레포니. 나는 그곳에서 그녀의 체취가 아직도 느껴지는 것 같아서, 머리가 띵해지는 충격을 받았다.

그 방 반대편에 있는 베르디의 작업실에는 그가 작업하던 커다란 책상과 피아노, 싱글 침대가 있었다. 그가 작업을 하다가 혼자서 잠을 청했을 작은 침대를 보니 스트레포니의 침실과 거리감이 느껴져서 "예술은 영원하나 사랑은 유한한 것인가?" 하는 상념이 떠올랐다. 옆방에는 베르디가 소장했던 많은 악보들이 보관되어 있었는데, 특히 자신의 것뿐 아니라 바그너의 많은 악보들과 비제의 《카르멘》 악보가 있어 인상적이었다. 그중에서도 가장 감동적인 것은 깨알같이 메모가 되어 있는 《로엔그린》 악보였다. 《로엔그린》이 가까운 볼로냐에서 공연되었을 때, 베르디는 늙은 몸을 이끌고 그곳까지 찾아가서 오페라를 감상하는 열의를 보였다고 한다. 그리고 그의 노트에는 바그너의 부음을 들은 날에 "아, 슬프고 슬프다. 우리는 위대한 인물을 잃었다"라고 쓴 그의 필적이 남아 있다.

산타 아가타의 집에서 세상을 떠난 사람은 베르디가 아닌 스트레포니였다. 그녀는 만년에 심각한 정신적 고통을 받다가 어느 가을날 숨을 거두었다. 유언에 따라 그녀의 장례식에는 음악도, 조사(弔辭)도, 화환도 없었다고 한다. 그녀의 마지막 말은 "저는 빈손으로 여기 왔으니 빈손으로 가겠습니다"라는 것이었다고 한다.

그로부터 4년 후인 1901년 1월 27일, 베르디는 밀라노의 한 호텔에서 숨을 거두었다. 산타 아가타에 있는 집의 방 하나는 그가 마지막을 보낸 '그랜드 호텔 밀라노'의 방에서 가져온 가구와 집기들로 꾸며서, 베르디 최후의 방으로 재현해 놓았다.

스트레포니와 조반나

내가 산타 아가타의 집을 찾은 때는 겨울이었다. 특별히 산타 아가타의 겨울 풍경을 사진에 담으려고 작심한 채 방문한 것이었다. 조반나와 함께, 겨울 아침의 넓은 정원을 천천히 돌았다. 정원의 산책로 초입에는 스트레포니가 사랑하던 강아지 룰루의 무덤이 있었다. 나무 사이로 난 길로 들어가자, 매년 겨울이면 베르디와 스트레포니도 힘들어서 제노바의 친구 집으로 피한을 갔다던 그 습기 많은 냉기가 뼛속까지 밀려왔다. 매일 이 오솔길을 거닐었을 위대한 예술가를 추모하며, 나는 그의 장소들을 오랫동안 사진에 담았다.

그동안 이 집을 혼자 지키는 관리인 조반나는 계속 나를 따라다니면서 문들을 열어 주고, 또 내가 촬영하는 것을 쳐다보았다. 다 떨어진 얇은 코트 하나만 걸치고 추위에 동동 떨면서도 자신의 조상을 자랑스럽게 여기는 미소를 계속 머금은 채 나를 지켜보고 있었다. 그녀는 사진 찍기에 여념이 없는 나에게, 한 번도 어서 가자고 재촉하지 않았다. 다만 한 손에 내게 열어 보여 줄 집의 열쇠 꾸러미를 꼭 쥐고만 있었다. 그녀는 얼굴이 하얗게 얼었는데도 아무런 말도 하지 않고 다만 웃을 뿐이었다. 그런 그녀의 얼굴에서 인고의 세월을 지냈던 스트레포니의 인품이 보이는 것 같았다.

 부세토 & 파르마, 베르디 페스티벌

A
GARIBALDI
RAVENNA
1892

고대 수도의 여름을 수놓는
금빛 모자이크

다 버리고 너에게 간다

공연을 보러 밀라노를 여행하고 있을 때였다. 밀라노 여정의 마지막은 그 시즌의 마지막 오페라인 도니체티의 《루크레치아 보르자》였다. 드물게 공연되는 이 오페라를 보기 위해 라 스칼라 극장의 현관을 막 들어서려는데, 한 무리의 사람들이 입장객들에게 전단지를 나누어 주고 있었다. 그것을 받아서 얼핏 읽어 보니, "레온카발로의 《팔리아치》! 지휘는 리카르도 무티, 주연은 로베르토 알라냐, 안젤라 게오르규, 후안 폰스"라고 적혀 있는 것이 아닌가. 눈이 번쩍 뜨였다. 무티, 알라냐, 게오르규는 당시 오페라계의 슈퍼스타였다. "아, 됐다. 내일은 모든 일정을 포기하고 이곳으로 떠나리라."

전단을 훑어보니 장소가 라벤나로 적혀 있었다. 라벤나, 들어 본 곳이기는 하지만 정확하게 어디에 붙어 있는지 알 수 없었다. 주변에 물어보아도 시원하게 가르쳐 주는 사람이 없었다. 그때 문득 파올로가 생각났다. 파올로, 그는 라 스칼라 극장 근처에 있는 내 단골 식당의 주인 아들이자 웨이터

세계 최고의 모자이크 도시라는 명성에 걸맞게
라벤나 곳곳에서는 모자이크 작품을 볼 수 있다.

인데, 내가 갈 때마다 유창한 영어 실력을 자랑하며 먼저 말을 걸던 명랑한 청년이다. 나중에는 나를 위해 라 스칼라 극장의 공연 티켓을 미리 사 주기까지 했다. 나는 파올로의 식당으로 갔다. 역시 파올로는 총명했다. 그는 라벤나의 위치를 정확하게 가르쳐 주었다. 지리 시간에 배웠을 법한 교과서적인 설명으로 이렇게 말했다. "라벤나는 중부 이탈리아의 고도古都이며, 에밀리아로마냐 가도의 끝에 자리 잡은 곳이에요……." 이렇게 해서 나는 난생처음으로 라벤나를 알게 되었다.

몇 번이나 열차를 갈아타다

라벤나로 가는 길은 쉽지 않다. 설명하기는 더욱 복잡하다. 그러나 이탈리아의 시골 마을을 찾아가는 것은, 주소가 적힌 종이 하나 들고 경북의 어느 두메산골을 찾아가는 것처럼 설레는, 진정한 여행의 과정이기도 하다.

일전에 뉴욕에서 한국으로 돌아올 때, JFK 공항을 출발한 비행기의 내 옆 좌석에 어느 순박한 캐나다 젊은이가 앉은 적이 있었다. 몸집이 거의 파바로티 수준으로 커서 이코노미석에 겨우 끼어 앉은 그의 모습은 보기에 안쓰러웠다. 그는 자신이 시골 출신으로 난생 처음 비행기를 탄 것인데, 몬트리올을 거쳐 뉴욕까지 갔다가 하루 만에 다시 서울행 비행기에 올랐다고 했다. 그러고는 안동에 가려면 어떻게 찾아가느냐고 내게 물었다. 아니, 웬 안동? 그는 자신의 친구가 안동의 영어학원에 있는데, 급하게 강사가 필요해서 얼떨결에 불려 가는 길이라고 했다. 생애 처음으로 캐나다 밖으로 나온 덩치 큰 청년에게, 나는 인천에서 서울까지 가는 길과, 다시 고속버스터미널에서 안동까지 가는 길을 설명하느라 진땀을 흘려야 했다. 그는 과연 친구를 무사히 만났을까?

라벤나 역시 이탈리아의 안동쯤 되는 곳이다. 밀라노부터 설명한다면, 일단 볼로냐로 가는 기차를 탄다. 볼로냐에서 멋진 중세의 탑들과 유럽 최고最古의 대학가, 붉은 열주들이 즐비한 시가지를 구경하고, 다시 라벤나로 가는 기차를 탄다.

볼로냐에서 라벤나로 가는 지방 기차는 최근에 현대화되었다. 서울 교외선 같은 지선인데, 우리나라의 지하철 같은 모양이다. 주말이라서 그런지, 대학으로 유명한 볼로냐의 많은 학생들이 자전거나 배낭을 들고 기차를 탔다. 가까스로 자리에 앉고 보니 여행객은 나뿐인 것 같았다. 거의 모든 학생들이 기차 안에서 공부를 하는 모습이 참으로 인상적이었다. 그들이 읽는 책들을 살펴보니 대부분 영어로 되어 있었다. 내 옆의 순박한 소녀가 읽는 『해리 포터』부터 건너편의 안경 긴 마른 처녀가 손에 든 수학 교과서까지, 모두 영어로 된 책을 읽고 있었다.

기차가 두 시간쯤 달렸을 때, 학생들이 갑자기 가방을 챙기고 내릴 준비를 했다. 드디어 종착역인 라벤나에 도착한 것이다. 역 밖으로 높은 기선汽船들이 보여, 마치 역이 아니라 부두에 도착한 듯한 이색적인 느낌이 들었다.

황금 모자이크로 빛나는 비잔틴의 수도

라벤나는 이탈리아 반도의 동쪽 해안, 즉 아드리아 해를 면하고 있는 유서 깊은 옛 수도다. 즉 우리나라의 경주 같은 곳인데, 지형으로 치면 바닷가니까 강릉쯤 된다고나 할까. 그러나 라벤나는 더 이상 해안 도시가 아니다. 바닷가의 해안이 융기하면서 라벤나는 육지로 들어와 버렸고, 지금은 시내에서 수 킬로미터를 더 나가야 바다가 나온다. 그러나 고대 로마 시대 때부터 군항이었던 이곳은 당시에 배를 만들고 수리하던 독들이 아직도 남아 있어, 지금도 선박 수리업으로 유명하다. 그래서 수리를 받아야 하는 배들을 육지로 올린 뒤에 조선소까지 레일로 옮겨 와서 수리를 하는 재미있는 곳이기도 하다. 역 부근에서 보이는 갑판이 높은 배들도 수리를 기다리기 위해 레일 위로 올라온 배들이었다.

페스티벌이 열리지 않는 겨울날의 포폴로 광장. 남자들이 모여서 잡담으로 시간을 보내고 있다.

　　이렇듯 2천 년 전부터 유명한 군항이었던 이곳은 당시 아드리아 해를 장악했던 로마 해군의 모항母港이자, 지중해에서 가장 중요한 군사 요충지였다. 그리하여 동로마 제국과 서로마 제국은 모두 라벤나를 놓치지 않으려 했다. 특히 서기 403년에 북방에서 로마를 위협하는 고트족에 대항하기 위해, 서로마 제국은 수도를 라벤나로 옮기기까지 했다. 그래서 이곳은 지금은 쇠락한 항구이지만, 영광스러운 과거의 유적들이 시내에 아직 많이 남아 있는 유구한 역사의 도시인 것이다.

　　라벤나의 유적은 이탈리아에서도 독특한 편이다. 기독교가 유럽 선교의 초기 시절에 이곳에서 먼저 뿌리를 내린 덕분에, 이곳은 초기 기독교 시대의 유적이 가장 많은 곳의 하나다. 특히 모자이크 벽화가 유명한데, 그것 때문에 많은 건물들이 유네스코 세계문화유산으로 지정되었다. 즉, 이곳의 유적들은 이탈리아에서 비교적 드문 비잔틴 문화의 결정체인 것이다.

특히 시내의 성당들은 어디를 들어가도 벽과 천장 전체가 휘황찬란한 벽화로 장식되어 있다. 엄지손톱만 한 색색의 타일들을 구운 뒤에 그것으로 모자이크 작품을 만든 것이다. 그중에서도 최고는 산 비탈레 성당이니, 꼭 들어가 보아야 하는 곳이다. 라벤나의 모자이크 타일은 특히 금색이 유명하다. 예수나 성인들의 광배나 십자가 등을 금빛 타일로 표현하는데, 이것은 전부 순금을 씌운 것들이다.

라벤나가 모자이크의 도시인 만큼, 시내의 현대식 건물들도 모자이크 장식을 많이 하고 있다. 거리의 간판도, 벤치도, 식당의 테이블도, 호텔 방의 거울도, 모두 모자이크로 되어 있다. 실정이 이러하니, 라벤나 관광이란 것은 시내를 편안하게 슬슬 걷다가 아무 성당이나 보이면 쓱 들어가서 모자이크를 잔뜩 보고 나오면 되는 것이다.

이탈리아의 잘츠부르크를 표방하다

이 작은 라벤나에도 여름철이면 사람들이 제법 모여드는데, 이제는 국제적으로 알려진 '라벤나 페스티벌'이 열리기 때문이다. 인구가 불과 15만 명 정도의 시골이지만 페스티벌에 나오는 출연진들은 주위의 다른 페스티벌들을 압도하는 세계 정상급 수준이다. 즉, 참가하는 음악가들의 수준으로만 보면, 페사로의 로시니 페스티벌, 토레 델 라고의 푸치니 페스티벌, 마체라타 페스티벌, 베르가모의 도니체티 페스티벌 등보다 훨씬 앞서 있는 곳이 라벤나다.

또한 라벤나 페스티벌은 오페라가 중심이기는 하지만, 다양한 관현악과 실내악, 연극, 영화, 재즈까지 아우르는 종합 예술제로서, 이탈리아에서 열리는 수십 개의 페스티벌들 중에서 선도적인 위치를 차지하고 있다. 사실 이탈리아의 유명 음악제들은 대부분 오페라가 중심이다. 다시 말하자면 베로

라벤나 페스티벌의 중심인 알리기에리 극장

나, 페사로, 토레 델 라고, 마체라타, 베르가모 등이 모두 오페라 페스티벌이
거나, 혹은 그렇지 않더라도 오페라가 절대적인 위치에 있는 것이다. 하지만
라벤나 페스티벌만은 오페라가 보통 1편밖에 없는 종합 음악제 내지는 종합
예술제로서, 오스트리아의 잘츠부르크 페스티벌이나 프랑스의 엑상프로방
스 페스티벌과 그 성격이 흡사하다.

라벤나 시내는 조그마하고 고즈넉하다. 역에 내리면 택시를 잡아도 되
지만, 중심가가 매우 가깝기 때문에 걸어도 된다. 정면으로 난 길을 향해 쭉
걸어가면 중심가인 포폴로 광장과 우체국, 오페라 하우스가 나온다. 호텔을
예약하지 않았더라도 걱정할 필요가 없다. 시골인데다가, 국제 페스티벌이
라지만 대부분의 관객들이 볼로냐, 피렌체, 밀라노, 로마 등의 인근 지역에서
당일로 오는 경우가 많다. 그래서 아직은 호텔 사정이 좋은 편이다. 구시가
의 중심에 있는 포폴로 광장을 중심으로 값싼 호텔들이 있고, 광장에서 역
사이의 쇼핑가 부근에는 중급 호텔들이 있다.

포폴로 광장과 산 비탈레 성당 주변을 두어 시간만 걸어 보면 구시가의
구조를 다 알 수 있다. 시내는 한적하며, 특히 해 질 녘의 분위기가 참 고즈
넉하다. 건물들의 내부에서는 황금빛 모자이크가 번쩍이지만, 골목은 정말
소박하고 은은하다. 대부분의 가게들은 우아하고 인테리어가 기품이 있다.
한번 여기서 살아 볼까 하는 생각이 들 만한 소읍이다.

또한, 이곳에서는 여기저기서 단테의 이름이 붙은 유적들을 만날 수 있
다. 단테는 자신의 고향 피렌체에서 추방당해 이탈리아 전역을 떠돌았다. 그
리고 마지막에 이곳 라벤나에 정착했고, 여기서 생애를 마쳤다. 그가 여기에
정착한 심정을 이해할 것만 같다. 그의 불후의 명작 『신곡』도 바로 라벤나
에서 쓰인 것이다. 지금 피렌체에 가면 사람들은 단테를 자신들의 시민으로
자랑하고 있으며, 그의 생가는 관광지로 개발되어 있다. 그러나 라벤나 사람
들은 피렌체가 단테를 버렸으며, 그가 『신곡』을 자신을 포용한 라벤나에서
썼다는 점을 강조한다.

그리하여 1852년에 완성된 라벤나의 새 오페라 하우스는 단테의 성을 따서 알리기에리 극장이라고 명명되었다. 5층으로 된 발코니에 124개의 박스를 갖추고 있는 알리기에리 극장은 사실 라벤나의 시세市勢에 비해 큰 편이니, 과거 라벤나의 영화를 짐작할 수 있다. 게다가 19세기 후반의 라벤나에는 오페라 하우스 4곳이 공존할 정도로 오페라가 융성했다고 한다. 그러나 지금은 오직 알리기에리 극장에서만 오페라가 공연되는데, 이곳이 바로 라벤나 페스티벌의 본거지다.

숨은 도시에서 이룬 무티 부부의 꿈

라벤나 페스티벌은 1990년에 시작되었으니, 이탈리아의 페스티벌 중에서는 역사가 일천한 편이다. 하지만 라벤나는 처음부터 국제적인 페스티벌로 도약했다. 그것은 바로 당시 이탈리아의 최대 극장인 밀라노 라 스칼라 극장의 음악 감독이자 이탈리아 최고의 문화 권력이었던 리카르도 무티 부부의 공헌 때문이었다. 무티 부부는 젊은 시절에 잠시 라벤나에 살았는데, 그때 이곳 주민들에게서 깊은 인상을 받아 라벤나를 자신들의 제2의 고향으로 생각하게 되었다고 한다. 그리하여 무티는 이곳에 페스티벌을 창설했고, 부인인 크리스티나 무티가 음악제의 감독을 맡았다.

페스티벌이 출범하자, 무티는 자신이 감독으로 있던 라 스칼라 극장 오케스트라를 이끌고 매년 이곳을 방문했다. 또한 자신의 넓은 인맥을 이용해서 세계적인 예술가들을 이 시골까지 불러와서 라벤나 페스티벌의 위상을 크게 높여 놓았다. 무티가 라 스칼라 극장 이외에 가장 주력했던 곳이 바로 이 라벤나 페스티벌이었다.

초창기에 라벤나 페스티벌은 매년 엄선한 단 한 편의 오페라를 올렸는데, 물론 라 스칼라 극장 오케스트라가 관현악을 맡고 무티가 지휘를 했다. 당시 라 스칼라 극장 외에서 무티가 지휘를 하는 오페라를 볼 수 있는 곳은

　　　　　　　　　　　　　　　　　　　　라벤나 페스티벌

여기뿐이었으니, 라벤나 페스티벌의 발전은 당연한 일이었다. 그 외에도 무티의 주도로 세계적인 오케스트라들이 게스트로 초청되었다. 역시 무티와 특별한 관계에 있는 빈 필하모닉 오케스트라와 마린스키 극장 오케스트라가 단골로 참여하곤 했다.

그동안 라벤나 페스티벌에 모습을 보였던 예술가들의 면면을 보면 머레이 페라이어, 기돈 크레머, 라두 루푸, 호르디 사발, 므스티슬라프 로스트로포비치, 제프리 테이트, 주세페 시노폴리, 발레리 게르기예프, 제임스 레바인, 플라시도 도밍고 등 화려하기 그지없다. 즉 피아노, 현악, 지휘 등을 망라하여 세계 정상급 연주가들이 이 무대에 서고 있는데, 그들의 숫자는 비록 적지만 각 개인의 중량감은 잘츠부르크 페스티벌에 필적하는 수준이다. 모두 무티 부부가 없이는 이루기 어려운 일이었다.

특히 라벤나의 프로그램은 클래식만 고집하지 않고 재즈, 록 음악, 월드 뮤직을 모두 망라하여 실로 다양하고 최신 유행하는 음악의 흐름을 접할 수 있다는 점이 특징이다. 밥 딜런이나 아스토르 피아졸라도 이 페스티벌에 참여한 바 있다. 게다가 이제는 연극, 영화, 전시, 강연까지 거의 모든 예술 분야를 다루고 있다.

또한, 라벤나 페스티벌에서는 해마다 '올해의 작곡가'를 한 명씩 선정하여 그를 기념하는 특별 음악회와 행사를 갖는 등 상당히 학구적이고 심도 있는 축제를 펼친다. 거기에 선정되는 음악가들은 대부분 현대 음악가들로, 라벤나는 20세기 음악을 보급하는 데에도 정성을 쏟고 있는 것이다. 메시앙, 바르토크, 프로코피예프 등이 '올해의 작곡가'로 선정된 인물들이며, 그중에는 이탈리아의 현대 음악가 겸 영화 음악가인 엔니오 모리코네의 이름도 포함되어 있다.

라벤나 페스티벌은 알리기에리 극장이 그 중심이지만, 이곳에서만 콘서트를 여는 것은 아니다. 시청이 직접 주관하는 이 페스티벌은 세계 최고의 모자이크를 자랑하는 유네스코 세계문화유산인 산 비탈레 성당을 비롯하여, 매우 아름다운 성당 6곳과 극장 2곳, 마우로 데 안드레 궁전에서 동시에 공연을 올린다. 그러므로 페스티벌의 공연만 쫓아다닌다 하더라도 라벤나의 중요한 유적들을 모두 관람하게 되는 것이다.

시골에서 만나는 정상의 오케스트라들

특히 내가 처음 찾았던 1997년 페스티벌은 라벤나 '정도定都 1600년 기념'으로 6월 20일부터 한 달 동안 거행되었다. 오페라, 관현악, 실내악, 합창, 발레, 연극, 영화 등 다양한 프로그램이 펼쳐졌다. 오페라로는 베르디의 《일 트로바토레》가 올라갔으며, 또한 모스크바의 헬리콘 극장이 게스트로 방문하여 쇼스타코비치의 《므젠스크의 맥베스 부인》을 공연했다. 또 라 스칼라 극장

라벤나 최고의 유적인 산 비탈레 성당. 이곳에서도 공연이 열린다.

오케스트라뿐 아니라 바이에른 방송 교향악단, 피렌체 5월 음악제 오케스트라, 마린스키 영 필하모닉 오케스트라, 카메라타 잘츠부르크 등 많은 단체들이 참여했다.

주목할 만한 프로그램으로는 3개의 메이저 오케스트라들이 브람스의 교향곡 전곡을 연주한 것으로, 이는 페스티벌에서는 좀처럼 보기 힘든 경우였다. 즉 주빈 메타와 피렌체 5월 음악제 오케스트라가 브람스 교향곡 제1번을, 무티의 라 스칼라 극장 오케스트라가 제2번을, 로린 마젤이 이끄는 바이에른 방송 교향악단이 제3번과 제4번을 연주했다. 또한 정도 1600년을 기념해 산 비탈레 성당에서는 산타 체칠리아 합창단의 특별 공연이 있었고, 마우로 데 안드레 궁전에서는 로베르토 가비아니의 지휘로 오르프의 《카르미나 부라나》가 연주되었다. 한편 키로프 발레단이 루돌프 누레예프를 기념하는 갈라 공연을 했으며, 발레 〈마리아 칼라스〉가 관심 속에서 올라갔다. 그 외에도 미샤 마이스키의 바흐 무반주 첼로 모음곡 리사이틀이 열렸고, 여러 피아니스트들이 공동으로 프로코피예프의 피아노 소나타 시리즈를 연주하는 등 흥미로운 프로그램들이 계속되었다.

한 달간의 축제가 끝나는 날에는 폐막 연주로서, 무티의 지휘로 글루크의 오페라 《오르페오와 에우리디케》가 연주회 형식으로 마우로 데 안드레 궁전에서 공연되었다. 이 연주는 라 스칼라 극장 오케스트라와 라벤나 페스티벌 오케스트라가 합동으로 관현악을 맡고, 산타 체칠리아 합창단과 피렌체 5월 음악제 합창단이 함께 합창을 맡아 일대 장관을 이루었다.

2012년의 라벤나는 베르디 탄생 200주년을 1년 앞둔 시점에서 베르디의 가장 인기 있는 세 오페라, 즉 《라 트라비아타》, 《일 트로바토레》, 《리골레토》를 한꺼번에 공연하는 계획을 세우고 있다.

최근에는 라벤나 페스티벌에 절대적인 기여를 한 무티가 라 스칼라 극장을 관두고 멀리 미국의 시카고 심포니 오케스트라의 음악 감독으로 부임했다. 나는 은근히 라벤나가 어떻게 될지 걱정했다. 라벤나에 라 스칼라 극장 오케스트라가 와서 오페라를 연주하는 일은 사라졌지만(하지만 또 언제 올지 아무도 모르는 일이다), 그 자리를 시카고 심포니가 대신하고 있다. 라벤나에 대한 무티의 사랑은 여전히 계속되고 있다.

하늘색 극장의 아리아

페스티벌의 중심인 알리기에리 극장은 연노란색의 외관이 무척 평범해 보인다. 그러나 일단 안으로 들어가면 만만치 않은 역사와 저력을 가진 극장이라는 것이 느껴진다. 5층으로 된 발코니와 124개의 박스들이 아늑하고 고상한 맛을 더해 준다.

이곳에 처음 온 나를 완전히 압도한 것은 전면에 가득히 펼쳐져 있는 하늘색 막이었다. 이탈리아의 많은 오페라 하우스들은 대부분 고유의 독특한 컬러를 가지고 있는데, 그것은 막과 의자 등의 벨벳에 표현된다. 붉은색 계통이 가장 많지만, 자세히 보면 짙은 빨강, 밝은 빨강, 자주 등 다양하다. 다음으로는 초록색 계통이 많다. 그러나 라벤나는 자신들이 자랑하는 하늘색이다. 도톰한 질감의 아주리색 벨벳은 아드리아 해를 상징한다. 지중해 최고의 항구였던 라벤나의 긍지가 오페라 하우스에도 살아 있는 것이다. 의자 시트나 벽지, 카펫도 모두 하늘색이다. 그 덕분에 공연 내내 내가 지금 라벤나에 있다는 것을 상기하게 되었다.

이곳에서 내가 본 작품 중에서 지금도 인상적인 것은 베르디의 오페라 《일 트로바토레》였다. 알바니아의 테너 주세페 지팔리는 놀라운 성량과 기름진 음성, 멋진 프레이징을 마음껏 구사해 이 페스티벌의 신진 스타로 부상했다. 아주체나 역의 메조소프라노 티치아나 카라로와 백작 역의 바리톤 비토리오 비텔리 역시 놀라운 수준이었다.

그러나 《일 트로바토레》의 진정한 주역은 직접 연출을 맡은 크리스티나 무티였다. 그녀는 알리기에리 극장의 작은 무대를 빈틈없이 효과적으로 이

옛 수도인 라벤나에는 석관 등과 같은 유적이 많다.

용했다. 그녀는 가수가 아리아를 부를 때 그림자 역을 이용한다든지, 빔 프로젝터로 배경을 비춘다든지, 합창단을 무대 뒤에 배치한다든지 하는 다양한 아이디어를 전시하다시피 했다. 그러나 가장 큰 파격은 경우에 따라 음향을 스피커로 배가시킨 것이었는데, 이것은 관객들과 현지 언론 사이에서 큰 논란을 불러일으켰다.

중세로 떠나는 시간 여행

라벤나에 머문다는 것은 마치 중세 이탈리아의 시골로 돌아가는 시간 여행과 흡사하다. 세상에서 한참 떨어져 있는 이 작은 도시에서는 호텔에서 한 발만 나서면 천 년 전의 건물들과 조우하게 된다. 그것은 참으로 독특하고 흥미로우며 또한 평화롭고도 행복한 경험이었다.

내가 머무르던 작은 호텔은 창을 열면 좁은 골목이 보였는데, 나는 공연이 없는 동안 그 창으로 지나가는 사람들을 바라보곤 했다. 키 큰 멋쟁이 아가씨들이 자전거를 타고 하늘하늘한 원피스 자락을 날리며 신나게 출근하는 모습은 고색창연한 골목의 모습과 멋진 대조를 이루었다.

라벤나의 좋은 점 중 하나는 너무 시골이고 우리나라에 잘 알려져 있지 않아서, 종일 거리를 돌아다녀도 한국 사람을 만날 일이 거의 없다는 것이다. 뭐, 한국 사람을 만나는 게 꼭 나쁜 일은 아니지만, 사실 이탈리아에서 만나는 우리나라 사람들은 프라다 쇼핑백이나 잔뜩 들고 몰려다니는 경우가 많으니 마주치면 그리 유쾌하지는 않다.

하루 종일 이탈리아 사람들만 보고 이탈리아 말만 듣고 지내다가, 공연이 끝나고 늦은 밤에 호텔 방으로 돌아와서 목욕탕 거울에 비친 내 모습을 보고 소스라치게 놀란 적이 있다. 거울 속의 얼굴이 너무나 넓적하고 너무나 누렇게 보여서였다. 당신은 밀라노나 피렌체, 베네치아 등 천편일률적인 관광지와 쇼핑가에서 어쩌면 현지인들보다 한국인, 일본인, 중국인 등 이방인들

라벤나의 골목에서 만난 정겨운 풍경.

을 더 많이 만나게 될지 모른다. 이제 숨어 있는 진정한 이탈리아를 찾아가야 하지 않을까? 라벤나가 새로운 이탈리아 탐험의 베이스 캠프가 되기를 기대한다. 이곳에서는 쇼핑이나 관광을 위한 여행이 아니라, 역사와 예술과 함께 호흡하는 지적인 여행과 매혹적인 탐험을 경험할 수 있을 것이다.

지금 라벤나는 지방의 한 소도시가 어떻게 페스티벌로 성공했는가 하는 모델의 가치를 넘어서서, 이탈리아 최대의 페스티벌인 이탈리아 반도의 잘츠부르크란 높은 꿈을 향해 마지막 고비를 넘고 있는 중이다.

QUESTA EFFIGIE
DI
GIOACCHINO ROSSINI
OPERA E GETTO
DI MAROCHETTI
GIUSEPPE DI SALAMANCA DI MADRID
GUSTAVO DELAHANTE DI PARIGI
DONARONO ALLA CITTA
DI PESARO
PATRIA DEL GRAN MAESTRO
LA QUALE
CON GRATO ANIMO E LIETA POMPA
LA INAUGURAVA
IL XXI AGOSTO MDCCCLXIV

페사로 로시니 오페라 페스티벌

명인을 조련하는
거장의 마을

'로시니'라는 또 하나의 코드

페사로를 찾아가는 것이 분명 쉬운 일은 아니다. 대도시가 아닌 만큼 서울에서 바로 가지 못하고 로마나 밀라노를 거쳐서 가게 될 것이다. 이탈리아 반도를 우리 한반도라고 생각한다면, 페사로는 동해안 즉 강릉이나 동해시 정도에 위치한다. 로마나 밀라노에서는 당연히 바로 가는 열차가 있으며, 고속도로도 페사로로 연결되기 때문에 자동차로도 갈 수 있다. 이탈리아 반도가 한반도보다 훨씬 크므로 대여섯 시간은 잡아야 할 것이다. 분명 쉬운 일은 아닌 것이, 서울부터 치자면 가는 데에만 꼬박 이틀이 걸리는 셈이다.

그러나 단지 페사로를 찾아가는 게 아니라 로시니를 찾아가는 길이라면 이야기는 달라진다. 물론 페사로는 꽤 유명한 해변이며 여름 휴가지로 잘 알려져 있지만, 굳이 그것 때문에 거기까지 가는 것은 아니다. 내가 페사로로 가는 것은 오직 단 하나의 이유, 즉 그곳에 로시니가 있기 때문이다.

원래 이탈리아 여행을 할 때는 방방곡곡까지 잘 발달된 열차를 이용하

아주리빛 아드리아 해가 없는 페사로는 상상할 수 없다.

는 게 편리하지만, 이번에는 자동차를 빌렸다. 자동차를 빌리면 편리한 점이 많다. 가장 좋은 점은 트렁크를 끙끙거리면서 끌고 다닐 필요가 없이 그냥 차에 두면 된다는 것이다. 다음에는 카 오디오로 음악을 마음껏 들을 수 있다는 점이다.

나는 원래 이어폰은커녕 헤드폰도 답답하다고 느껴서 잘 쓰지 않는다. 귀에 이어폰을 꽂고 듣는 음악은 감동을 느낄 수 없다. 비행기에서도 음악을 거의 듣지 않는다. 그러니 자동차를 빌린다는 것은 나에게 음악을 마음껏 들을 수 있다는 것과 같은 의미다. 특히, 대중교통 수단이 별로 없는 시골 같은 곳에서는 인근을 돌아다닐 때 차가 있어야 하고, 주차 역시 로마나 밀라노처럼 까다롭지 않기 때문에 자동차 대여를 생각해 볼 만하다.

이번에 빌린 자동차는 소형 피아트다. '친퀘첸토'라는 500시시짜리 차도 있긴 하지만, 사실 작다고 경비가 많이 절약되는 것도 아니다. 차를 보니 너무 구형이다. CD 플레이어도 없다. 하지만 상관없다. 레코드 가게에 들러서 로시니의 카세트 테이프를 손에 닿는 대로 몇 개 산다.

자동차가 고속도로로 접어들면서 스피커에서는 로시니의 《도둑 까치》 서곡이 빵빵하게 나온다. 로시니라면 역시 《도둑 까치》 아닌가. 나는 그렇게 생각한다. 《도둑 까치》 서곡이 실려 있지 않은 로시니 관현악곡집이란 자장면 없는 중국집과 같다. 《도둑 까치》 서곡은 로시니 오페라의 모든 서곡들 중에서 가장 앞에 놓여야 하는 서곡이고, 서곡집 안에서도 당연히 첫 번째 트랙에 자리 잡고 있어야 어울리는 곡인 것이다. 이 곡이 들리면, "아, 이제 로시니가 시작되는군" 하는 기분이 든다. 그리고 머릿속에서는 로시니를 받아들일 준비가 시작되며, 내 마음은 물론이고 몸까지 로시니를 위한 코드로 바뀌는 것이다.

사실 나에게 로시니의 음악은 다른 음악들과는 코드가 좀 다른 것이다. 마치 220볼트를 110볼트로 바꾸듯이, 혹은 NTSD 방식을 PAL 방식으로 변환하듯이, 그런 단계의 준비를 거쳐야 음악이 들어오는 것이다. 물론 한 번 감동이 쏟아지기 시작하면 한참을 로시니의 세계에 빠져 있을 수 있다. 가끔 오페라의 양극兩極에 바그너와 로시니가 있다는 생각을 해 본다. 이 두 사람은 모두 대표적인 오페라 작곡가이지만, 음악과 오페라를 좋아하는 사람들도 취향에 따라서 다른 한쪽으로 쉽게 다가가기 어려울 수 있는 것이다.

페사로를 찾아가는 길은 다른 페스티벌과는 다르다. 로시니 오페라만이 갖는 그 독특한 매력을 찾아가는 길로서, 오직 로시니 하나만 바라보고 가는 것이다. 그것은 바그너의 팬들이 바이로이트를 찾아가는 것에 비견할 수 있다. 그것은 서울이나 뉴욕, 심지어 라 스칼라 극장에서 로시니 음악을 듣는 것과도 또 다른 것이다. 진짜 전라도 맛을 찾아서 혹은 진정한 판소리의 매력을 찾아서, 며칠치의 짐을 싸서 남원이나 장흥으로 가는 것과 유사한 행위이자 의식인 것이다.

국도로 간다면 이탈리아의 백두대간에 해당하는 거대한 아펜니노 산맥을 한참 뚫고 가야 하겠지만, 좀 돌아가더라도 A24번 고속도로를 택해 아드리아 해로 간다. 거기서 해안 고속도로로 아드리아 해의 아름다움을 감상하면서 북상하는 것이다.

이 지역은 우리나라 사람들이 비교적 선호하는 여행지인 이탈리아에서도 우리에게 가장 알려지지 않은 지역인데, 우리로 치면 울진 부근에서 강릉 쪽으로 북상하는 셈이다. 깎아지른 낭떠러지 위에 있는 고속도로로 달릴 때, 그 넓은 산세와 바다의 규모에 감탄하지 않을 수 없다. 바다가 어쩌면 저리도 아름다울까. 여름의 아드리아 해는 그 깊이를 느끼게 하는 짙푸름으로 나그네의 가슴을 서늘하게 해 준다. 이 지역의 절경은 과거나 지금이나 유명해서 『신곡』에서 단테가 천국을 묘사한 부분이 이 지방을 염두에 두고 한 것이라고 한다. 이렇게 좌측으로는 아펜니노 산맥을, 우측으로는 아드리아 해를 끼고 계속 북상하면, 이 지역에서 가장 큰 항구 도시인 안코나가 나타나고, 이어서 좀 더 달리면 페사로가 모습을 드러낸다.

페사로의 중심 도로는 바다를 향해 달리다가 끝난다.

로시니의 도시 페사로

페사로는 아드리아 해안의 평지에 자리 잡은 작은 도시다. 이곳은 리미니와 함께, 아드리아 해안에서 가장 유명한 해변 리조트 단지다. 시내 어디에서나 가까운 바닷가로 나가면, 끝없이 펼쳐진 파라솔들과 방갈로의 원색들이 흰 모래밭 위를 화려하게 장식하고 있다. 그 뒤로는 대개는 5층을 넘지 않는 나지막한 작은 호텔들이 수없이 줄지어 있다. 그 리조트 단지의 한가운데에 있는 분수를 지나 바다를 등지고 천천히 들어가면, 이제 도시는 완전히 새로운 모습으로 다시 태어난다. 즉 현대의 리조트 단지에서 예술과 음악이 아직도 그대로 살아 숨 쉬는 과거의 장소로 들어가는 것이다. 정확히 말하자면 로시니 거리의 시작을 알리는 유명 패션 브랜드의 간판이 오른쪽에 나타나면, 그 지점부터 나는 거의 200년을 뛰어넘어 19세기 초반으로 돌아가는 것이다. 얼마나 멋진 일인가.

나를 포함해, 세계의 음악 팬들이 페사로를 찾는 것은 이곳에서 로시니 페스티벌이 열리기 때문이다. 이탈리아 전역에서 열리는 수많은 페스티벌들 중에서, 이곳은 가장 진지하고 학술적이면서 한 예술가에 대한 심도 있고 체계적인 공연을 올리는 곳이다. 물론 한 음악가라면 독일 바이로이트를 먼저 떠올리겠지만, 그곳은 축제의 성격이 더 짙고 페사로는 학문적이고 교양적인 스타일이 먼저 느껴진다. 이렇게 독특한 페사로 로시니 페스티벌은 아직도 때 묻지 않은 고유한 창법과 무대를 선사해서, 전 세계의 로시니 마니아들이 이 시골까지 찾아오도록 만들고 있는 것이다.

로시니 거리를 따라가면 그 끝에 나타나는 것이 바로 '로시니 극장_{Teatro Rossini}'이다. 규모도 작고 소박한 형태여서 눈에도 잘 띄지 않는 이 작은 극장이 오늘날의 로시니 페스티벌을 있게 한 중심 건물이다. 로시니 극장은 작지만 내부가 계란형으로 생긴 아름다운 곳이다. 99개의 박스들이 부드러운 곡선을 그리며 서로 마주 보고 배치되어 있다. 로시니 극장은 1818년에 개

로시니 페스티벌의 중심이 되는 로시니 극장.

관했으니, 로시니의 나이 26세 때였다. 당시의 극장 이름은 새로 지었다고 해서 '테아트로 누오보Teatro Nuovo'였다. 이 극장은 개관 작품으로 페사로가 낳은 자랑스러운 아들 로시니의 작품인 《도둑 까치》를 올렸다. 이 작품은 한 해 전에 밀라노에서 이미 선보였던 것으로, 이것이 나중에 로시니의 메카가 될 이 극장의 첫 공연을 장식했던 것이다.

테아트로 누오보의 성장은 우연히도 로시니의 명성과 함께 발전했고, 결국 페사로 사람들은 당대에 유럽에서 가장 유명한 오페라 작곡가와 자신들의 극장을 영원히 연결시키고 싶어 했다. 그리하여 1855년에 극장 이름을 '로시니 극장'으로 개명했으니, 당시 유럽 오페라계의 태두泰斗였던 60대의 로시니에게는 또 하나의 영예가 추가된 것이었다.

페사로 로시니 오페라 페스티벌

해변 휴양지라는 페사로의 명성은 그때부터 대단했던 것 같다. 여름이면 많은 휴양객들이 모여들었는데, 로시니 극장 당국은 1864년부터 그들을 겨냥해 여름 공연을 열기로 했다. 그것은 페스티벌의 형태라기보다는 시즌의 개막 시점을 여름 가까이로 당긴 형태에 더 가까웠다. 그때부터 로시니 극장은 "여름에도 오페라 공연을 올리는 바닷가의 극장"(사실 극장에서 해변까지는 단숨에 뛰어갈 수 있는 거리다)이 되었다. 그러다가 점차 쇠퇴의 길을 걷던 로시니 극장은 너무나 낡아서 1966년에 폐관되었다.

이론과 실연의 완벽한 조화

그런 로시니 극장이 재개관한 것은 1980년의 일이었으니, 이제 불과 30년이 지났을 뿐이다. 재개관 당시에 발족한 로시니 재단의 예술 감독이었던 브루노 칼리는 야심적이고 적극적이며 예술성 높은 계획들을 하나씩 실천해 나갔다. 그리하여 칼리에 의해 여름에 열리는 공연은 '로시니 오페라 페스티벌'이라고 정식으로 명명되었으며, 매년 여름 로시니의 오페라만을 전문적으로 준비하여 공연하기 시작했다.

8~9월에 열리는 로시니 페스티벌은 단번에 국제적인 권위와 명성을 얻게 되었다. 지금은 로시니의 모든 작품을 복원해 올리는 것이 로시니 페스티벌의 주요 목표이지만, 처음에는 로시니의 초기 활동기였던 나폴리 시대의 알려지지 않은 작품들을 재현하는 데 주로 초점을 맞추었다.

앞서 말했듯이 로시니 페스티벌이 다른 페스티벌들에 비해 단시간에 권위를 얻게 되고 단번에 세계 정상급 수준에 이르게 된 데에는 바로 이곳에 로시니의 이름을 딴 또 하나의 중요한 기관이 있기 때문이었다. 그것은 바로 로시니 음악원이다. 로시니 음악원은 물론 이탈리아의 어느 지방 도시에나 있는 종합 음악원이지만, 특히 이곳은 로시니 오페라의 해석에서 뛰어난 권위를 자랑한다.

　로시니 오페라는 다른 오페라에 비해 기교적으로 난해한 것으로 유명하다. 즉 벨칸토 시대의 특징인 절묘한 트릴과 빠른 악구, 혀를 굴리는 듯이 쉴 틈 없이 빠른 발음들은 로시니의 상표가 되었다. 이런 특징들은 이탈리아에서도 제대로 습득하기가 어려워, 많은 성악도들이 제대로 된 기량을 습득하기 위해 이곳 페사로의 로시니 음악원을 찾는 것이다. 그리하여 로시니 음악원은 로시니를, 아니 벨칸토 오페라를 제대로 공부하고자 하는 성악도라면 세계 각지에서 찾아오는 벨칸토 오페라의 메카가 되었다. 마치 우리나라의 남원 국악원을 연상시킨다.

　로시니 음악원의 설립은 로시니의 유산으로 이루어진 것이다. 당대에 큰 명성뿐 아니라 많은 재산을 모았던 로시니는 유산을 남기면서 이런 유언장을 썼다. "내가 남기는 전 재산은 사랑하는 아내에게 돌아간다. 그러나 아내가 죽은 후에는 내 재산이 사랑하는 조국, 나의 고향인 페사로 시에 넘겨지기를 희망한다. 페사로 시에서는 그 재산을 음악 학교를 설립하는 데 쓰게 될 것이다. 그리고 그 돈의 일부는 오페라 작곡가 한 사람과 대본가 한 사람을 선정하여 상금으로 수여되기를 원한다. 내 재산이 예술을 위해 평생을 희생한 사람들을 위해 사용되기를 바란다……"

　이렇게 대작곡가의 숭고한 뜻으로 로시니 음악원이 세워진 것이다. 그리고 로시니를 평생 연구한 학자들이나 로시니의 음악을 평생 갈고닦았던 무대 위의 명가수들이 은퇴한 뒤 이곳에서 젊은이들에게 로시니 오페라의 전통적인 창법을 교육하고 있는 것이다.

　이런 토양이 이미 갖춰진 페사로에서 열리는 페스티벌인 만큼 로시니 페스티벌의 수준은 처음부터 예견되었던 것이다. 이곳의 극장이라고 해 봐야 로시니 극장 하나밖에 없어서 많은 공연들은 로시니 음악원의 강당에서 올라간다. 아무리 국제적으로 유명한 가수라 해도 이런 전통이 있는 로시니 음악원에서 공연을 할 경우, 로시니를 전공하는 진지한 교수들과 열성적인 학생들 앞에서 노래를 제대로 부를 수 있을까. 이곳에 서면 어떤 가수라

　　　　　　　　　　페사로 로시니 오페라 페스티벌

도 학생이 될 수밖에 없을 것이다. 로시니에 관한 한 가장 전문적인 학교에서 벌어지는 로시니 공연. 이것이 바로 로시니 페스티벌만이 가지는 권위요, 장점인 것이다.

이렇게 페스티벌이 음악원과 밀접하게 연계된 경우는 세계적으로 그 유래가 드물다. 그리하여 로시니 페스티벌은 발족한 지 2년 만에 이탈리아 정부로부터 "이탈리아 최고의 페스티벌"이라는 칭호를 수여받았고, 3년 만에 지방 축제로서는 드물게 이탈리아 정부가 직접 예산을 지원해 주는 파격적인 대우를 받게 되었다.

지금도 로시니 페스티벌의 위상과 정신은 "음악학적인 측면과 극장 실연을 가장 완벽하게 조화시킨 곳"이라는 평가로 대변된다. 이렇게 순식간에 유명해진 로시니 페스티벌의 지휘 무대는 지난 25년 동안 클라우디오 아바도, 주세페 시노폴리, 리카르도 샤이 등 최고의 대가 지휘자들이 주도해 왔다. 그리고 로시니 가수라면 누구든지 이곳 로시니 음악원의 무대에 서서 세계

로시니 음악원은 벨칸토 테크닉을 가르치는 최고의 수련장이다.

최고의 진정한 고수들 앞에서 노래를 불러야만 진정한 로시니 가수가 되는 것이다. 그동안 테레사 베르간사, 마릴린 혼, 루치아 발렌티니 테라니, 프레데리카 폰 슈타데, 베셀리나 카사로바, 록웰 블레이크, 라울 히메네스, 후안 디에고 플로레스, 세스토 브루스칸티니, 파올로 몬타르솔로, 엔초 다라 등 세계 최고의 로시니 가수들이 모두 이곳 무대를 거쳤다.

내가 처음 만난 '진짜 로시니'

내가 처음으로 로시니 오페라의 매력을 알게 된 곳은 밀라노도 나폴리도 아닌 바로 페사로였다. 페사로에 가기 전에 나는 이미 밀라노의 라 스칼라 극장에서 《라 체네렌톨라(신데렐라)》, 《알제리의 이탈리아 여인》, 《이탈리아의 터키인》과 같은 로시니의 대표적인 희가극을 다 보았지만, 그것들은 나에게 전혀 감동을 주지 못했다. 도리어 "아니, 왜 저런 것을 부르지?"라는 것이 솔

저녁이 되면 로시니 음악원 앞은 공연을 보러 온 사람들로 혼잡해진다.

직한 내 심정이었다. 한마디로 머리로만 알았지, 가슴으로는 느끼지 못했던 것이다. 그런 내가 페사로에 와서 첫날 단 한 번의 공연으로 잊을 수 없는 감동을 맛보게 되었던 것이다. 마치 서울에서 아무리 비빔밥을 먹어도 그 맛을 모르던 사람이 전주에 가서 비빔밥을 먹고 나서야 그 진정한 매력을 느끼게 된 것과 같은 이치일 것이다.

당시의 공연은 로시니의 《탄크레디》였다. 무대는 아름다운 조형미와 효과적인 구도로 멋지게 분할되었고, 최소한의 움직임으로 다양한 배경을 설명해 냈다. 게다가 베셀리나 카사로바와 파트리차 초피라는 빼어난 실력을 지닌 메조소프라노와 소프라노의 절묘한 가창은 그 자리에서 "왜 로시니인지, 왜 페사로인지"를 증명해 주었다.

그 정교한 음악과 치열한 연주는 마치 피렌체에서 수년에 걸쳐 완벽하게 복원된 르네상스 벽화들처럼, 환하게 밝아지는 발색의 명료함으로 나를 감동시켰다. 심하게 말하자면 당시 나는 "페사로가 아니면 로시니의 오페라를 보지 말라. 진정한 로시니는 페사로에만 있다"라고 외치고 싶을 정도였다.

2004년 로시니 페스티벌의 하이라이트도 역시 로시니의 드문 오페라 《영국 여왕 엘리자베스》였는데, 이것은 로시니 음악원의 강당에서 올라갔다. 레나토 팔룸보가 지휘하고 다니엘레 아바도가 연출을 맡았다. 음악원 강당의 볼품없는 시설에도 불구하고, 관객들이 보기에 편하게 세워진 기하학적인 무대는 먼 영국의 이야기가 현대에서도 일어날 수 있는 우리 주변의 이야기로 다가오도록 했다. 2005년에는 로시니 음악원의 강당에서 《신문La Gazzetta》이 올라갔다. 이탈리아 최고의 희극 배우이자 극작가로서 노벨 문학상 수상자인 다리오 포의 프로덕션이라 미리부터 큰 기대를 했다. 파스텔 색조의 화사한 무대와 세련된 의상, 그리고 배꼽이 빠질 만큼 기상천외한 연출들로 관객의 정신을 빼놓았다.

팔라 페스티발에서는 이탈리아 최고의 연출가인 루카 론코니가 새롭게 연출한 《세비야의 이발사》가 올라갔다. 역시 이탈리아 정상의 지휘자인 다니

다니엘레 아바도가 연출한 2004년의 《영국 여왕 엘리자베스》. ⓒ Rossini Opera Festival

엘레 가티가 지휘를 맡았으며, 조이스 디도나토와 후안 디에고 플로레스 등 최고의 로시니 가수들이 무대에 등장했다. 무대에는 세비야 같은 도시는 나오지도 않았다. 그 대신에 많은 나무 의자들을 천장에서 내려오는 끈에 매달아서, 마치 그네 같은 구조물 위에서 가수들이 노래를 하는 획기적인 연출을 펼쳤다. 그네를 타고 노래를 부르는 가수들의 절묘한 기교들은 로시니의 음악을 더욱 돋보이게 해 주었다.

모든 시민들이 함께하는 축제

페스티벌 기간이면 당연히 온 도시가 페스티벌에 집중된다. 페사로 시는 여름 한 철의 완벽한 페스티벌을 위해 시청 안에 항상 존재하는 페스티벌 부서까지 두고 있다. 시청과 극장과 음악원은 물론이고, 이 지방의 은행이나

페사로 로시니 오페라 페스티벌

기업체들이 모두 자신들의 일인 것처럼 페스티벌을 후원하고 적극적으로 개입한다.

이곳에는 예나 지금이나 극장이라고는 로시니 극장 하나이지만, 앞서 말했듯이 그 외에 여러 보조 극장에서도 공연을 올린다. 로시니 음악원의 강당인 '페드로티 강당Auditorium Pedrotti', 페스티벌을 위해 간이로 만든 임시 공연장으로 마치 우리나라의 실내 테니스 코트처럼 생긴 '팔라 페스티발', 그리고 최근에 다시 세워진 '아드리아틱 아레나Adriatic Arena' 등에서 모두 공연이 올라간다.

객석은 로시니 극장이 850석, 팔라 페스티발이 1,500석, 페드로티 강당이 500석 정도로 전체적으로 수용 인원은 상당히 적은 편이다. 그러니 가장 인기가 많을 것 같은 공연은 팔라 페스티발에 배정하고, 사람이 적게 올 것 같은 공연은 페드로티 강당으로 정하며, 다양한 무대 변환 등 진짜 극장이 필요한 프로덕션은 로시니 극장 등에서 진행된다.

여기서는 오페라만 올라가는 것은 아니다. 가끔 미사곡이나 〈스타바트 마테르〉 같은 성악곡들이 포함되기도 한다. 최근에는 로시니 페스티벌 프로그램에 다양한 실내악이나 오케스트라 연주, 기악 리사이틀이나 독창회 등이 추가되는 해도 있다. 그뿐 아니라 로시니에 관한 다양한 강좌도 열리며, 여름밤에 광장에서 지난 공연 실황을 DVD로 보여 주어 피서를 나온 많은 휴가객들도 참여할 수 있도록 하고 있다. 또한 로시니의 오페라뿐 아니라, 다른 작곡가들의 작품이나 현대 음악들도 선보이고 있다. 하지만 이곳 페스티벌의 주역이 로시니인 것은 불변의 사실이다.

2012년에는 로시니 극장에서 《바빌로니아의 치로》 같은 드문 작품을 올려서 역시 로시니 페스티벌의 진가를 볼 수 있도록 하며, 그 외에 《브루스키노 씨》, 《랭스 여행》, 《탄크레디》 등이 공연될 예정이다. 아드리아틱 아레나에서는 《샤브란의 마틸데》가 예정되어 있다.

여름 한 철을 아드리아 해변에서

로시니 페스티벌의 경우에 시즌이 휴가철과 겹치기 때문에 페사로에서 방을 잡기란 여간 어려운 일이 아니다. 아직은 대부분의 투숙객들이 페스티벌보다는 백사장의 태양과 바다를 즐기러 온 듯이 여겨진다. 하지만 페사로에서 역시 중요한 것은 로시니와 관계된 유적들이다. 대부분의 유적들은 중심도로인 '로시니 거리Via Rossini'에 자리 잡고 있다. 앞서 설명했던 로시니 극장도 이곳에 있고 그 부근의 뒤편 골목에 로시니 음악원도 있어 쉽게 찾을 수 있다.

이 거리에서 들러 볼 또 다른 곳은 로시니가 태어난 곳인 '카사 로시니'다. 이 아담한 곳에는 어린 로시니의 정취를 느낄 수 있는 흔적들이 있는데,

로시니 페스티벌의 제3의 공연장인 팔라 페스티발.

바다가 보이는 로시니 거리. 오른쪽이 로시니의 집이다.
소년 로시니는 집에서 뛰어나와 바로 바다로 달려가곤 했을 것이다.

집 앞에 서면 아드리아 해가 바로 보이는 것이 퍽 낭만적이다. 어린 로시니도 다른 페사로 아이들처럼 다 벗고 수영을 했을까? 로시니의 자필 악보들과 피아노, 제대로 된 그의 석상 등은 카사 로시니보다는 로시니 음악원 안에서 찾는 것이 더 낫다.

페사로도 매력적인 곳이지만, 바로 옆에 더욱 유명한 해변인 리미니가 있다. 유럽 대륙 전체에서 최대의 해변을 자랑하는 휴양지인 리미니는 이곳 출신의 영화 감독 페데리코 펠리니가 만든 많은 영화들의 배경이 된 곳이기도 하다.

페스티벌 기간에는 페사로나 리미니의 태양이 너무 뜨거울지도 모른다. 그렇다면 부근에 있는 산속 도시들을 방문하는 것도 좋을 것이다. 빼놓아서는 안 될 곳이 산악 도시 우르비노다. 이곳은 용병 대장으로 유명했던 페데리코 다 몬테펠트로 공작의 화려한 궁전인 팔라초 두칼레가 산 위에 버티고 있는 멋진 곳이다. 궁전을 향해 산길을 따라 돌아가다 보면 마치 15세기로 들어가는 착각을 불러일으키는데, 주변의 숲이 아주 아름답다. 궁전뿐 아니라, 그 안의 서재와 그림 등도 볼 가치가 있다. 그 외에도 산꼭대기에 있는 동화 같은 왕국 산 마리노를 비롯해 산악 도시 산 레오, 우르바니아 등이 모두 지척에 있다.

일본인 오페라고어의 페사로행

페사로에서 로시니 페스티벌이 열린다는 사실은 이미 알고 있었다. 하지만 내가 이탈리아의 그 시골까지 찾아가게 된 것에는 어떤 사건이 있었다.

그 여름은 독일의 바이로이트에 있었다. 바그너의 장대한 관현악과 심오한 내용에 빠져 오직 바그너만 경배하면서 신나게 지냈다. 작은 호텔의 내 옆방에는 일본인 커플이 묵고 있었는데, 그들의 진지한 관람 태도는 인상적이었고 우리는 곧 친해졌다. 그래서 공연의 막간에는 셋이서 아이스크림도 먹고 오페라 이야기도 하며 지냈다. 그렇게 8일간 이어진 《니벨룽의 반지》 공연이 모두 끝났다.

나는 서울로 돌아갈 준비로 분주했다. 그런데 당연히 도쿄로 갈 줄 알았던 그 커플은 다시 트렁크를 챙겨서 다른 곳으로 이동하려는 것이 아닌가. 아니, 바그너를 봤으면 끝이지, 더 이상 볼 것이 어디 있다는 말인가. 그들에게 목적지를 물었더니, 페사로로 간단다. 아니, 이탈리아로? 그것도 그 시골로? 로시니를 들으러? 바그너를 듣고 나서 로시니를 듣다니 가당하기나 한 말인가? 그 웃기는 로시니를? 그 허접스러운 코미디를? 말로 장난이나 치는 그런 노래를?

나는 적잖게 놀랐다. 서울로 돌아와서 오페라를 들을 때마다 그 커플이 생각났다. 그렇다. 오페라에는 바그너만 있는 것이 아니다. 분명 바그너는 중요한 음악의 일부이지만, 그 반대편에도 또 무엇이 있는 것이다. 나는 그것이 로시니라는 것을 깨달았다. 바그너의 음악을 들으면 그럴듯해 보이지만, 바그너의 음악만 듣는다는 것은 분명 편식이다. 바그너와 로시니라는 완전히 다른 두 분야를 모두 즐길 수 있다는 것, 그것이야말로 진정 넓고 깊은 오페라의 세계를 다 누리는 최고의 행위라는 데 생각이 미쳤다. 나는 그들보다 한참이나 뒤떨어져 있었던 것이다.

나는 드디어 페사로행 트렁크를 꾸렸다.

 페사로 로시니 오페라 페스티벌

LIT · OCTI

마체라타 오페라 페스티벌

하늘 바로 아래서 울리는 벅찬 고동

산속에 숨어 있는 마을을 찾아서

마체라타가 어디에 있는지, 또 어떻게 가는지를 정확히 알고 있는 사람은 흔치 않다. 만일 그런 사람을 만난다면 그는 이탈리아에 정통한 사람임이 분명하다. 여러 차례 이탈리아를 다니면서 마체라타에 대해 물어보았지만, 한번도 시원한 대답을 듣지 못했다. 그만큼 그곳은 산속에 숨은 듯이 존재하는 작고 조용한 마을이다.

이탈리아 반도 중부의 마르케 지방 산속에 있는 마체라타로 가는 방법은 여러 가지가 있겠지만, 지금 나는 비행기를 타고 간다. 서울에서 비행기로 갈 때 마체라타에서 가장 가까운 공항은 안코나다.

로마의 피우미치노 공항에서 알리탈리아 항공의 국내선으로 갈아탄 나는 안코나의 새로 지은 공항에 내린다. 무척 세련된 현대식 청사는 아직도 새 철골조들의 풋풋한 쇠 냄새를 풍기고 바닥은 반질반질하다. 밖으로 나오니 주위가 캄캄하다. 안코나는 바닷가의 도시이지만, 지금은 밤바다 위로

마체라타로 가는 길에 만난 코네로 반도.
단테는『신곡』에서 이곳을 염두에 두고 천국을 묘사했다.

비치는 불빛들만 보일 뿐이다. 서울에서 출발해서 하루 종일 비행기를 타고 왔다. 예약한 호텔을 찾아 들어가서 피곤한 몸을 누인다.

시간의 퇴적지를 지나

엷은 커튼을 뚫고 방 안으로 들어오는 햇볕 때문에 눈을 뜬다. 커튼을 젖히니, 세상에! 항구다! 호텔이 언덕 위에 자리 잡은 덕분에, 안코나 항구가 한눈에 들어온다. 크고 작은 기선들과 여객선들, 부두에 늘어선 컨테이너를 운반하기 위한 크레인들……. 항구 뒤로는 철도와 도로가 아주 좁은 평지를 따라서 간신히 놓여 있고, 그 뒤로는 바다가 내려다보이는 언덕 위에 자리 잡은 안코나의 구시가가 보인다. 항구에서 태어나서 항구에서 자란 내게는 아침에 바다, 그것도 기왕이면 항구를 볼 수 있다는 것은 너무 행복한 일이다.

멀리 수평선에는 아드리아 해를 오가는 배들이 떠 있고, 반짝이는 수면은 마치 은빛 생선처럼 싱그럽다. 나는 얼른 호텔을 나서서 가파른 언덕을 오른다. 지도에서 긴 장화같이 생긴 이탈리아 반도를 보면, 베네치아 부근은 석호 등으로 해안선이 복잡하지만 포 강 하구부터 남쪽으로는 쭉 빠진 종아리처럼 밋밋한 해안이 이어진다. 그 가운데 유일하게 툭 하고 약간 튀어나온 부분이 바로 안코나다. 안코나는 그리스어로 팔꿈치를 뜻하는 단어인 '안콘Ankon'에서 나온 것이다. 즉 고대 시칠리아에 거주하다 정치적인 문제로 추방당한 그리스인 중 일부가 아드리아 해를 표류하다가 이 툭 튀어나온 언덕을 발견하고 정착한 것이다.

그러므로 안코나는 고대 그리스 시대부터 로마, 중세, 근대까지 다양한 유물이 산재한 곳이기도 하다. 또한 아드리아 해에 면한 이 지역 최대의 항구 도시로, 제2차 세계대전 때에는 이탈리아 군대 수송에서 중요한 군항으로 이용되어 큰 폭격을 받기도 했다. 하지만 지금은 바다 건너의 크로아티아나 그리스로 떠나는 수많은 관광객과 학생들이 웃는 모습을 볼 수 있는, 활

크로아티아와 그리스로 가는 관문인 안코나 항구.

기찬 해상 교통의 요지이기도 하다.

안코나는 중요한 관광지도 아니고 특별한 공연이 열리는 곳도 아니지만, 마르케 지방의 주도로서 오페라 하우스도 있고 오케스트라도 있다. 유명한 페스티벌이 열리는 마체라타는 워낙 작은 곳이라서, 외국 관광객들이 갈 만한 호텔과 시설들이 매우 부족하다. 그러므로 마체라타에 머무를 수도 있겠지만, 좀 더 큰 도시를 원한다면 안코나에 숙소를 잡고 자동차를 빌려서 마체라타를 오가는 것도 좋은 방법이다. 또한 안코나는 항구답게 해산물이 풍부해서, 도심이나 근교의 바닷가에는 전국적으로 이름난 해산물 식당들이 즐비하다. 그러니 낮에는 안코나 시내에서 훌륭한 해산물 식사를 하고 밤에는 산속의 마체라타로 가서 멋진 오페라를 즐긴다면, 그해 여름은 당신

마체라타 오페라 페스티벌

에게 최고의 휴가가 될 것이다.

위엄 있는 산악 도시로 변하다

안코나에서 빌린 자동차가 마체라타로 향한다. 눈앞에 펼쳐지는 경치는 신선
하고 또한 놀랍다. 이탈리아의 전원을 여행하다가 느끼는 점은 시골 풍경이
우리나라와 너무나 유사하다는 것이리라. 아기자기한 풍경들과 넓은 들판에
다양한 작물을 골고루 심어서 옥수수와 밀과 포도와 채소가 어우러져 있고,
계곡과 농가들이 그림처럼 적당한 곳에 배치되어 있는 것이다.

　그러나 안코나 근교에 있는 마르케 산악 지역은 그런 모습이 아니다. 거
대한 규모의 산들과, 사람의 손이 미치지 않아 잡풀들이 무성한 넓은 초원
에는 농가 하나 보이지 않는다. 멀리 바다가 보이는 곳에는 깎아지른 절벽이
위용을 자랑하고 있다. 제주도의 국도를 달리면서 맛보는 풍경과는 또 다
른, 신선하고 이국적인 느낌인 것이다. 마르케 지방은 이탈리아에서도 사람
의 손이 가장 덜 닿은, 즉 우리나라의 강원도 산골 같은 곳이다. 또한 관광
대국인 이탈리아임에도 불구하고 외국 관광객의 모습이 가장 드물게 보이
는 지역이기도 하다. 주변에는 코네로 반도나 포르토노보 또는 시롤로 같은
절경 지역들이 펼쳐져 있다. 특히 바다가 내려다보이는 절벽 위에 있는 그림
같은 산타 마리아 디 포르토노보 교회는 단테의 『신곡』의 「천국」편에 나올
정도로 아름다운 곳이다. 정말 이곳이야말로 천국이다.

　서쪽으로 머리를 돌린 자동차가 이제는 아드리아 해를 뒤로하고 산속으
로 들어간다. 얼마 지나지 않아 마체라타가 나타난다. 잘 알려진 산 마리노
처럼, 이 지역의 많은 도시들이 평지가 아닌 산 위에 형성되어 있다. 산 위에
거대한 산성이 있고 그 성 안에 시가지가 발달해 있으며, 성 밖으로는 농가
와 밭들이 있는 구조인 것이다. 도시들이 각기 하나의 나라를 이루고 살던
시절에, 외세의 침공에 효과적으로 대항하기 위해 만들어 놓은 구조일 것이

다. 이 지역에는 이런 형태의 도시들이 많은데, 산 마리노를 비롯하여 산 레오, 우르비노, 우르바니아, 예시, 마체라타 등이 대표적이다.

차가 성문을 지나 드디어 마체라타의 시내 중심으로 들어간다. 가장 먼저 눈앞에 나타나는 큰 건물이 오페라 페스티벌이 열리는 '아레나 스페리스테리오Arena Sferisterio'다. 이곳이 여름에는 오페라 공연이 열리는 경기장인데, 밖에서 보면 현관과 창문 등이 있는 완벽한 건물 형태를 가지고 있어서 안에 노천 경기장이 있을 것이라고는 생각되지 않는다. 이제 부근의 주차장에 차를 세우고 안으로 들어가면 된다. 거기에서 완전히 새로운 산속의 오페라가 나를 기다리고 있는 것이다.

경기장이 오페라 공연장으로 변하다

대체 이것은 무엇에 쓰는 건물일까? 이 작은 도시에 거대한 아레나 스페리스테리오가 세워진 것은 1829년의 일로, 180년이 조금 넘었다. 그러니 이곳은 아레나 디 베로나나 오랑주의 고대 극장과 같은 고대 건물이 아니라 근대 건축물에 해당하는 것이다.

아레나 스페리스테리오는 '팔로네'라고 부르는 구기 종목을 하기 위한 경기장으로 지어진 곳이다. 팔로네는 요즘의 핸드볼 공 같은 것을 글러브 낀 손으로 치는 매우 격렬한 운동 경기다. 마체라타를 중심으로 한 이 일대에서는 당시에 크게 활성화된 것 같은데, 선수들의 모습은 축구 경기의 골키퍼를 연상하면 될 것이다. 이 경기를 위해, 시내 한복판에 돌을 이용하여 거대한 경기장을 만든 것이다. 현재까지 이렇게 완벽하게 남아 있는 팔로네 경기장은 이탈리아 반도에서 이곳이 유일하다.

이 경기장의 모습은 길쭉한 초승달 모양으로 되어 있다. 그래서 한쪽의 긴 벽에 무대를 만들면, 무대가 좌우로 매우 길어지면서 관중석도 좌우로 길게 늘어앉게 되는 독특한 형태가 된다. 이러한 형태는 오페라 공연에는 매

   마체라타 오페라 페스티벌

아레나 스페리스테리오는 좌우로 긴 형태를 띠고 있는데,
이는 오페라 공연에 매우 유리하다.

우 좋은 구조가 될 수 있다.

아레나 스페리스테리오에서 오페라 공연이 시작된 것은 1921년이었다. 당시 이 지방의 가장 유력한 지도자였던 피에르 알베르토 콘티 백작에 의해 이곳에서 노천 오페라가 올라간 것이다. 그때 처음 공연된 작품은 베르디의 《아이다》와 폰키엘리의 《라 조콘다》였다. 이때 오페라 공연의 가능성이 어느 정도 타진되었지만, 계속 이어지지는 못했다. 그리고 팔로네도 침체되면서 이 경기장은 급격하게 쇠락의 길을 걸었다.

아레나 스페리스테리오에서 울리는 오페라

아레나 스페리스테리오가 지금의 모습으로 복원된 것은 1966년의 일이었다. 그리고 이듬해인 1967년부터는 여름에 정식으로 오페라 페스티벌이 시작되었다. 한쪽 벽에 설치된 무대는 좌우 길이가 무려 90미터에 이르러, 규모 면에서는 세계 최대 수준이다. 또한, 바닥에 설치된 좌석과 발코니를 합쳐서 관중석이 6천여 석에 이르는 등 거대한 야외 오페라 하우스가 만들어진 것이다. 이렇게 '마체라타 오페라 페스티벌'이 시작되었다.

마체라타 페스티벌은 선발 주자에 해당하는 베로나 페스티벌을 모델로 하고 있다. 그러나 베로나와는 환경이 다르고 지역 규모도 작으며, 또한 외부인들이 지리적으로 접근하기 매우 어려운 곳이 마체라타다. 그리하여 마체라타는 자신들만의 차별화된 페스티벌을 만들어 가기 시작했다. 처음에는 베로나처럼 《아이다》, 《카르멘》, 《리골레토》, 《토스카》 등 보편적인 레퍼토리로 시작했지만, 그것이 답이 아니라는 것을 깨닫고 자신들만의 색깔을 입히기 시작한 것이다.

그들은 세계적인 스타들을 데려오기로 하고, 이에 성공했다. 그리하여 루치아노 파바로티가 마이크도 쓰지 않는 이 노천 무대에 서게 되었다. 파바로티는 실은 아레나 디 베로나에서조차 단 한 번도 오페라를 부르지 않았으며, 다만 마젤이 지휘하는 베르디의 〈레퀴엠〉 연주에서 솔리스트로 한 번 참여했을 뿐이다. 마체라타는 이런 파바로티를 이곳 시골까지 불러오는 데 성공했던 것이다. 이후 파바로티의 절친한 음악적 동반자이기도 했던 셰릴 밀른즈, 몽세라 카바예 등 초대형 스타들이 이곳 무대에 섰다. 그 후 마체라타 페스티벌은 야외 오페라 페스티벌로서는 아레나 디 베로나에 버금가며, 토레 델 라고 푸치니의 명성에 견줄 만한 여름 페스티벌로 자리를 잡게 되었다. 마체라타 페스티벌은 7~8월에 열리며, 보통 서너 작품 정도를 번갈아 무대에 올린다.

마체라타의 조용한 골목.

요즘의 마체라타 페스티벌은 아레나 디 베로나 같은 대형 무대에서는 올리기 힘든 레퍼토리를 올려서, 이 극장의 스타일을 완전히 차별화하는 데 성공하고 있다. 즉 《사랑의 묘약》이나 《코지 판 투테》처럼 인기는 있지만 대형 무대에 올리기는 어려운 작품들과, 《호프만의 이야기》나 《리미니의 프란체스카》 같은 아주 대중적이지 않은 레퍼토리들을 이용하여 관객들을 불러 모으는 데 성공하고 있다. 2010년의 경우는 구노의 《파우스트》, 베르디의 《아틸라》, 《운명의 힘》, 《롬바르디아인》 등이 프로그램을 장식했다. 2011년에는 모차르트의 《코지 판 투테》를 시작으로, 베르디의 《가면무도회》, 《리골레토》가 무대에 올랐다.

지금 마체라타 페스티벌이 이탈리아 정상급의 페스티벌이라고 말하기는 어렵다. 파바로티 같은 슈퍼스타들은 더 이상 이 시골까지 오지 않으며, 지리적인 불리함과 지방 재정의 한계를 뛰어넘지 못하고 있다. 하지만 세계 정상은 아니더라도 중량감 있는 성악가들이 이곳에 참여하고 있는데, 기억할 만한 가수들로는 다니엘라 데시, 파비오 아르밀리아토, 카를로 구엘피, 닐 시코프, 데지레 랑카토레, 프란체스코 멜리, 조란 토도로비치 등이 있다.

마체라타 페스티벌은 오랫동안 이탈리아의 원로 연출가인 피에르 루이지 피치와 밀접한 관계를 맺고, 그와 그의 조수 출신인 마시모 가스파론의 프로덕션들을 많이 올렸다. 그들은 마체라타 페스티벌의 공로자이기도 하지만, 한편으로 이 페스티벌의 수준을 고착시키는 데 일조했다. 최근에 페스티벌 재단은 예술 감독을 40세의 젊은 연출가 프란체스코 미켈리로 교체했는데, 앞으로 그의 활약이 기대된다. 그와 함께 2012년에는 베르디의 《라 트라비아타》, 푸치니의 《라 보엠》, 비제의 《카르멘》 등이 무대에 올라갈 예정이다.

지상의 비극은 하늘로

2004년 산속 무대에서 펼쳐진 야외 오페라, 그날의 아레나 스페리스테리오는 지금도 선명하게 기억난다. 마체라타는 산 위에 있어서 저녁이면 유난히 바람이 많이 부는 지역이다. 마르케 지방의 산속에서 울려 퍼지는 아리아의 선율, 유달리 가까이서 반짝이는 밤하늘의 초롱초롱한 별 무리들, 여름 산바람의 차가운 살랑거림⋯⋯. 마치 천국에 앉아 있는 것처럼 환상적이었다.

잔도나이의 오페라 《리미니의 프란체스카》가 2백 년을 헤아리는 붉은 벽돌의 담벼락에 부딪쳐 공명하고 있었다. 마우리치오 바르바치니의 격정적인 지휘로 오페라는 시작되었다. 공연이 시작되자, 좌우 90미터의 넓은 무대를 활용하여 양편에서 번쩍이는 갑옷과 황금 투구를 걸친 수십 명의 합창단과 엑스트라들, 남자들이 횃불을 든 채 등장했다. 비단으로 온몸을 감싼 여자들의 움직임은 마치 커튼이 이동하는 듯이 장관을 이루었다. 긴 행렬은

   마체라타 오페라 페스티벌

마체라타로 가는 길에 만난 아드리아 해가 보이는 작은 공원.

잔도나이의 효과적인 관현악과 어우러졌다. 그들이 양편에서 무대 중앙으로 점점 다가올수록, 관객들도 저 아래의 해변 도시 리미니의 중세 속으로 빨려 들어갔다. 여성 합창단의 금빛 의상이 밤바람에 휘날리면서 물결치기 시작할 때, 드라마는 슬프고도 충격적인 파국으로 치달았다.

이제 무대에서는 형수인 프란체스카를 사랑하는 마음을 주체할 수 없어 그녀와 통정한 잘생긴 미남 동생 파올로가 형수의 침상에서 형 조반니와 마주치는 장면이 연출된다. 파올로는 놀라서 달아나지만, 그의 멋진 긴 망토가 그만 문틈에 끼고 만다. 조반니 역을 맡은 알베르토 마스트로마리노가 자신의 긴 칼로 동생 역의 파비오 아르밀리아토와 아내 역의 다니엘라 데시를 찔러서 두 몸을 한꺼번에 꿰고 만다. 쓰러지면서 서로의 손을 맞잡는 두 사람…….

지상의 사랑은 이루 말할 수 없이 고통스럽지만, 마르케 산속의 하늘 아래에서 듣는 오페라는 아름답기 그지없었다. 저 아래의 리미니에서는 프란체스카의 원혼이 서린 듯 아드리아 해의 찬바람이 산까지 불어왔다.

애호가들의
진지한 열정이 맺은 열매

이탈리아의 장화 뒤축까지 가닿다

마르티나 프란카Martina Franca. 어찌하여 이곳까지 왔나 하는 생각이 든다. 이 탈리아 여행기인 『황홀한 여행』에서도 언급했지만, 이탈리아 반도를 장화라고 할 때 그 장화의 뒤축까지 간다는 것은 시간도 많이 들고 용기도 필요하다.

우리나라 사람들에게 이탈리아 남부라고 말하면, 대부분 서해안 지방 을 떠올린다. 사실 나폴리, 소렌토, 카프리 정도가 주로 한국 사람들이 찾는 곳이고, 좀 더 간다고 해 봐야 포시타노, 아말피 정도가 아닐까? 이곳들은 모두 캄파니아 주, 즉 이탈리아의 서해안에 면한 도시들이다. 하지만 그곳들 은 이미 관광객들의 때가 너무 묻었다. 이제 당신도 동해안으로 갈 때가 되 었다. 나폴리에서 반나절 정도를 차로 달리면, 즉 우리나라로 치면 서울에서 영동 고속도로를 타고 동해안으로 가는 여정을 거치면, 이탈리아의 동해안 인 아드리아 해안에 닿는다.

그곳의 중심지는 바리로서, 이곳은 이 지역 최대의 항구이자 풀리아 주

마르티나 프란카의 중심가. 바닥이 모두 대리석이어서 과거 이 도시의 풍요로움을 엿보게 한다.

의 주도다. 풀리아는 이탈리아 반도를 장화로 볼 때 복숭아뼈 부위에서 뒤축에 걸친 지역이다. 이탈리아 전역에서 개발이 가장 덜 되었으며 경제적으로도 가장 열악한 지역의 하나다. 바리의 해변에 서서 아드리아 해를 바라보면, 정말 이탈리아의 *끄트머리*까지 왔구나 하는 생각이 든다.

그런데 마르티나 프란카는 바리에서 좀 더 가야 한다. 물론 바리를 꼭 거치지 않아도 되지만, 하여튼 바리에서 남쪽, 즉 타란토 쪽으로 거의 50킬로미터나 더 남하해야만 이 도시에 이르게 된다.

바리는 그 자체로 매력적인 도시이므로, 한 번쯤 방문해 보기를 권한다. 하지만 사실 바리보다는 바리 주변의 도시들이 더 많이 알려져 있고 역사적인 가치도 더 높다. 즉 도시 전체가 유네스코 세계문화유산으로 지정된 두 도시가 바리 부근에 있다. '트룰로'라는 독특한 주택 때문에 온 마을이 하얗게 보이는 알베로벨로와, 바위산을 뚫고 동굴 집을 지어서 동굴 도시가 된 마테라가 그것이다. 이 일대를 합쳐서 '이트리아 계곡'이라고 부른다. 이트리아 계곡은 바리에서 장화 뒤축의 브린디시에 이르는 지역으로, 타란토, 로코로톤도, 치스테르니노, 마르티나 프란카 등을 포함한다. 이 지역은 인구가 35만 명 정도로 빈부의 차가 극심하지만, 맛있는 화이트 와인으로 유명하며 올리브 생산량이 세계 제1위인 지역이다.

마치 괴물처럼 늙고 거대한 올리브 나무들이 좌우로 늘어서 있는 올리브 밭을 지나면, 우아하고 조용한 도시가 나타난다. 이 지역의 중심에 위치하지만, 다른 도시들 사이에 있어 사람들의 눈길을 받지 못하는 작고 고즈넉한 도시 마르티나 프란카에 도착한 것이다.

음반으로 먼저 만난 도시

마르티나 프란카에서 페스티벌이 열린다는 것을 알게 된 것은 음반을 통해서였다. 한동안 이탈리아 오페라에 빠져 있던 나는 드문 녹음들을 찾아서

알베로벨로의 하얀 집들인 트룰로.

들곤 했다. 그러다가 나는 정말 귀한 녹음 음반들을 '다이내믹'이라는 레이블에서 많이 낸다는 것을 알게 되었고, 그 레이블의 신보에 천착한 적이 있었다.

다이내믹에서는 거의 공연되지 않는 벨칸토 시대의 여러 작품들을 음반으로 내놓거나, 아니면 이미 나와 있는 작품도 우리가 거의 접한 적이 없는 드문 버전들을 '일부러' 녹음해서 출시했다. 예를 들면, 파치니의 《폼페이 최후의 날》이나 치마로사의 《아르미다》 같은 작품들은 사실상 거의 공연되지 않으며, 음반도 없었다. 도니체티의 《람메르무어의 루치아》는 원래 이탈리아어이지만, 도니체티 생전에 만들어졌던 프랑스어 버전도 있는데 거의 알려지지 않았다. 또한 우리가 주로 듣거나 공연으로 올라가는 베르디의

마르티나 프란카 페스티벌

《시몬 보카네그라》는 개정판으로, 그것보다 25년이나 앞서 올라갔던 초연판은 거의 공연되지 않았다. 다이내믹 레이블에서는 이런 것들을 출반한 것이다. 게다가 그 음반들은 양적으로도 질적으로도 뛰어났다. 그래서 나는 한때 그것들을 따라간다고 시간적으로나 금전적으로나 꽤 힘들었다.

그 많은 녹음들은 놀랍게도 대부분 공연 실황이었는데, 그 공연 장소가 대개 마르티나 프란카라고 표시되어 있었다. 즉 음반의 뒤표지에는 귀여운 요정이 피리를 부는 마르티나 프란카 페스티벌의 로고가 선명하게 찍혀 있었던 것이다. 하지만 아무도 몰랐다. 마르티나 프란카가 어디에 있는 곳인지……. 어지간한 이탈리아 지도에도 나오지 않았다. 그래서 나는 마르티나 프란카의 위치를 책에서 추적하기 시작했다. 결국 마르티나 프란카의 위치를 알게 되었고, 이윽고 그곳을 직접 찾게 되었다.

정결하고 소박한 마을

너무나 깨끗한 도시, 아니 도시보다는 마을이라고 표현하는 것이 더 어울릴 법한 곳이다. 구시가지 전체가 돌담으로 싸여 있다. 돌담에 붙은 문 하나를 통과해서 구시가지 안으로 들어간다.

시내 중심가의 바닥 전체에는 대리석판이 깔려 있고, 사람들은 적다. 건물들은 대부분 고색창연하다. 교회나 중요한 건물들도 대리석으로 되어 있는 경우가 많은데, 이것으로 과거 이 도시의 영화를 짐작할 수 있다. 게다가 바로크 스타일의 큰 문과 거대한 교회의 위용 등은 낯선 남국에 대한 관광객의 흥미를 더해 준다.

작은 광장에서 좁은 골목으로 들어간다. 이렇게 골목을 좁게 만든 까닭은 한여름에 지나다니는 시민들을 위해 뜨거운 햇빛을 차단하고 그늘을 드리우기 위해서다. 나는 일단 골목의 작은 식당으로 들어가서 요기를 한다. 여기까지 찾아오느라 밥도 제대로 먹지 못했다. 작지만 정갈한 식당, 촌스럽지만 귀여운 인테리어 속에서 소박하기 그지없는 시골 피자를 먹는다. 그렇게 한숨을 돌린 후 마을을 돌아본다.

이곳의 페스티벌에 대한 정보를 얻기 위해 축제 사무실을 방문한다. 사실 축제 사무실을 방문할 생각은 없었는데, 식당 주인에게 페스티벌에 대해 몇 가지를 물었더니 사무실을 소개해 주었다. 주인의 말대로 사무실은 식당에서 멀지 않은 골목의 건물 2층에 있다. 문을 열고 들어가 보니, 세상에 이렇게 작은 축제 사무실이 있다니. 대여섯 평도 안 되는 듯한 작은 방에 직원은 단 한 명이다. 다니엘레라고 자신을 소개한 그 남자는 잘생긴 얼굴에 큰 키, 날씬한 몸매, 덥수룩한 턱수염을 가지고 있어 이탈리아 영화에 나오는 수도사나 학자 같은 느낌이다. 그가 축제에 대해 이야기해 준다.

작은 마을의 열정이 페스티벌을 만들다

마르티나 프란카 페스티벌의 정식 명칭은 '이트리아 계곡 페스티벌Festival della Valle d'Itria'이다. 마르티나 프란카라는 단어는 명칭에 들어 있지 않다. 하지만 다들 마르티나 프란카 페스티벌이라고 부른다. 페스티벌은 1975년에 시작되어 매년 여름마다 이 도시에서 열린다.

마르티나 프란카 페스티벌의 창설은 이 마을의 오페라 애호가들에 의해 추진되었다. 즉 이 지역의 오페라 애호가들은 이전부터 동호회를 구성하고 대중적이지 않은 오페라 작품에 대한 연구와 정보를 나누곤 했다. 이들은 대도시의 유명 오페라 극장들이 대중적인 레퍼토리들만 반복적으로 올리는 데 회의를 갖게 되었다. 게다가 이곳은 제대로 된 큰 극장이 있는 나폴리나 페사로까지 가기에는 너무 멀다. 그래서 그들은 스스로 공연을 만들어 올리기로 했다. 이것이 마르티나 프란카 페스티벌의 시작이다.

즉 마르티나 프란카 페스티벌은 알레산드로 카롤리를 중심으로 이 도시의 음악 애호가들이 결집하고, 당시 시장인 프랑코 푼치가 그들의 열정을 높이 사서 지원을 하게 되면서 시작되었다. 여기에는 당시 밀라노 라 스칼라 극장의 극장장이었던 파올로 그라시의 도움도 컸다. 페스티벌의 첫 의장은 카롤리가 맡았다.

어디에도 없는 오페라를 올리다

이 페스티벌은 시작부터 그 특징이 명확했기 때문에, 다른 페스티벌과는 완전히 차별화되었다. 즉, 그들의 목표는 그동안 부당하게 과소평가되어 잊혔던 오페라들을 찾아내서 무대에 올려 재평가를 받게 하는 것이었다. 그런 레퍼토리들로는 특히 벨칸토 오페라가 많았다. 즉 로시니의 《탄크레디》, 벨리니의 《노르마》의 오리지널 버전, 리하르트 슈트라우스의 《살로메》의 프랑스어 버전, 케루비니의 《메데아》의 프랑스어 버전인 《메데》 등이 있었다. 우선은 이런 작품들을 무대에 올려 페스티벌의 성격을 명확히 하고, 더불어 다른 지방에 이 페스티벌의 존재를 각인시키고자 했다.

이어서 로시니의 《보르고냐의 아델라이데》, 《팔미라의 아우렐리아노》, 《세미라미데》, 도니체티의 《파리의 자니》, 헨델의 《줄리오 체사레》, 《로델린다》, 몬테베르디의 《포페아의 대관》, 오베르의 《프라 디아볼로》, 오펜바흐의 《제롤스틴 대공비》 등 무수히 많은 '희귀 오페라'들을 올렸다. 그리하여 이 축제가 시작된 1975년 이후로 지금까지 공연된 귀한 오페라들이 무려 백 작품을 넘어섰다.

다니엘레의 말을 빌리자면, 이제 이 축제는 "규모는 작다 하더라도 세계적으로 중요한 오페라 페스티벌이 되었으며, 세계 오페라계에 기여한 바도 지대하다." 요즘은 멀리 일본에서까지 오페라 마니아들이 일부러 찾아오는 실정이라고 한다.

지난 37년 동안 이 페스티벌을 거쳐 갔던 세계적인 오페라 스타들은 많다. 그중에는 다니엘라 데시, 마리엘라 데비아, 파트리차 초피 등의 명프리마돈나들이 있으며, 지금 세계 최고의 오페라 지휘자로 각광받고 있는 파비오 루이지도 이곳에서 젊은 시절의 실력을 단련했다.

2011년의 제37회 페스티벌은 7월 중순부터 8월 말까지 열렸다. 로시니의 《팔미라의 아우렐리아노》, 코른골트의 《폴리크라테스의 반지》, 호르세스의 《젊은 이아손》 등의 작품들이 올라갔다. 각 작품들은 겨우 2회씩 공연되었으니, 페스티벌이라고는 하지만 사실 공연이 없는 날이 훨씬 많다. 그러니 사전에 공연 날짜를 잘 맞춰서 가지 않으면, 공연을 보기가 쉽지 않다.

극장도 하나 없는 페스티벌이지만

마르티나 프란카 시내의 한가운데에 있는 삼각형 광장은 사실 그리 크지 않

두칼레 궁전의 일부는 도서관이 되어 시민들에게 귀한 자료를 제공하고 있다.

다. 이곳은 '로마 광장'으로서 마을의 중심이다. 이 로마 광장의 한 변에는 상당히 큰 2층 건물이 있는데, 이것이 두칼레 궁전 즉 과거 이 도시를 다스리던 영주가 기거하고 집무하던 궁전이다. 이 도시에서 가장 볼만한 관광 명소이기도 하다.

그러나 나에게 이곳은 의미가 다르다. 마르티나 프란카 페스티벌이 거행되는 곳이기 때문이다. 즉 마르티나 프란카 페스티벌은 공연장이 따로 없다. 너무 작은 도시라서 극장이 아예 없는데다가, 축제극장 같은 것은 꿈도 꾸지 못하는 것이다. 사실 공연이 이루어지는 두칼레 궁전의 환경은 열악하기 짝이 없다. 제대로 된 무대 변환 장치 같은 것도 없고 세트를 이동할 수도 없다. 무대 뒤로는 낡은 궁전의 벽돌 담이 그대로 노출되는데, 대부분의 연출이 그것을 그대로 무대 세트로 이용한다. 참으로 소박한 공연이다.

　하지만 마르티나 프란카 페스티벌은 아무도 하지 않는 공연을 올해도 올린다는 점에서 세계 최고의 페스티벌 중 하나다. 그들은 흥행을 생각하지 않고, 수입을 신경 쓰지 않으며, 남의 이목에 얽매이지도 않는다. 그들은 오직 예술을 사랑하고 교양을 가치 있게 여기는 자신들의 길을 간다.

　오늘도 아무도 하지 않는 공연을 올리기 위해 고민하는 마르티나 프란카의 진지한 지성인들. 이런 점에서 마르티나 프란카 페스티벌의 가치는 매우 크다.

마르티나 프란카 페스티벌

개정증보판
유럽 음악축제 순례기

2012년　6월 18일 초판 1쇄 발행
2020년　10월　8일 초판 4쇄 발행

지은이 | 박종호
발행인 | 윤호권 박헌용

책임편집 | 강혜진

발행처 (주)시공사
출판등록 1989년 5월 10일(제3-248호)

주소 | 서울시 서초구 사임당로 82(우편번호 06641)
전화 | 편집(02)2046-2843·마케팅(02)2046-2800
팩스 | 편집·마케팅(02)585-1755
홈페이지 www.sigongsa.com

이 책에 실린 도판은 저자와 Getty Images에서 사용 허가를 받은 것입니다.
저작권법에 의하여 한국 내에서 보호를 받는 저작물이므로 무단 전재 및 복제를 금합니다.
허락을 받지 못한 일부 도판에 대해서는 저작권자가 확인되는 대로 계약 절차를 밟겠습니다.

ISBN 978-89-527-6569-7 03670